COLLECTION
De feu M. le Docteur ROTH

ESTAMPES HISTORIQUES

ET

PORTRAITS

RELATIFS

A L'HISTOIRE DE FRANCE

VIGNETTES DU XVIIIᵉ SIÈCLE

LIVRES

JUIN 1888

COMMISSAIRES-PRISEURS :

Mᵉ **MAURICE DELESTRE,**   Mᵉ **L. PECQUET,**

Rue Drouot, 27   Rue Choron, 10

EXPERT :

M. DUPONT aîné, Marchand d'Estampes,

rue de Seine, 21.

COLLECTION

De feu M. le Docteur ROTH

ESTAMPES

CATALOGUE (N° 79)

D'UNE TRÈS BELLE COLLECTION

D'ESTAMPES HISTORIQUES

ET DE

PORTRAITS

RELATIFS

A L'HISTOIRE DE FRANCE

VIGNETTES

et Portraits du XVIIIe Siècle

ŒUVRES

De Choffard, C.-N. Cochin, Eisen, Gaucher, Gravelot,
Marillier, Moreau le jeune, etc.

LIVRES ET CATALOGUES

DONT LA VENTE AURA LIEU

Par suite du décès de M. le Docteur ROTH

HOTEL DROUOT, SALLE N° 4

Du Vendredi 8 au Samedi 16 Juin 1888

A UNE HEURE ET DEMIE

Par le ministère de Mᶜ **MAURICE DELESTRE**, rue Drouot, 27,

Et de Mᶜ **L. PECQUET**, rue Choron, 10,
Commissaires-Priseurs.

Assistés de **M. DUPONT aîné**, Marchand d'Estampes,
rue de Seine, 21.

PARIS — 1888

Don C. de Ricci

CONDITIONS DE LA VENTE

Elle sera faite au comptant.

Les Amateurs paieront CINQ POUR CENT en sus des enchères, applicables aux frais.

M. DUPONT se réserve la faculté de réunir ou de diviser les lots.

ORDRE DES VACATIONS

Vendredi	8 Juin	Estampes	Nos	1	à	241
Samedi	9	—		242	à	484
Lundi	11	—		485	à	722
Mardi	12	—		723	à	957
Mercredi	13	—		958	à	1189
Jeudi	14	—		1190	à	1420
Vendredi	15	—		1421	à	1649
Samedi	16	—	Vignettes	1650	à	1764
			Livres	1765	à	1827

DÉSIGNATION

ESTAMPES

1 — Encadrement d'un portrait in-fol. servant de
frontispice.   *5-50.*
> Très belle épreuve avant toutes lettres.

2 — Deux frontispices Renaissance, A. Van Londer,
exc.   *6-50.*
> Très belles épreuves avant toutes lettres.

3 — Trois encadrements de style rocaille, in-fol.   *2-50.*
> Épreuves avant toutes lettres.

4 — Deux frontispices in-fol. en travers ; à Paris chez
Huquier. — Autre, par Blondel.   *13—"*
> 3 pièces, dont deux avant toutes lettres.

5 — L'Histoire, allégories.—Portraits de personnages
de l'antiquité.   *2—"*
> 23 pièces.

De Pharamond à Louis XII. — 420-1515.

6 — 420-778. Instruments, meubles, tirés de l'ouvrage
de Montfaucon. — Médailles. — Batailles tirées
des Galeries historiques de Versailles. — Portraits
des rois de France depuis Pharamond jusqu'à Pépin-
le-Bref, par Desrochers, Odieuvre, Boissevin, Duflos,
etc., portraits d'après les sculptures et pierres tombales.   *8—"*
> 163 pièces.

7 — 779-987. Scènes historiques gravées d'après les manuscrits et chartes anciennes. — Généalogie des ducs de Bavière. — Monuments des viiie au xe siècles, par Willemin. — Portraits des rois de France, depuis Charlemagne jusqu'à Louis V, par différents graveurs.

132 pièces.

8 — 987-1084. Histoire de Harold, tué à la bataille d'Hastings, tapisserie de Bayeux. — Monuments anciens, par Villemin.—Portraits des rois de France de Hugues Capet à Henri Ier, tirés de différentes suites, portraits des Comtes de Hollande, Les Tancrède.

83 pièces.

9 — 1085-1126. Histoire de Guillaume-le-Conquérant, d'après une tapisserie. — Les croisades, batailles tirées des galeries de Versailles. — Edifices des xie et xiie siècles, par Willemin. — Portraits de Godefroy de Bouillon, Pierre l'Ermite, Philippe Ier, roi de France.

75 pièces.

10 — 1127. Portrait de Charles-le-Bon, treizième comte de Flandre (Monfaucon, pl. 66.)

Miniature sur parchemin, rehaussée d'or. On y a joint la gravure.

11 — 1128-1199. Institution de l'ordre des Templiers. —Monuments de Léopold, marquis d'Autriche, 1136. — Deuxième croisade. — Louis VII en Syrie. — Monuments et statues du xiie siècle, de Willemin.— Portraits des rois de France depuis Louis-le-Gros jusqu'à Louis-le-Jeune, Saint-Bernard.

102 pièces.

12 — 1200-1259. Prise de Constantinople par les Croisés. —Batailles de la quatrième croisade. — Costumes, Vitraux, Pierres tombales. — Portraits de Philippe-Auguste, Blanche de Castille, reine de France, Mathilde de Garlande, Comtes de Flandres.

77 pièces.

13 — 1270. Arbre généalogique des princes issus de saint Louis, jusqu'à l'année 1619, estampe gravée sur cuivre, Michel Snyders excudit, Anvers 1619. — Carte généalogique et chronologique de la Maison de France, par J.-R. Huré, grand in-fol. en deux feuilles.

2 pièces, très belles épreuves.

14 — 1260-1299. Scènes de la Vie de saint Louis, tirées de l'ouvrage de Monfaucon. — Saint Louis portant la couronne d'épines, d'après Jacquand. — Vitraux et ornements du xiiie siècle, par Willemin. — Portraits de Saint Louis, Philippe-le-Hardi, Robert Sorbon, Rodolphe de Habsbourg, Marguerite de Provence.

110 pièces.

15 — 1299. Armoiries de la Salle des Croisades, tirées des *Galeries historiques de Versailles.*

27 planches en couleurs et or et texte.

16 — 1300-1339. Procès de Robert d'Artois. — Batailles. — Vues de Suisse. — Vues de Munich. — Portraits de Rodolphe, roi de Bohême, Guillaume-Tell, Albert Ier, Dante Alighieri, Philippe-le-Bel, roi de France, Louis-le-Hutin et Charles IV.

94 pièces.

17 — 1340-1370. Jean de Montfort et sa femme reçus à Nantes, 1341. — Fête des Fols et des Innocents à Notre-Dame, vers 1350. — Edouard, prince de Galles, présente le roi Jean de France et son fils captifs à son père Edouard III, après la bataille de Poitiers, 1356, par Bartolozzi. — Sacre de Charles V. — Portraits de Louis de Bavière, Philippe de Valois, Marino Faliero, doge de Venise, Pierre de Bourbon et sa femme.

85 pièces.

18 — 1371-1399. Combat d'un chien contre un gentilhomme qui avait tué son maître, faict à Montargis en 1371. — Honneurs rendus au connétable Duguesclin. — Entrée à Paris de la reine Isabeau de Bavière et de Charles VI. — Costumes seigneuriaux du xive siècle. — Costumes et coiffures tirés de manuscrits. — Portrait de Pétrarque.

109 pièces.

19 — 1400-1429. Sacre de Charles VI. — Tombeau de Philippe-le-Hardi, duc de Bourgogne. — Concile de Pise. — Tombeau de Jean-sans-Peur et de son épouse dans l'Eglise des Chartreux de Dijon, eau-forte pure et avant la lettre. — La conclusion du traité de Troyes où Henri V, roi d'Angleterre reçoit la princesse de France en mariage, par Bartolozzi. — Levée du siège d'Orléans, 1429. — Portraits de Valentine de Milan, Olivier de Clisson, Jean Hus, Jérôme de Prague, Henri IV, roi d'Angleterre, Jean Boucicaut, Jacqueline de la Grange, Jean de Bethencourt, Jean Gerson, par Duflos.

114 pièces.

20 — 1431. Portrait de Jeanne d'Arc, gravé par N. Le Mire, d'après un ancien tableau de la ville d'Orléans.

Très belle épreuve toute marge.

21 — 1430-1449. Portraits de Jeanne d'Arc. — Proclamation de la paix d'Arras, 1435. — Entrée de Charles VII dans Paris. — Attaque de la Bastille de Dieppe par Louis, dauphin, 1442. — Plan de la ville de Bâle. — Plan du combat de Saint-Jacques près la ville de Bâle, en 1444. — Entrée de Charles VII dans Rouen. — Portraits de Juvénal des Ursins, Jeanne d'Aragon, Sigismond, empereur d'Occident, Albert II, empereur, Laurent Coster, par J. Van de Velde, Masaccio, Marguerite d'Ecosse, Tanneguy de Chatel.

53 pièces.

22 — 1450-1469. Entrée de Charles VII dans Caen, 1450. — Vues de Bourges. — Portraits et costumes du règne de Charles VII. — Vues de Châteaudun. — Portraits de Charles VII, Agnès Sorel, Jacques Cœur, argentier de Charles VII, Philippe Ier, duc de Bourgogne, Philippe III, dit le Bon, Jean, comte de Dunois, Jean Guttemberg.

82 pièces.

23 — 1470-1499. Parlement de Charles, duc de Bourgogne. — Bohémiens faisant danser un cochon devant Louis XI, par Gaujean, avant la lettre. — Mariage de Charles VIII et d'Anne de Bretagne, 1491. — Louis de Bruges présente à Louis VIII un livre de Tournois. — Costumes de Jacquemin, coloriés. — Scènes diverses tirées de manuscrits par Wil-

lemin. — Portraits de Guillaume Chartier, évêque de Paris, Juvenal des Ursins, Charles le Téméraire, Louis XI, Françoise d'Amboise, Pic de la Mirandole, Charles VIII.

154 pièces.

24 — 1506. Christophe Colomb, par Mercury.

Très belle épreuve avant la lettre et avant l'encadrement.

25 — 1507. Le B. François de Paule, par Valdor.

Superbe épreuve, marge.

26 — 1500-1514. Etats généraux de Tours. — Jeanne la Folle, d'après L. Gallait, avant la lettre. — Louis XII entre triomphant dans Gênes, 1507. — Bataille de Ravennes, 1512. — Jean des Marets présente un livre à la reine Anne. — Tableaux du Convoi de la reine Anne de Bretagne. — Portraits d'Angelo Doni, d'après Raphaël, Philippe de Clèves, Philippe-le-Beau, Philippe Ier, roi d'Espagne, Christophe Colomb en pied, par Raph. Estève et Mercury, Philippe de Commines, le cardinal George d'Amboise, Clémence Isaure, Gaston de Foix, Anne de Bretagne, Guillaume Brissonet, cardinal, Louis XII, dit le père du Peuple.

122 pièces.

François Ier. — 1515-1547.

27 — 1520. Portrait de Raphaël Sanzio d'Urbin, par Jules Bonasone.

Très belle épreuve.

28 — Portraits de Raphaël, par Biondi, Raph. Morghen, Forster, Lhotellier, Pannier et autre.

9 pièces, belles épreuves.

29 — 1515-1520. Bataille de Marignan. — Image symbolique de la Cour du roi François Ier. — Mort de Léonard de Vinci dans les bras de François Ier. — Mariage de Maria Blanca avec l'empereur Maximilien. — Entrevue de François Ier et de Henri VIII au camp du Drap d'Or, 1520. — Hôtel Bourgthéroulde à Rouen. — Portraits du cardinal Ximénès, Artus Gouffier, Léonard de Vinci, Maximilien d'Autriche et Marie de Bourgogne.

92 pièces.

30 — 1520-1525. Procès du connétable de Bourbon.
— Plan de Marseille. — Mort de Jean de Molac à la
bataille de Pavie. — Costumes. — Portrait du pape
Léon X, par Lignon et Raph. Morghen, Anne de
Beaujeu, le connétable de Bourbon, la reine Claude
de France, le chevalier Bayard, Isabelle d'Aragon,
L. de La Trémoille, Jacques de Chabannes, comte
de la Palisse, Thomas Muncer.

66 pièces.

31 — 1535. Thomas Morus, par Vosterman d'après
Holbein.

2 très belles épreuves, dont une du premier état. Très rare.

32 — 1526-1535. Portraits de N. Machiavel, le duc de
Bourbon, Lautrec, Albert Durer, Quentin Metsis,
Th. Wolsey cardinal, André del Sarte, par Weber,
avant la lettre, Louise de Savoie, Guillaume de
Montmorency, L'Arioste, par Fiquet, Lucas de
Leyde, Anne de Bolen, Ant. Duprat, Thomas Morus
en couleur.

73 pièces.

33 — 1536. François de Valois, fils de François Ier,
dauphin de France, par Thomas de Leu.

Très belle épreuve.

34 — 1540. B. Angela Brixiana, première fondatrice
des Compagnies de Vierges Ursulines, décédée le
21 Mars 1540, par J. Valdor.

Très belle épreuve. Rare.

35 — 1544. Portrait de Carondelet, d'après Raphaël,
in-fol.

Beau dessin à l'aquarelle. On y a joint la gravure.

36 — 1545. Philippe Habert, chevalier seigneur du
Mesnil, secrétaire du roi, décédé en 1545, in-4º.

Très beau portrait sans noms d'auteurs, marge.

37 — 1536-1546. François Ier et Charles-Quint visitant
les tombeaux des rois de France à St-Denis, par
Forster. — Les Gentilshommes du Rethelois font
hommage à Henri de Lautrec, comte de Rethelois.
— François Ier à la Rochelle. — Portraits d'Érasme,
Isabelle de Portugal, le pape Paul III, le maréchal
de Florenges, F. Gucciardini, Guill. Budé, Du Bel-

lay, Copernic, Holbein, Clément Marot, la Belle
Ferronnière, Martin Luther, Marc-Antoine Rai-
mondi, Jules Romain, Personnages anglais, en
couleur.

83 pièces.

38 — 1547. François Ier, roi de France, par Morin.
Très belle épreuve.

39 — François Ier ouvre le temple de Jupiter, séjour
des Arts et des Lettres, par René Boyvin, d'après
Maître Roux (R.D. 16).
Très belle épreuve.

40 — Armures de François Ier, par Willemin. — Château de Chambord, par Aveline. — Hôtel de Ville
de Paris. — Portraits de François Ier par divers,
Henri VIII, Anne de Clèves, reine d'Angleterre, le
cardinal Bembo.

57 pièces.

Henri II. — 1548-1559

41 — 1553. P. François Xavier, par Wierix.
Très belle épreuve, plus une copie.

42 — 1554. Thomas Howard, par Vosterman, d'après
Holbein.
Très belle épreuve. Collection H. Dreux.

43 — 1548-1554. Réception d'un chevalier de l'ordre
de St-Michel par Henri II. — Arcade magnifique
élevée rue St-Antoine, 1549. — Char du roi Henri II,
d'heureuse fortune à Rouen, l'an 1550. — Le
triomphe de la Rivière à Rouen. — Vue de Metz,
coloriée. — Portraits de Marguerite de Navarre.
Charles, duc de Suffolk. Edme Aubertin. Gabrielle de Rochechouart. François Rabelais.
Edouard, prince de Galles, en couleur. Fernand
Cortez. Henry d'Albret, roi de Navarre.

92 pièces.

44 — 1556. B. Ignace de Loyola, fondateur de la Société de Jésus, par J. Wierix.
Très belle épreuve, marge.

45 — 1556. Le même portrait. —Autre, non mentionné par Alvin avant toutes lettres et avant le quatrain. — Neuf autres portraits par différents graveurs. — Saint Stanislas Kostka, par J.-B. Barbe.

10 pièces, très belles épreuves.

46 — 1558. Charles-Quint, portrait gravé sur bois d'après celui d'Enée Vico, in-fol.

Très belle épreuve. Rare.

47 — Charles-Quint, par Suyderhoëf, d'après le Titien.

Très belle épreuve.

48 — 1559. Le roi Henri II, de profil, médaillon avec allégories, par N. Béatrizet (R. D. 40).

Très belle épreuve du 1er état. Extrêmement rare.

49 — Le même portrait, de trois quarts.

Epreuve du 2e état.

50 — Faïences dites de Henri II, d'après Bernard Palissy et autres.

24 pièces, en couleur.

51 — 1555-1559. Le roi Henri II blessé à mort, représenté dans son lit. — Costumes de Jacquemin. — Portraits de Thomas Crammer, Pierre Arétin, saint Ignace, La Trémoille, Anne de Clèves, Charles-Quint, Marie Tudor, Éléonore d'Autriche, le cardinal Polus, Henri II, par divers graveurs, Robert Estienne, portraits anglais en couleur.

88 pièces.

François II. — 1559-1560.

52 — 1560. Portrait de Marie Stuart, par W. Hollar.

Belle épreuve. Très rare. Collection A. Firmin-Didot.

53 — 1559-1560. La Conjuration d'Amboise, 1560. — Portraits de François II, d'après Clouet Janet, en couleur, Jean du Bellay, cardinal, Joachim du Bellay, Marie de Lorraine, femme de Jacques V, Pierre Martyr, Mélancton, André Doria.

34 pièces.

Charles IX. — 1560-1574.

54 — 1560-1563. Le Colloque de Poissy, 1561. — Massacre de Wassy, le 1er mars 1562. — Le Massacre fait à Tours au mois de juillet 1562. — Bataille de Dreux. — Siège d'Orléans. — Vues d'Orléans et de Bourges, coloriées. — Le Concile de Trente, 1563, par Claude Duché. — Portraits de Robert de Lenoncourt, Antoine de Bourbon, roi de Navarre, le duc de Guise, Charles de Cossé Brissac.

43 pièces.

55 — 1565. Sir Thomas Chaloner, par Rich. Earlom, d'après Van Dyck.

Très belle épreuve.

56 — 1564-1568. Prise de Valenciennes, 1566. — Bataille d'OEstervel, 1567. — Retraite de Meaux, par Masquelier. — Condamnation du comte d'Egmont par le duc d'Albe et son Conseil, pièce anonyme. — Portraits de Michel-Ange Buonaroti, Calvin, Ferdinand Ier et Eléonore de Mantoue, Jacques Lainez, jésuite, Diane de Poitiers, Michel Nostradamus, Charles Du Moulin, jurisconsulte, le connétable de Montmorency, le comte d'Egmont, Elisabeth, fille de Henri II, Parisot de la Valette.

76 pièces.

57 — 1570. Le premier volume contenant quarante tableaux ou histoires diverses qui sont mémorables touchant les Guerres, Massacres et Troubles advenus en France en ces dernières années..... par Périssin et Tortorel, 1559-1570.

Suite de quarante estampes et un frontispice, très belles épreuves. Rares.

58 — Quatre pièces doubles de la même collection.

Belles épreuves.

59 — 1569-1572. Victoire de Lépante, 1571. — Massacre des Huguenots, fait à Paris le 24 août 1572, jour de la Saint-Barthélemy. — Scène de la Saint-Barthélemy, par Marius Proth. — Portraits de Louis de Bourbon, premier prince de Condé, François de Coligny, Claude Gouffier, le Primatice, Rustan Bassa et Nassuh Bassa, par Melchior Lorch,

Gaspard de Coligny, François Borgia, les Trois Coligny, d'après Dumoustier, Jeanne d'Albret, Pierre Ramus, Thomas Howard.

66 pièces.

60 — 1574. Portrait de Côme de Médicis, par N. Della Casa.

Très belle épreuve du 1er état.

61 — 1573-1574. Vue de La Rochelle, coloriée. — Vues de Villes de Hollande. — Gentilshommes de la Cour de Charles IX. — Plan de Paris dit de Charles IX. — Portraits du chancelier de l'Hôpital, Jean Dandernac, médecin de la Faculté de Paris, Charles IX, par divers, Marguerite de France, le cardinal de Lorraine, Pierre Quesnel.

41 pièces.

Henri III. — 1575-1589.

62 — 1576. Vénus et Danaé, par Strange, d'après le Titien.

2 pièces, très belles épreuves.

63 — 1580. Événements des Pays-Bas pendant les Guerres de religion, par Hogenberg, de 1566 à 1580.

99 pièces, très belles épreuves.

64 — 1575-1581. Vues de Hollande, coloriées. — Passage des Espagnols en Zélande, 1576. — Institution de l'Ordre du Saint-Esprit, 1579. — Prise de Maëstricht. — Portraits de Maximilien II, empereur des Romains, la Duchesse d'Etampes, Le Titien, Ludovic Requesen, par Van Sichem, Blaise de Montluc, Jeanne d'Autriche, grande-duchesse de Toscane, Jean d'Autriche, le cardinal de Guise, le duc d'Epernon, Roger de Bellegarde, Philibert, duc de Savoie, François Porbus.

73 pièces.

65 — 1582. Entrée de François, duc de Brabant, frère d'Henri III, dans la ville d'Anvers, en 1582; théâtre élevé sur la place du Grand-Marché pour la Prestation du serment, distribution d'argent et feux de joie.

Très belle pièce de l'époque, anonyme.

66 — 1584. Expulsion des Jésuites.

Pièce anonyme. Très rare.

67 — Portrait de François de France, duc d'Anjou et de Brabant.

Très belle épreuve.

68 — 1582-1585. Bataille de Steenberghen, 1583. — Déroute du Pont Farnèse — Siège d'Anvers, 1584. — Généalogie de la maison de Nassau. — Portraits de Philippe Strozzi, le duc d'Albe, le duc d'Alençon, Guillaume Ier, prince d'Orange, Guy du Faur, seigneur de Pibrac, Marie Stuart, Pierre Ronsard, Jacques de Savoie, duc de Nemours, Muret, par Ficquet, Francis Russell, duc de Bedford.

83 pièces.

69 — 1586-1588. Prise de Nuys, 1586. — Prise d'Audenarde, 1587. — Journée des Barricades. — Représentation de la cérémonie de la Canonisation d'un saint, faite au Vatican le 2 juillet 1588. — Vue de Blois. — Portraits de Marguerite d'Autriche, duchesse de Parme, Henri d'Angoulesme, Anne, duc de Joyeuse, Marie, reine d'Ecosse, le cardinal de Rambouillet, François de Médicis, grand-duc de Toscane, Henri de Lorraine, duc de Guise, le cardinal de Guise, Robert Dudley, Louis de Rohan, prince de Guéménée.

62 pièces.

70 — 1589. Henri III, roi de France, par Thomas de Leu. (R. D. 393.)

Très belle épreuve du 1er état.

71 — Le même portrait, 2° état. — Frontispice tiré de la description de l'Isle des Hermaphrodites, pour servir de supplément au journal d'Henri III.

2 pièces.

72 — 1589. Prise de Berck. — Jacques Clément présentant une lettre à Henri III. — Institution de l'Ordre des Pénitents blancs. —Soldats de la garde de Charles IX et de Henri III. — Caricatures. — Portrait d'Henri III, par Zénoni, Niel, Jacquemin, Lenoir et autres Mignons et Courtisans, Quélus, St-Mégrin, Catherine de Médicis, Marguerite de Bourbon, duchesse de Nevers.

51 pièces.

Henri IV. — 1589-1610.

73 — 1590. Portrait de Henri IV, au milieu d'une décoration d'architecture, par Thomas de Leu, in-fol. (R.D. 412).

Superbe épreuvé.

74 — 1592. Alexandre Farnèse, duc de Parme, par Otto Venius, in-fol.

Belle épreuve.

75 — 1589-1592. Henri IV et Sully après la bataille d'Ivry, par P. Laurent. — Prise de Lagny, 1590. — Bataille d'Aumale, 1592. — Prise de Caudebec. — Prise de Tournay. — Portrait de Mme de Birague, le Président Briconnet, Bernard Palissy, en couleur, Sixte V, Charles, cardinal de Bourbon, Jacques Cujas, Du Bartas, le marquis de Rostaing, St-Jean-de-la-Croix, Barnabé Brisson, Elisabeth d'Autriche, femme de Charles IX, Armand de Gontaut-Biron, Michel de Montaigne, Mme de Vivonne, Alexandre Farnèse, duc de Parme, Ant. de Baif.

74 pièces.

76 — 1593. Les deux premiers de la Compagnie de Jésus qui ont été massacrés en France pour la Religion Chrétienne par les hérétiques dans la ville d'Albenas, au pays de Vivarez, le 7 février 1593.

Pièce gravée sur bois. Très rare.

77 — 1594. Réduction miraculeuse de Paris sous l'obéissance du Roy très Chrestien Henri IV, et comme sa majesté y entra par la Porte Neufve le Mardy 22 de Mars 1594. — Comme le Roy alla incontinent à l'Église de Nostre-Dame, rendre graces solennelles à Dieu de cesté admirable réduction de la Ville Capitale de son royaume. — Comme sa majesté le mesme jour étant à la Porte St-Denis, veid sortir hors de Paris les garnisons étrangères que le Roy d'Espagne y entretenait.

3 pièces avec l'explication autour. A Paris chez la veuve Jean Le Clerc. Très belles épreuves.

78 — 1595. Entrée de Henri IV à Lyon, le 4 Septembre
1595, in-fol.

> Pièce du temps, anonyme. Très rare.

79 — François Draëck, noble anglais, Wyngaerde
exc. — Pièce historique avec portrait en pied du
même personnage.

> 2 pièces, belles épreuves.

80 — 1593-1596. La Procession de la Ligue, 1593. —
Le vrai Guide des Ultramontains, par Villaména.
— Le Gourmeux, pièce satyrique, Henri IV combat-
tant la Ligue; 1er état, avant le nom de Mariette,
— Entrée d'Henri IV dans Paris. — Pièces sur les
Jésuites. — Portraits de Jacques Amyot, Le Tinto-
ret, Torquato Tasso, par Mercury et autres, Le
Tasse à St-Onofrio, Ferdinand d'Autriche, comte
de Tyrol, le duc de Nevers, le duc d'Aumont, Ch.
de Gondy, Mme de Villeroy, François Tolet, cardinal.

> 75 pièces.

81 — 1598. Philippe II, roi des Espagnes, par Thomas
de Leu (R. D. 474).

> Très belle épreuve.

82 — 1599. Albert, archiduc d'Autriche, par Ant.
Wiérix.

> Très belle épreuve.

83 — Emaux, Objets en ivoire, orfèvrerie, Armures,
Faïences, architecture et Meubles du XVIe siècle,
par Willemin.

> 52 pièces, en noir et en couleur.

84 — 1597-1599. Aventure d'Henri IV et du capitaine
Michau. — Pièce sur l'Inquisition. — Costumes. —
Portraits d'Alphonse II, duc de Ferrare, Jacques II
Goyon de Matignon, Philippe II, d'après le Titien
et autres, Philippe de Marnix, seigneur de St-Alde-
gonde, par de Gheyn et autres, Louise de Budos,
Gabrielle d'Estrées, Ch. de Balzac d'Entragues.

> 43 pièces.

85 — 1601. Portrait de Tycho-Brahé, par de Gheyn
(Pass. 42).

> Très belle épreuve.

86 — 1602. Charles de Gontaut, duc de Biron, maréchal de France, par Thomas de Leu (R. D. 317).

Très belle épreuve. Plus une copie.

87 — Philippe Emmanuel de Lorraine, duc de Mercœur, gouverneur de Bretagne, par Thomas de Leu (R. D. 458).

Très belle épreuve.

88 — 1604. B. Séraphin, de Monte Granario, capucin, par J. Waldor.

Très belle épreuve, marge.

89 — 1606. Arnaud Sorbin de Sainte-Foy, évêque de Nevers, par Th. de Leu (R. D. 490).

Superbe épreuve du 1er état. Signée au verso : P. Mariette.

90 — 1607. Siège de Gibraltar, avec portrait de Jacques Heemskerk.

Très belle pièce en trois planches. Rare.

91 — 1600-1607. Mariage d'Henri IV et de Marie de Médicis, d'après Rubens. — Portraits de Guillaume Angéli, par Sadeler, Louis Molinos, Robert d'Evreux, comte d'Essex, Louise de Lorraine, reine de France, le duc de Mercœur, Albert de Gondy, duc de Retz, Jean Passerat, Elisabeth, reine d'Angleterre, Pierre Charron, Catherine de Bourbon, le cardinal d'Ossat, Théodore de Bèze, Germain Pilon, Clément VIII, pape, Charles de Lorraine, duc d'Elbeuf, Philippe Desportes, Juste Lipse, César, cardinal Baronius.

83 pièces.

92 — 1608. Planches des funérailles de Charles III, duc de Lorraine, en l'église de Saint-François, à Nancy, le 19 juillet 1608.

27 pièces.

93 — 1610. Assassinat de Henri IV par Ravaillac.

Pièce anonyme. Très rare.

94 — Massacre de Henri-le-Grand, roi de France, par Ravaillac, le 14 may 1610, par G. Bouttats. — Le même sujet en contre-partie. A Paris, chez Martinet.

2 pièces, belles épreuves.

95 — 1610. Le Sceptre de Milice, par Léonard Gaultier.
Belle épreuve.

96 — 1608-1610. Statue de Henry-le-Grand, dessinée sur la statue en bronze érigée en mémoire de Sa Majesté à Saint-Jean-de-Latran, à Rome, en 1608. — Les Hollandais jurant la trève de 1609. — Le Couronnement de la Reine, d'après Rubens. — Henri IV sur son lit de mort, aquatinte. — Apothéose d'Henri IV.—Costumes du règne d'Henri IV. — Portraits de Henri de Bourbon, duc de Montpensier, P. Ange de Joyeuse, J. Scaliger, Arminius, Richardot et son fils, d'après Rubens, Annibal Carrache. Henri IV à cheval, J. Leclerc exc. Portraits d'Henri IV, par divers graveurs, Thomas Sanchez, Michel de Vialart, conseiller d'Etat.
65 pièces.

Louis XIII — 1610-1643.

97 — 1614. La Statue équestre de Henri IV sur son piédestal, dédiée à la Reyne. — La même Statue, par P. Brissart.
2 pièces; belles épreuves.

98 — 1610-1615. Sacre du roi Louis XIII à Reims. — Trône élevé à la porte Saint-Antoine. — La Mort d'Henri IV, d'après Hersent. — Statue d'Henri IV, sur son piédestal.— Le Gouvernement de la Reine, d'après Rubens. — Tenue des Etats généraux du royaume sous le roi Louis XIII.— Portraits du duc de Mayenne, le B. François Régis, Jean Busée, jésuite, Baroccio, peintre, le duc d'Arcot, Charles Emmanuel dit le Grand, duc de Savoie, Rodolphe II, empereur d'Allemagne, Charles de Bourbon, comte de Soissons, Brantôme, François de Médicis, par Callot, Henri de Montmorency, le marquis de Lavardin, Marguerite de France, première femme d'Henri IV, Et. Pasquier.
62 pièces.

99 — 1616. Portrait de William Shakespeare, par Vertue. — Tombeau de Shakespeare par Bartolozzi, d'après Angelica Kauffmann, en bistre.
2 pièces, très belles épreuves.

100 — 1616-1620. Tombeau de M. de Thou et de ses deux femmes dans l'église de Saint-André-des-Arcs. — La Reine s'enfuit de la ville de Blois, d'après Rubens. — La Conclusion de la paix. — Portrait de Michel Cervantes, par Gaucher, Pierre de Gondy, Aug. de Thou, Gasparde de la Chastre, dame de Thou, Henry Goltzius, Jacques Aug. de Thou, par Duflos, le maréchal d'Ancre, le cardinal du Perron, G. Van Ledenberg, secrétaire du duc d'Utrecht, avec son cercueil suspendu à un gibet, Philippe de Nassau, par Delph, Charles, archiduc d'Autriche, Marie de Bavière, Diane d'Angoulême, Achille de Harlay, Jean Oldenbarnevelt, Mathias, archiduc d'Autriche, François Quesnel, Gérard de Vos, Marie Touchét.

84 pièces.

101 — 1621. Guillaume du Vair, garde des Sceaux.

Très belle épreuve.

102 — Albert, archiduc d'Autriche, gouverneur des Pays-Bas, d'après Rubens. — Isabelle-Claire-Eugénie, sa femme. (B. 62-63.)

2 pièces; magnifiques épreuves avant les mots : *cum privilegio*, marge.

103 — Pompe funèbre de l'archiduc Albert d'Autriche, par Corneille Galle, d'après J. Franquart.

65 planches in-fol. et texte.

104 — 1621-1623. Révolte de Tours, par Luiken. — Le Catafalque de Philippe III, roi d'Espagne, à Rome. — Allégories tirées des Fastes de Louis XIII. — Portraits de Phelippeaux de Ponchartrain, Charles d'Albert, duc de Luynes, Albert, archiduc d'Autriche, le cardinal Bellarmain, le cardinal de Guise, le duc de Mayenne, Philippe III, roi d'Espagne, Sweling, musicien, par Jean Muller, saint François de Sales, évêque de Genève, Pierre Jeannin, J.-B. de la Salle, N. Coeffeteau, Duplessis-Mornay, Scevole de Sainte-Marthe, J.-J. Du Sault, évêque d'Aix, le duc de Bouillon.

81 pièces.

105 — 1625. Maurice, comte de Nassau, par Henri Hondius, in-fol. — Le même personnage, par Delff, d'après Mierevelt.

2 pièces, belles épreuves.

106 — 1624-1627. Combat de 1625, dans le Pertuis breton devant l'Ile de Ré, d'après Ozanne. — Siège de Breda, par Callot, en 6 feuilles. — Portraits du duc d'Ossone, par Bonnart, Brûlart de Sillery, Jacques VI, roi d'Ecosse, Maurice, prince d'Orange, Louis Tronson du Coudray, ministre des finances, Ant. de Roquelaure, Théophile de Viaud, Louis Charreton, Marie de la Chastre, dame de Laubespine, François de Bonne de Lesdiguières, Ernest, comte de Mansfeld, par Delff, Anne de Rostaing, baronne de Sourdis.

50 pièces.

107 — 1629. Grande Thèse symbolique dédiée à Louis XIII, par Léonard Gaultier, à Paris chez P. Mariette.

Très belle épreuve.

108 — 1630. Charles-Emmanuel, duc de Savoie, par Th. de Leu. (R. D. 484.)

Belle épreuve.

109 — 1627-1630. Siège de l'Ile de Rhé, par J. Callot. — Siège de la Rochelle, en 1628, par Callot et Ozanne. — Louis XIII et les Prévôts de Paris, par Melchior Tavernier, d'après Abr. Bosse. — Frontispice par Grégoire Huret. — Prise de Pignerol. — Portraits de Pons de Lauzières, Nicolas Verdun, François Malherbe, le duc de Buckingham, Alex. Petau, par N. Pitau, le cardinal de Bérulle, Guillaume de Laubespine, Raymond Phelippeaux, Anne d'Autriche, d'après Van Dalen, Guillaume, comte de Nassau, par Hondius, Charles Emmanuel duc de Savoie, Ambroise Spinola.

67 pièces.

110 — 1631. Portrait de Daniel Rabel, peintre et graveur, par S. Vouillemont. (R. D. 60.)

Très rare épreuve du 1er état avec la collerette et la partie du manteau effacée plus tard.

111 — 1632. Gustave-Adolphe, roi de Suède, par Henri Hondius, in-fol.

Superbe épreuve.

112 — 1634. Albert, duc de Friedland, par Piètre de Jode, d'après Van Dyck. — Le marquis de Moncade, par Vosterman.

2 pièces, épreuves du 1er état. Très rares.

113 — 1635. L'entrée triomphante de Ferdinand d'Autriche, infant d'Espagne, à Anvers, par Van Thulden, d'après Rubens.

45 planches, très belles épreuves.— Le Portrait est du 1er état, avec le nom de Pontius.

114 — Portrait de Jacques Callot, d'après Van Dyck.

Très rare épreuve du 1er état, avant le nom du graveur; marge.

115 — 1631-1635. Catafalque de la princesse Isabelle-Claire-Eugénie, à Bruxelles.— Fondation de l'Académie française, sous la protection du roi, médaillons avec portraits de Richelieu et du chancelier Séguier et les noms des 40 immortels, par Gantrel, 1634. — Portraits de J. Deckher, par Corn. Galle, Fr. Della Rovere, duc d'Urbin, la princesse de Conti, Ant. de Ruzé, marquis d'Effiat, Frédéric, roi de Bohême, par Delff et autres, Gustave-Adolphe, roi de Suède, Henri II, duc de Montmorency, Ernest-Casimir, comte de Nassau, par Delff, Henri de Schomberg, Isabelle-Claire-Eugénie, par Crispin de Passe, Claude de Marolles, Jean, sire de Rambures, Sully, Henri Du Bouchet, Marie-Anne d'Autriche, reine d'Espagne, le chancelier d'Aligre.

69 pièces.

116 — 1637. Nicolas Fabri de Peiresc, par Vosterman, d'après Van Dyck.

2 très belles épreuves, dont une du 1er état, avant le nom du graveur.

117 — 1638. Voyage de Marie de Médicis en Hollande, en 1638.

15 planches, plus son portrait. Très belles épreuves.

118 — 1636-1638. Reprise de Corbie. — Siège de Landrécies. — Prise de Brisach, par le duc de Weymar. — Portraits de Charlotte de Montmorency, Réné de Longueil, Jean de Saint-Bonnet, seigneur de Thoyras, Marguerite Yolande, princesse de Savoie, Charles de Gonzague de Clèves, Victor Amédée, duc de Savoie, par Van Lochon, Corneille Jansénius, Antoine de Loménie, Rénée de Lorraine, Henry, duc de Rohan.

56 pièces.

119 — 1639-1641. Prise de Hesdin. — Reddition d'Arras. — Le fort des Chats assiégé par mer et par terre, caricature. — Plan de Bapaume. — Portraits de Louis de Nogaret, cardinal de la Valette, Bernard de Saxe, duc de Weymar, P.-P. Rubens, Claude de Bullion, Charles de Lorraine, duc de Guise, Guillaume, comte de Nassau, par Delff, Christophe Radziwill, le P. Claude Bernard, Louis de Bourbon, comte de Soissons, Roger de Choiseul, Ferdinand d'Autriche, infant d'Espagne, par Pontius et autres, Jean Habert de Montmort, le duc de Sully.

68 pièces.

120 — 1643. L'auguste pourtraict de Monseigneur le Dauphin, au naturel, 1604, par Firens.

Très belle épreuve, marge.

121 — Louis XIII, enfant, en costume royal.

Très belle épreuve.

122 — Louis XIII, enfant à cheval, 1610, par P. Firens.

Très belle épreuve.

123 — Louis XIII, enfant, coiffé d'un chapeau, 1610, par Léonard Gaultier.

Très belle épreuve.

124 — Louis XIII, portrait avec médaillons symboliques, par Falck, d'après Justin d'Egmont.

Très belle épreuve, signée au verso : P. Mariette.

125 — Louis XIII, par Henri Hondius, 1627.

Très belle épreuve.

126 — Frontispice de l'Histoire des guerres civiles de France, par Davila, avec portrait de Louis XIII, gravé par Grégoire Huret.

2 épreuves, dont une avant la lettre.

127 — 1642-1643. Reddition de Perpignan. — Siège de Collioure. — Frontispice : Le Flambeau du Juste, par Grég. Huret. — Bataille de Rocroy. — Portraits de Cinq-Mars, le duc d'Epernon, Galilée, Marie de Médicis, Charles de Neufville, le cardinal de Richelieu, par divers graveurs, portraits de Louis XIII.

69 pièces.

Louis XIV. — 1643-1715.

128 — 1643-1644. Louis XIV et sa mère reçoivent le prévôt des Marchands et autres Magistrats, par Mellan. — Costumes de l'époque Louis XIII — Le Brelan de la Vie humaine, par Bertrand. — La Prostituée de Babylone. — Plaisanterie d'un pédant et d'une harangère. — Frontispice avec sujets et ornements, avant la lettre. — La glorieuse campagne de Monseigneur le duc d'Enghien, par Beaulieu. — Portraits de Potier, marquis de Gesvres, Duverger de Hauranne, le comte de Guébriand, Henri de Sponde, Anne d'Autriche, par Jacquemin, Guido Bentivoglio, Elisabeth de France, reine d'Espagne, Amador de Laporte, François de Montholon, Nicolas de Lhopital, duc de Vitry, Jean Utenbogaerd.

70 pièces.

129 — 1645. Olivier Cromwel dissout le Parlement d'Angleterre, d'après Benjamin West. — La bataille de Nordlingue, et vues de villes de Flandre, par Beaulieu. — Vues par Van der Meulen.— Portraits du cardinal de La Rochefoucauld, Hugo Grotius, par Delff et autres, Guillaume Laud, François Sublet.

45 pièces.

130 — 1646. Gaspard, comte de Coligny, seigneur de Chatillon, par Delff, d'après Mierevelt.

Très belle épreuve.

131 — 1648. Ladislas IV, roi de Pologne, par Paul Pontius, d'après Rubens.

Très belle épreuve.

132 — Jacques Edelhéer, ambassadeur.

Très belle épreuve.

133 — 1646-1648. Plans et Vues de Villes de Flandres, par Beaulieu. — Bataille de Lens, 1648. — Portraits de François de Bassompierre, Roger de Bellegarde, François Maynard, poète, Nicolas de Netz, évêque d'Orléans, Gaspard III de Coligny, Henri II, prince de Condé, Jean, comte de Gassion, Frédéric-Henri de Nassau, le Baron de Beck, Portraits de personnages Hollandais, Philippe IV, d'après Rubens, Vincent Voiture.

122 pièces.

134 — 1649. Charles Ier, roi d'Angletere, par Delff,
d'après Daniel Mytens.

    Très belle épreuve.

135 — 1649-1650. Les Enfants de Charles Ier, par Thévenin, d'après Van Dyck, avant la lettre.—Charles II,
roi d'Angleterre, débarque à Douvres. — Char orné
d'arabesques, 1649.—Frontispices de l'Histoire des
Princes de Hollande. —Portraits d'Honoré d'Albert,
duc de Chaulnes, Charles Ier, par divers graveurs,
Claude de Rueil, Simon Vouet, François de Valois,
duc d'Angoulême, Balthazar Baro, par Michel Lasne,
Réné Descartes, Clément Metezeau, Jean Rotrou,
le Comte de Rantzau, François de Jussac, la Maréchale de Guébriant, Marion de Lorme, Claude de
Mesmes, comte d'Avaux, Marguerite de Montmorency.

    77 pièces.

136 — 1653. Le Jansénisme foudroyé, par A. Flamen
(R. D., 375).

    Très belle épreuve. Rare.

137 — La même estampe. — La Déroute et Confusion
des Jansénistes, par Abr. Bosse.

    2 pièces.

138 — François de Harlay-Chanvallon, archevêque de
Paris, par Lenfant.

    Très belle épreuve.

139 — Charles de l'Aubespine, gravé par Ragot d'après
Dumoustier. — Le même personnage, plus âgé,
par Daret, in-fol.

    2 pièces, très belles épreuves.

140 — Guillaume Wolfgang, duc de Bavière, par Delff,
d'après Michel Mierevelt.

    Très belle épreuve.

141 —Le même portrait.—Autre, par Vosterman, d'après
Van Dyck, épreuve avec les noms de G. H.

    2 pièces.

142 — 1651-1654. Lit de Justice tenu par le Roi en la
grande chambre du Parlement, en 1651. — Prière
du Roy, par Grég. Huret. — Procession injurieuse
à la doctrine de Saint Augustin, exécutée par les

Ecoliers des Jésuites de la ville de Mâcon le lundi gras de l'an 1651. — Le Siège d'Arras, 1654, en seize feuilles, par Beaulieu. — Portraits de Jacques Sirmond, Pierre Dupuy, Edme Aubertin, Claude Saumaise, Omer Talon, le Comte d'Arondel, Claude Le Bouthillier, Pierre Camus, Mlle de Chevreuse, Jacques de Caumont de la Force, Charles-Amédée de Savoie, Ch. de l'Aubespine, François de Harlay-Chanvallon, archevêque de Paris, le comte de Buquoy, Adrien Pauw, par Matham, l'Amiral Tromp, J.-F. Sarrasin, le Cardinal de Retz.

96 pièces.

143 — 1656. François-Thomas de Savoie, prince de Carignan, par Paul Pontius, d'après Van Dyck, in-fol. — Le même personnage, in-4, avec l'adresse de G. H. — Ferdinand III, empereur des Romains, par Corn. Galle, avec l'adresse de Meyssens.

3 pièces, très belles épreuves.

144 — 1657. Le Maréchal de La Mothe-Houdancourt, par Wille.

Belle épreuve.

145 — 1655-1657. Plans et Vues de Villes de France, par Beaulieu. — Portraits de David Blondel, Innocent X, pape, le Marquis de Bedmar, Pierre Gassendi, J.-Louis de Balzac, Robert Junius, Eust. Lesueur, le Duc d'Uzès, J.-B. Morin, Tristan l'Ermite, Claude Regnauldin, Mathieu Molé, Louis de Sainte-Marthe, le Maréchal de Schomberg, Pomponne de Bellièvre, La Mothe-Houdancourt, Claude de Lorraine, duc de Chevreuse, Mme de Montbazon, Jean Oxenstiern, Marguerite de Rohan.

96 pièces.

146 — 1658. Olivier Cromwell, par J. Faber, d'après Pierre Lély.

Très belle épreuve.

147 — 1660. Almanach pour l'An bissextil 1660, anonyme.

Belle épreuve.

148 — Histoire de la triomphante Entrée du Roy et de la Reine dans Paris, le 26 d'aoust 1660, avec la représentation et l'explication des Arcs triomphaux

qu'on y avait élevé et de toutes les autres magnifi-
cences. A Paris, chez Van Merlen, in-fol.

25 planches, très belles épreuves.

149 — 1660. Alex. de Sève, prévost des Marchands,
offrant au Roi Louis XIV un exemplaire du Livre
de son Entrée triomphante, par Chauveau.

Très belle épreuve.

150 — 1658-1660. Bataille des Dunes. — Vues de
Dunkerque, par Van der Meulen. — Vue de Calais.
— Entrevue de Louis XIV et de Philippe IV, roi
d'Espagne, dans l'Ile des Faisans, 1660. — Céré-
monie du Mariage de Louis XIV avec Marie-Thé-
rèse d'Autriche, d'après Le Brun. — Portraits de la
Sœur Jossaud, le Marquis de Castelnau, Olivier
Cromwell, Pierre du Moulin, Simon Guillain,
sculpteur, Michel Lemasle, le Cardinal Mazarin,
Don Louis de Haro, Claude Rébé, archevêque de
Narbonne, Henri de Savoie, archevêque de Reims,
Abel Servien. par Mellan, Vélasquez, Mlle Le Gras,
Saint Vincent de Paul, Pierre d'Hozier, Pierre de
Broussel, Gaston d'Orléans, par divers, le Marquis
de Rostaing, François de Lhopital, Scarron.

108 pièces.

151 — 1661. La Réception du Roy, pièce anonyme.

Belle épreuve.

152 — 1662. Léopold Ier, Empereur des Romains, par
Paul Pontius, d'après Luyken, grand in-fol.

Superbe épreuve.

153 — 1661-1662. Vue du Château de Versailles, par
Van der Meulen. — Carrousel, courses de têtes et
de bagues faites en 1662, par Louis XIV et les principaux personnages de sa cour. — Portrait de Martin de Charmois, conseiller d'État. Vray portrait de
Mgr le Dauphin, né à Fontainebleau le 1er novembre
1661, Portraits de Angélique Arnaud, le cardinal
Mazarin, le prince Rogotski, Pierre de Marca.

62 pièces.

154 — 1664. Les Plaisirs de l'Ile enchantée, ou les fêtes
et divertissements du Roi à Versailles, par Israël
Silvestre.

6 pièces, très belles épreuves.

155 — 1662 - 1664. Mlle de La Vallière présentée à Louis XIV à Saint-Germain, par Le Vachez, en couleur. — Aventure des Bosquets dans le parc de Fontainebleau. — Renouvellement d'alliance entre la France et les Suisses, d'après Le Brun. — Vues de Beauvais. — Portraits de Elisabeth de Bohême, Ferdinand, archiduc d'Autriche, Camille de Lilli, bibliothécaire du cardinal Mazarin, par Pitau, Henri d'Orléans, duc de Longueville, Christine de France, duchesse de Savoie, le marquis de la Meilleraye, François Th. de Nesmond.

50 pièces.

156 — 1665. César, duc de Vendôme, âgé de 4 ans, par Thomas de Leu (R.-D. 499.)

Belle épreuve.

157 — Portrait de Daniel Heinsius, par Jean Livens.

Superbe épreuve du 1er état.

158 — 1665-1666. Démolition du Temple de Charenton. — Vue de Vincennes vers 1665. — Portraits de Ch. du Fresnoy, peintre, par Roger de Piles, Marie-Anne d'Autriche, reine d'Espagne, Philippe IV, roi d'Espagne, Nicolas Poussin, par Pesne, Van Wassenaer, amiral de Hollande, par B. Picart, Anne d'Autriche, par Nanteuil, Larmessin et autres, le prince de Conti, Loménie de Brienne, le comte d'Harcourt, Marguerite du Cambout, comtesse d'Harcourt, Mansart, Dreux d'Aubray.

62 pièces.

159 — 1667. Georges de Scudéry, par Nanteuil. (R.-D. 221).

Très belle épreuve du 1er état.

160 — 1667. Le Roi à la chasse au cerf avec les Dames, d'ap. Van der Meulen. — Folle et Mitte, d'après Desportes. — Le Roi à Vincennes et à Fontainebleau, par Van der Meulen. — Vue de Valenciennes, par le même. — Siège de Tournay, Siège de Douay — Arrivée du Roy devant Douay. — Siège d'Oudenarde. — Entrée de la Reyne à Arras. — Vues de Lille. — Défaite de l'armée espagnole près le canal de Bruges, d'après Le Brun. — Vues de Courtray et de Tournay. — Portraits de Samuel Bochart, Marie de Gonzague, Alexandre VII, pape, Benjamin Prioli, par Pitau, George de Scudery.

47 pièces.

161 — 1669. Gilles Boileau, par Nanteuil (R.-D. 43). —

Très belle épreuve du 2e état, avant les vers.

162 — 1668-1670. Prise de Dôle, d'après Van der Meu-
len. — Marche du Roi, accompagné de ses Gardes,
passant sur le Pont-Neuf, allant au Palais, d'après
Van der Meulen, en trois feuilles. — Portraits de
Michel Anguier, sculpteur, par L. Cars, Jacques Fa-
vier du Boulay, par N. Pitau, Clément IX, pape,
Piètre de Cortone, Rembrandt, François de Vendôme, duc de Beaufort, Ant. d'Aumont de Roche-
baron, Henriette de France, reine d'Angleterre,
Louis de Pontis, George Albemarle, général anglais,
Victor Le Bouthillier, archevêque de Tours, Jean
Daillé, François de l'Aubespine, François Annibal
d'Estrées, Henriette d'Angleterre, Louis Leramberg,
sculpteur, par J.-G. Muller, George Monck, Racan,
poète français.

76 pièces.

163 — 1671. Hardouin de Péréfixe de Beaumont, archevêque de Paris, par Nanteuil. (R. D. 213.)

Très belle épreuve.

164 — Hardouin de Péréfixe, par N. Pitau. — Jacques
Tubeuf, par Poilly.

2 pièces, belles épreuves.

165 — 1672. Le Roi partant pour la Hollande, accompagné
du Dauphin et de son frère Philippe, le 26 avril
1672. — Le Lion, Belgique des Pays-Bas, contenant
les 17 provinces.

2 pièces imprimées sur la même feuille.

166 — La Mothe Le Vayer, par Ficquet. (F. 84.)

Très belle épreuve du 4e état avant les noms d'artistes, marge.

167 — Le même portrait.

Très belle épreuve du même état.

168 — 1671-1672. Fondation du Jardin des Plantes par
Louis XIV. — Pièce historique par Romeyn de Hooghe, 1672. — Le passage du Rhin par Dolivar et
Van der Meulen. — Vues de villes et places fortes
de la Hollande. — Portraits de Antoine Barberin,
Séb. Bourdon, Jacques Tubeuf, Ant. Godeau, évêque de Vence, La Mothe Le Vayer, Jean Varin,
graveur, la princesse de Conti, par Vangelisty,

Marguerite de Lorraine, duchesse d'Orléans, Guy Patin, Pierre Séguier, Ch. de la Trémoille, Jean de Witt, par Duflos et B. Picart.

74 pièces

169 — 1673. Représentation du Mausolée érigé en l'Eglise des R. P. de l'Oratoire de la rue St-Honoré, par l'Académie Royale de Peinture et de Sculpture à la mémoire de Mgr le chancelier Séguier, son protecteur, fait le 5 mai 1672, par S. Le Clerc. — Portrait du chancelier Séguier, par Mellan.

2 pièces, très belles épreuves.

170 — Molière lisant le *Tartuffe*, chez Ninon de Lenclos, par Anselin, d'après Monsiau, grand in-fol.

Superbe épreuve avant la lettre.

171 — Eugène Maurice de Savoie, par P. Lombart, d'après W. Vaillant. — Jean Milton, par Vertue.

2 pièces, belles épreuves.

172 — 1674. Jean Chapelain, par Nanteuil (R. D. 60.)

Superbe épreuve du 1er état.

173 — Charles Sorel, historiographe de France, par Michel Lasne.

Très belle épreuve. Rare.

174 — 1675. Valentin Conrart, Conseiller et Secrétaire du roi, par L. Cossin, d'après C. Le Fèvre.

Très belle épreuve.

175 — 1673-1675. Arrivée du Roi au camp devant Maestricht, d'après Van der Meulen — Molière consultant sa servante, d'après Horace Vernet. — La mort de Molière — Vues de Gray et de Besançon, d'après Van der Meulen — Vues de villes de la Franche-Comté — Batailles — Portraits de François Hédelin, Pierre Lallemant, Mme de la Suze, Marguerite d'Autriche, Pocquelin de Molière, par divers, Pierre Seguin, par Pitau, Arnauld d'Andilly, Louis de Boullogne, peintre, Philippe de Champagne, par Edelinck et autres, Jean Chapelain, Marin Leroy, sieur de Gomberville, Henry de la Trémoille, Louis de Gondrin, Rembrandt, Milton.

83 pièces.

176 — 1675-1676. Vue de la Ville et du Château de
Dinant, d'après Van der Meulen — Prise de la Ville
d'Aire — Portrait de Jean Ballesdens, par Michel
Lasne, Jacques Lefèvre, Charles IV, duc de Lorraine,
Th. Tambourin, jésuite, Turenne, Nicolas Colbert
évêque de Luçon, par Pitau, Gaspard de Daillon du
Lude, évêque d'Albi, par le même, François Chau-
veau, graveur, par Cossin, Henry de Guénégaud,
Marie-Anne Josèphe, princesse de Neubourg, Ruy-
ter, amiral hollandais.

    62 pièces.

177 — 1677. Désignation des séances des Etats du
Cambrésis, par C. Belkin, d'après J. Carpentier.

    Très belle épreuve. Rare.

178 — 1677-1678. Prise de Valenciennes, par Dolivar —
Attaque de la Citadelle de Cambrai, d'après Van der
Meulen — Vues de la Ville et de la Citadelle de
Cambrai — Bataille de Cassel — Vue de la Ville de
St-Omer — Prise de St-Omer — Prise de Gand —
Vue de Leuve, dans le Brabant — Portraits de
Guillaume de Lamoignon, Benoit Spinosa, Jacques
de Sainte-Beuve, Antoine de Grammont, Charlotte
Cath. de Grammont, Anne Schurman.

    55 pièces.

179 — 1680. L'Orgie des Moines, pièce satyrique par
William Loggan. (Lebl. 3).

    Superbe épreuve. Très rare.

180 — Le véritable portrait du chien de Gunnar, roy
de Suède, qu'il établit vice roy en Norwège par
dérision et par un mépris qu'il eut de ces peuples ;
les obligea de luy rendre les mêmes honneurs
qu'à luy même sous peine d'avoir les bras et les
jambes coupez (Extrait des Parallèles historiques
imprimé à Paris), par Campion, grand in-fol.

    Très belle épreuve. Rare.

181 — 1679-1681. Portraits de Choart de Buzenval,
évêque de Beauvais, J.-H. d'Anglebert, le cardinal
de Retz, Habert de Montmort, par Pitau, la duchesse de Longueville, Don Juan d'Autriche, Et.
de Caulet, évêque de Pamiers, Nicolas Fouquet,
La Rochefoucauld, par Choffard, Raimond, comte
de Montecuculli, Louis Moréri, Mlle de Fontanges,

George Buchanan, historien, Jean Garnier, jésuite, Olivier Patru, Michel de Marolles, Louis Phélippeaux, sieur de la Vrillière, le duc de La Ferté, maréchal de France.

58 pièces.

182 — 1682. Louis XIV mettant le cordon bleu à Monsieur de Bourgogne, père de Louis XV, gravé par de Larmessin d'après Watteau.

Très belle épreuve, toute marge.

183 — 1682-1684. Bombardement de Gênes — Vue de la Ville de Luxembourg, d'après Van der Meulen — Prise de Luxembourg — Portraits de Claude Lorrain, Murillo, le Comte d'Egmont, Robert de Bavière, Nicolas Berghem, J.-B. Colbert, par Audran, Nanteuil et autres, Eudes de Mézeray, Louis de Bourbon, comte de Vermandois, Ferdinand, évêque de Paderborn, Marie-Thérèse d'Autriche, Angélique Arnauld, abbesse de Port-Royal, Claude Bazin, seigneur de Besons, par Van Schuppen, Pierre Corneille, par divers, Isaac Le Maistre de Sacy.

68 pièces.

184 — 1685. David Téniers et sa famille, par Le Bas — David Téniers et sa femme Catherine Breughel, par J.-B. Michel.

2 pièces, très belles épreuves, toute marge.

185 — 1686. Veüe de la place des Victoires où le Mareschal duc de la Feuillade a dressé un monument public à la gloire de Louis le Grand, le 28 mars 1686, par J.-B. Nolin.

Très belle épreuve. Rare.

186 — 1688. Advis des médecins pour la grande maladie du Grand Sultan et les remèdes de le guerrir bientôt ; pièce satyrique, Ph. Bouttats exc.

2 épreuves, dont une coloriée du temps.

187 — Jean-Jacques de Mesmes, comte d'Avaux, par N. Poilly, d'après Mignard.

Très belle épreuve.

188 — 1685-1688. Pièce sur l'Avènement de Jacques II à la Couronne d'Angleterre — Statue de Louis XIV, en pied, terrassant l'hérésie, par Vermeulen — Le Roi donne le Bonnet à M. le Nonce dans la Cha-

pelle de Fontainebleau, novembre 1686 — Vue du Château de Versailles, d'après Van der Meulen — Médailles de Louis XIV avec vues de Paris — Départ du Prince d'Orange pour l'Angleterre, par Romeyn de Hooghe — Vues des jardins de Versailles — Portraits de Michel Letellier, par Poilly, Charles II, roi d'Angleterre, la duchesse de Montbazon, Sasso-Ferrato, peintre, Chapelle, poëte français, le grand Condé, Samuel Bernard, le marquis de Créquy, Jean-Baptiste Lulli, par Roullet, Louis de Saint-Amour, Jean Doujat, par Habert et Cossin, Antoine Furetière, par Edelinck, Thomassin et autres, Du Cange, Abraham Duquesne. Jean de la Quintinie, Claude Perrault, Philippe Quinault.

103 pièces.

189 — 1689. Le Prince d'Orange et son épouse, proclamés roi et reine d'Angleterre, par Romain de Hooghe, le 24 février 1689.

Estampe en deux feuilles, grand in-fol. Superbe épreuve.

190 — 1691. Voyage de Sa Majesté Britannique en Hollande, fêtes, arcs de triomphe, feux d'artifice, par R. de Hooghe.

16 planches, très belles épreuves.

191 — 1689-1692 Bataille de Staffarde, par Huchtemburg. — Costumes d'Allemagne. — Prise de Mons. — Levée du siège de Coni en Piémont. — Siège de Namur. — Portraits de Marie-Madeleine-Josèphe, archiduchesse d'Autriche, par Wolff, Christine de Suède, J.-B. Tavernier, voyageur, Jos. du Cambout de Pontchateau, Léopold Ier, duc de Lorraine, Ch. Le Brun, par Edelinck et autres, Ant. Fr. Van der Meulen, Marie-Christine de Bavière, dauphine, Bensérade, Fr. d'Aubusson, duc de la Feuillade, le marquis de Louvois, Corneille Tromp, Marie d'Hautefort, duchesse de Schomberg, Louis Racine, Gilles Ménage, Mme de La Fayette.

94 pièces.

192 — 1693. Anne-Marie d'Orléans, duchesse de Montpensier, par Falck, d'après J. d'Egmont.

Superbe épreuve.

193 — 1694. Marie, reine d'Angleterre, par J. Gole.

Très belle épreuve.

194 — 1695. Jean de La Fontaine, par G. Edelinck, d'après Rigaud.

Très belle épreuve.

195 — Pierre Mignard, premier peintre du Roy, par G. F. Schmidt, d'après Rigaud.

Magnifique épreuve, marge.

196 — Le même personnage, d'après lui-même, par Vermeulen.

Très belle épreuve.

197 — 1693-1695. Plans et vues de Charleroi, Roses, Liège. — Bataille du Ter, commandée par le duc de Noailles. — Cérémonie de la prestation de serment de fidélité entre les mains du Roy, dans la chapelle de Versailles, par M. le marquis de Dangeau. — Costumes. — Portraits de Bussi-Rabutin, Mlle de Montpensier, Pelisson, Potier de Novion, par Nanteuil et autres, Fr. Tallemant, Philippe de Savoie, par Lombard, Mesdemoiselles Loison, par Bonnart, Mme Deshoulières, Gaspart de Fieubet, par Pilau, Habert de Montmort, par Mellan, la duchesse de Grammont, Martin Van-den-Baugart, Pierre Puget, Pierre Nicole, le maréchal de Luxembourg, Jean de La Fontaine.

72 pièces.

198 — 1697. Sujet allégorique du mariage de Monseigneur le duc de Bourgogne avec Marie-Adélaïde de Savoie, par Simonneau, d'après Sébastien Le Clerc.

2 très belles épreuves, dont une avant la lettre.

199 — Conseil tenu relativement au mariage du Dauphin avec la princesse de Savoie. — Présentation du Portrait de Marie-Adelaïde, princesse de Savoie.

2 pièces, très belles épreuves avant toutes lettres,

200 — Jean Bérain, dessinateur d'ornements, par Cl. Duflos, d'après Vivien.

Très belle épreuve.

201 — 1698. Portrait de Nic. Lambert de Thorigny, président de la chambre des Comptes, par P. Drevet, d'après Largillière (D. 80.)

Très belle épreuve.

202 — 1699. Statue équestre de Louis le Grand, élevée sur la place Vendôme le 13 août 1699, gravée par Lepautre.

Très belle épreuve.

203 — 1697-1699. Vue et représentation de la bataille de Zenta, donnée le 11 septembre 1697, par Huchtenburg. — Siège de Barcelone. — Portraits de La bruyère, par Savart, Cathelin et autres, Marie-Anne d'Autriche, reine d'Espagne, Michel Molinos, Mme de Sévigné, le duc de Bourgogne, Th. Bignon, par Pitau, Charles XI, roi de Suède, J. B. Santeul, François Villette, Le Nain de Tillemont, Pierre Richelet, Guillaume Temple, Jean Racine, par Edelinck et autres, Ortance Mancini, duchesse de Mazarin, Louis de Boucherat, Christian V, roi de Danemarck, Edouard Colbert, marquis de Villacerf, par Edelinck et Roullet.

76 pièces.

204 — 1700. Cérémonie du couronnement du roi d'Angleterre.

Pièce très grand in-fol. en deux feuilles. Anonyme.

205 — 1701. Le Berceau royal du duc d'Anjou, par G. de Gheyn.

Très belle épreuve. Rare.

206 — Le duc d'Anjou, frère unique du Roi, par Couvay, d'après J. d'Egmont.

Très belle épreuve.

207 — Anne Hilarion de Cotentin comte de Tourville, vice-amiral de France, par Le Beau.

Très belle épreuve, toute marge.

208 — 1700-1702. Philippe de France, duc d'Anjou, déclaré roi d'Espagne. — La bataille de Chiari, donnée le 1 de septembre 1701, par Huchtenburg. — Pièce satyrique sur Jacques II. — Bataille de Luzzara, par Huchtenburg. — La chute de Phaëton, pièce satyrique sur la Marine française. — Portraits de Charles II, roi d'Espagne, par divers, André Le Nostre, Jean Pesne, par Trouvain, Arm.-Jean Bouthillier de Rance, le marquis de Barbezieux, la duchesse de Chaulnes, Jacques II, roi d'Angleterre, par divers graveurs, Philippe de France, duc d'Orléans, par Poilly et autres, Jean Regnault de Se-

grais, l'amiral de Tourville, par Gautrel, Bonnart
et autres, Jean-Bart, Guillaume III, roi d'Angleterre,
par divers, le duc et la duchesse d'Ossuna, le duc
de Coislin.

80 pièces.

209 — 1704. Séance ordinaire des Etats de Languedoc,
par Bernard Picart.

Très belle épreuve.

210 — Jacques-Bénigne Bossuet, d'après Mignard, par
F. Poilly.

Très belle épreuve, grandes marges.

211 — 1705. Almanach royal de l'année 1705, où est
parfaitement observé le cours du Soleil d'injustice,
qui comprend les emblêmes des Sept Vertus héroï-
ques ; caricatures hollandaises.

Suite de sept pièces, plus une copie coloriée.

212 — 1703-1705. Batailles d'Augsbourg, Bonn, Lan-
dau, Schellenberg. — Bataille de Hochstedt, donnée
le 13 d'août 1704, par Huchtenburg. — Bataille de
Cassano. — Caricatures sur l'archevêque de Sé-
baste. — Costumes allemands. — Portraits de Mme
de Mondonville, Jules Mascaron, Evrard Ghérardi,
Charles Perrault, par Edelinck, Barrême, le duc de
Saint-Simon, Bourdaloue, Bossuet, par Sergent et
autres, Ninon de Lenclos, Mme de Grignan, Léopold
Ier, empereur des Romains, par Natalis, J. Brouwer
et autres.

80 pièces.

213 — 1706. Mémoire éternelle des glorieuses Victoires
remportées par les Alliez sur les armes de France,
en l'année 1706.

Pièce allégorique, gravée en Hollande par C. H.

214 — Roma perturbata. Caricatures ayant rapport
aux difficultés survenues entre le Pape et la Hollande à propos de la nomination d'un évêque.

12 pièces.

215 — Caricatures hollandaises sur Louis XIV et Mme de
Maintenon.

22 pièces.

216 — 1707. Portrait de Jacques Nic. Colbert, archevêque de Rouen, buste fort comme nature, par
Nanteuil. (R. D. 77.)

Très belle épreuve.

217 — 1706-1707. Batailles dans le Brabant. — Bataille
de Turin. — Costumes coloriés. — Portraits de
Bayle, Pierre de Cambout, duc de Coislin, par
Nanteuil et autres, Pierre II, roi de Portugal, le
maréchal de Vauban, Gérard Edelinck, Mme de Mon-
tespan, Louis, marquis de Bade, Noël Coypel,
Etienne Le Camus, évêque de Grenoble.

52 pièces.

218 — 1709. Le grand Hyver de l'année 1709. — Cérès
affligée de voir la terre stérile, par P. de Rochefort.

2 pièces, très belles épreuves avec le cartouche blanc.

219 — Vues de l'Abbaye de Port-Royal-des-Champs, par
Mad. Horthemels.

15 pièces, très belles épreuves, toute marge.

220 — Louis Verjus, comte de Crécy, par Ant. Masson.
(R. D. 23.)

Très belle épreuve.

221 — 1708-1710. Siège d'Oudenarde. — Bataille d'Oudenarde, le 11 juillet 1708, par Huchtenburg. —
Naples en liberté et la Statue du duc d'Anjou bri-
sée à Naples, pièce publiée en Hollande. — Bataille
de Malplaquet, 11 septembre 1709. — Histoire d'un
Chien qui a mordu sa maîtresse, par Mareuil, 1710.
— Pièce satyrique sur la reine Catherine de Médicis. — Portraits de Jules Hardouin Mansart, Louis
de Valbelle, évêque de Saint-Omer, Tournefort, le
maréchal de Noailles, Claude de Vert, J.-F. Ré-
gnard, J.-B. Cornaro, doge de Venise, le P. La
Chaise, confesseur du Roi, Jean de Mesmes, comte
d'Avaux, J.-B. Boyer, seigneur d'Aguilles, par Vermeulen, le prince de Conti, Thomas Corneille, par
Thomassin et autres, Henri Jules de Bourbon,
prince de Condé, la princesse de Soubise, Roger de
Piles, par B. Picart, le duc de Bourbon, Jérome
d'Argouges, E. Fléchier, évêque de Nîmes, par
Edelinck, Moreau et autres, Ant. Houasse, Mlle de
la Vallière.

76 pièces.

222 — 1711, Louis dauphin de France, buste fort comme nature, par N. de Poilly.

Très belle épreuve.

223 — Nicolas Boileau-Despréaux, par P. Savart, premier état. — Le même personnage par Alix, en couleur.

2 pièces, très belles épreuves.

224 — Nicolas Boileau-Despréaux, par Drevet, in-4. — Frontispice de ses *Œuvres*, par Bernard Picart, avant toutes lettres, in-fol.

2 pièces, très belles épreuves.

225 — 1712. Vue de Dunkerque du côté de la mer dédiée à S. A. sérénissime le duc de Penthièvre, amiral de France, gravée par Cl. Duflos.

Très belle épreuve.

226 — 1711-1712. Vues et plans de Dunkerque, publiés en Hollande. — Vue de Dunkerque, par de Beaulieu. — Portraits de Boileau, Elisabeth-Sophie Chéron, le maréchal de Boufflers, Joseph Ier, empereur, roi des Romains, Eustache Le Noble, le grand Dauphin, fils de Louis XIV, par Van Schuppen, Sarrabat et autres, Marie-Louise de Hesse Cassel, Jean-Guillaume Friso, prince d'Orange, le maréchal de Catinat, Louis, duc de Bourgogne, par Edelinck, J. Gole, Bonnart et autres, la duchesse de Bourgogne, Louis, duc de Vendôme.

77 pièces.

227 — 1713. Représentation des Illuminations et Feux d'artifice faits à la Haye, le 14 de juin 1713, à l'occasion de la paix avec Sa Majesté très chrétienne Louis XIV, roi de France, par Stoopendaal, d'après Pola.

3 pièces, grand in-fol., très belles épreuves.

228 — 1714. César, cardinal d'Estrées, par Nanteuil. (R. D. 92). — Le même personnage, par G. Edelinck.

2 pièces, belles épreuves.

229 — Portrait de Fabio Brûlart de Sillery, évêque de Soissons, par G. Edelinck, d'après Rigaud.

Très belle épreuve.

230 — 1715. La Chambre du Trépas de Louis XIV, roi
de France, décédé à Versailles le 1ᵉʳ septembre 1715.

    Pièce en largeur, très belle épreuve.

231 — Portrait de Louis XIV enfant, par J.-V. Meurs,
d'après J. d'Egmont.

    Très belle épreuve.

232 — Louis XIV, par N. Poilly, d'après Mignard.

    2 portraits différents. Très belles épreuves.

233 — Louis XIV, par N. Poilly, d'après F.-P. Georgius.
— Autre, par de Larmessin.

    2 pièces, belles épreuves.

234 — Louis XIV, buste fort comme nature, dirigé à
droite, par Nanteuil (R. D. 157).

    Très belle épreuve du 4ᵉ état.

235 — Louis XIV, pièce en largeur, entourée de figures
d'enfants tenant des emblèmes, gravé par M. Poilly
d'après Mignard. — Louis XIV, à mi-corps, par
N. Pitau, d'après C. Le Febvre.

    2 pièces, belles épreuves.

236 — Louis XIV à mi-corps, par Vermeulen. — Louis
le Grand, portrait équestre, par N. Bazin.

    2 pièces, belles épreuves.

237 — Portrait de Louis XIV en costume romain, à
côté d'une tente, accompagné de deux autres personnages, avec huit vers au bas. — Autre, en buste,
frontispice des *Courses de Testes et de Bagues*, par
Rousselet.

    2 pièces, très belles épreuves.

238 — Portraits de Louis XIV, par divers graveurs.

    40 pièces.

239 — Emmanuel-Théodose de la Tour d'Auvergne,
cardinal de Bouillon, par P. Drevet, d'après De
Troy. (D. 26).

    Très belle épreuve. Rare.

240 — François Girardon, sculpteur, par P. Drevet,
d'après Vivien.

    Très belle épreuve, toute marge.

241 — 1713-1715. Querelle des Jansénistes et des Molinistes, par J. Redam. — Portraits de Campistron, Frédéric III, électeur de Brandebourg, Anne, reine de la Grande-Bretagne, le duc de Beauvilliers, Jacques Basnage, Charles de France, duc de Berry, César d'Estrées, cardinal, le comte de Grignan, Sébastien Le Clerc, Claude de Saint-George, archevêque de Lyon, Nicolas Mesnager, Anne-Charlotte de Lorraine, Jacques de Tourreil, Monsieur de Chamilly, maréchal de France, J.-François d'Estrades, par Pitau, Fénelon, par Audran, Gaucher, Saint-Aubin et autres, François Girardon, sculpteur, Emmanuel de la Tour d'Auvergne, duc de Bouillon, le cardinal de Bouillon.

75 pièces.

Louis XV. — 1715-1774.

242 — 1715. Observations curieuses sur l'Etat et le Gouvernement de France, pièce avec portrait de Louis XV jeune, en manteau royal au milieu et texte gravé aux côtés.

Belle épreuve. Rare.

243 — Le règne de Louis XV, roi de France et de Navarre, commencé par la délivrance des Prisonniers d'Etat et le rappel des Exilés, le 4 septembre 1715 ; pièce en largeur.

Très belle épreuve.

244 — L'an 1715, premier du règne de Louis XV et de la régence de Philippe, duc d'Orléans, la liberté a été rendue à ceux qui restaient disgrâciés, fugitifs, exilés ou prisonniers pour les affaires de l'Eglise. Pièce en largeur, anonyme.

Belle épreuve.

245 — Le roy Louis XV, tenant son lit de Justice pour la première fois en son Parlement, à Paris, le 12 septembre 1715, gravé par De Poilly, d'après F. Delamonce.

Superbe épreuve.

246 — Entrée de Louis XV dans Paris par la porte Saint-Antoine, en 1715, gravé par Gallimard, d'après Cochin, in-fol.

Très belle épreuve avant toutes lettres non terminée ; avec un médaillon en blanc.

247 — 1715. La Régence déférée au duc d'Orléans, par
C.-N. Cochin, in-fol. ; pièce tirée de l'*Histoire de
Louis XV par médailles*.

Très rare épreuve à l'eau-forte pure.

248 — La même estampe.

Très belle épreuve terminée.

249 — 1716. Rétablissement du Commerce et de la
Marine sous la Régence, par C.-N. Cochin, in-fol.

Très rare épreuve à l'eau-forte pure, grandes marges.

250 — Plan de la Ville et des Faubourgs de Paris, par
Guillaume Delisle.

Belle épreuve.

251 — 1715-1717. La Régence de S. A. R. Monseigneur
le duc d'Orléans, par Bonnart. — L'Argent envoyé
par Monseigneur le duc d'Orléans, régent du
Royaume, pour le paiement des troupes. — Bataille
de Peterwaradin, par Huchtenburg.—Vue et Représentation de la bataille de Belgrade, le 16 d'Aoust
1717. — Portraits du duc d'Orléans régent, Nic.
Mallebranche, le maréchal de Chateaurenaud,
Leibnitz, Le Prince de Neubourg, le maréchal de
Montrevel, Gaspard Poittevin, Bon. de Boullongne,
par Tardieu, Mme de La Fayette, Jean Jouvenet,
peintre, par Trouvain, Hyacinthe Ravechet, Jean
Mesnard de Lanoë, directeur du Séminaire de
Nantes.

41 pièces.

252 — 1718. Le Progrès des études du Roi, Allégorie
pour l'*Histoire de Louis XV, par médailles*, gravé
par N. Dupuis, d'après Lagrenée, in-fol.

Très rare épreuve à l'eau-forte pure.

253 — 1719. L'Instruction gratuite ; allégorie, par
B.-L. Prévost, d'après Noël Hallé.

Très rare épreuve à l'eau-forte pure.

254 — Fêtes à Dresde, à l'occasion du mariage du
Prince Auguste-Frédéric de Pologne, avec Marie-
Josèphe d'Autriche, par Scotin et autres.

11 pièces, épreuves superbes, grandes marges.

255 — 1719. Mme de Maintenon, par P. Giffart, in-fol.

Très belle épreuve. Rare.

256 — Françoise d'Aubigné, marquise de Maintenon, par Ficquet, d'après Mignard.

Très belle épreuve sur papier double, grandes marges.

257 — 1718-1719. Médailles des Conseils de la Régence, par Henry. — Portraits de Charles XII, roi de Suède, par divers graveurs, Louis de Thomassin, évêque de Sisteron, Henry de Lorraine, duc d'Harcourt, Ch. Maurice Le Tellier de Louvois, par Roullet, La duchesse de Vendôme, Joseph Addison, Le P. Le Tellier, Mme de Maintenon, Pasquier, Quesnel.

49 pièces.

258 — 1720. Les Vilains malades ; pièce critique sur les enrichis par l'agio, lors du système de Law.

Très belle épreuve.

259 — Sujets et caricatures sur la Banque de Law et la rue Quincampoix.

63 pièces.

260 — 1721. Partie de l'Incendie de la ville de Rennes, vue de la Place du Palais, gravé par Thomassin. d'après Huguet.

Très belle épreuve.

261 — L'Arrivée des Bienfaits ; l'incomparable troupe de Ragotin, la victoire de la foire. Pièce anonyme.

Très belle épreuve.

262 — Les Règles du Jeu de la Constitution sur l'air du Branle de Metz (Jeu d'oie).

Pièce anonyme. Très rare.

263 — Pierre Daniel Huet, évêque de Soissons, puis d'Avranches, par G. Edelinck, d'après Largillière (R. D. 224).

Très belle épreuve du 1er état, marge.

264 — Le même portrait, ép. du 2e état. — Le même personnage, gravé par L. Moreau.

2 pièces, très belles épreuves.

265 — M. R. de Voyer de Paulmy d'Argenson, par N. Pitau.

Très belle épreuve.

236 — 1720-1721. Vue du cours de Marseille pendant la
peste arrivée en 1720. — La peste dans la ville de
Marseille, par Thomassin, d'après De Troy. —
L'Ombre inique, pièce satyrique sur d'Argenson.—
La Constitution Unigenitus, pièce anonyme. — Cas-
tigat ridendo mores, pièce satyrique hollandaise. —
Portraits de Henry Gautier, architecte, Pierre de La
Broue, Ant. Coysevox, par Audran, Mme Dacier, le
marquis de Dangeau, Eusèbe Renaudot, par Ché-
reau, Benoit Audran, Nic. Foucault, par Van
Schuppen, Michel de Chamillart, Antoine Watteau.

    43 pièces.

267 — 1722. Armand Jules prince de Rohan, archevêque, duc de Reims, par Petit, d'après Rigaud.

    Très belle épreuve.

268 — Le duc de Marlborough, par P. Schenck d'après
Vanderwerf.

    Superbe épreuve, marge.

269 — Le même personnage, gravé par Petit, d'après
Seb. Bourdon.

    Très belle épreuve avant toutes lettres.

270 — 1722. Fêtes du sacre de Louis XV à Reims, le
22 octobre 1722, douze feuilles par Duchange, Chéreau et autres. — Allégorie sur le mariage de
Louis XV, par N. Chasteau. — Portraits de Antoine
Coypel, par J.-B. Massé et Sarrabat, André Dacier,
le duc de Marlborough, Claude Gillot, par Aubert,
la duchesse d'Orléans, par Simonneau et autres, la
princesse des Ursins, Pierre Varignon.

    42 pièces.

271 — 1723. Philippe, duc d'Orléans, régent, par Cl.
Duflos, d'après Tournière. — Autre portrait, par
Marie Horthemels, d'après Santerre. — Le même
personnage, par Fr. Chereau.

    3 pièces, très belles épreuves.

272 — 1725. Portrait de Pierre le Grand, empereur de
Russie, par P. Soubeyran. — Autre portrait, en
pied, par Wagner, d'après Amiconi.

    2 pièces, belles épreuves.

273 — 1723-1725. Portraits de Jean-Antoine de Mesmes, par Thomassin, le cardinal Dubois, Claude Fleury, confesseur de Louis XV, René Boudier, Philippe, duc d'Orléans, régent, Dufrény, Pierre de Langle, évêque de Boulogne, Innocent XIII, pape, Benoît Pictet, le maréchal de Tessé, Charles de la Rue, jésuite, Pierre le Grand, par Moreau, Saint-Aubin et autres, François Gacon, le comte de Médavy, Jacques Basnage.

66 pièces.

274 — 1727. Circonstances principales de la vie du diacre Pâris et portraits.

36 pièces, dont un dessin.

275 — Georges Ier, roi de la Grande-Bretagne, par Bernard Picart. — Le même personnage, par G. Kneller.

3 pièces, très belles épreuves.

276 — 1729. L'Horoscope du Dauphin, né le 4 septembre 1729.

Dessin à l'aquarelle, non signé.

277 — Représentation du Feu d'artifice qui a été tiré devant l'Hôtel de Ville de Paris le 7 septembre 1729 en présence du Roy pour l'heureux accouchement de la Reine d'un Dauphin. A Paris chez la veuve Maillot.

Belle épreuve.

278 — William Congrève, auteur dramatique, par J. Smith, d'après Kneller.

Très belle épreuve.

279 — 1730. Plan et vue du Feu d'artifice tiré à Paris sur la Rivière, le 21 janvier 1730, entre le Louvre et l'Hôtel de Bouillon, au sujet de la naissance de Mgr le Dauphin, par Dumont, d'après Servandoni.

Belle épreuve. Rare.

280 — Représentation du Feu d'artifice tiré au Petit Goave, pour la naissance de M. le Dauphin, le 19 juin 1730.

Dessin à l'aquarelle, non signé.

281 — 1730. Décoration funèbre pour le service de
M. le maréchal, duc de Villeroy, célébré dans
l'Eglise de l'Hôpital de la Charité de Lyon, le 15
septembre 1730, par Daudet, d'après de Gérando.

> Très belle épreuve. Rare.

282 — La destruction des Communautés de Ste-Barbe.
— La mémoire du B. François de Paris lapidée. —
Idée de l'ordre observé pour la distribution des
Nouvelles ecclésiastiques, dessin original et gra-
vure. — Frontispices.

> 16 pièces.

283 — Histoire du P. Jean-Baptiste Girard, jésuite et
recteur du collège de la Marine à Toulon, et de
la demoiselle Marie-Catherine Cadière.

> 38 pièces, dont plusieurs publiées à Londres. Très rares.

284 — François Le Chambrier, par G.-F. Schmidt,
d'après Rigaud.

> Très belle épreuve, marge.

285 — 1726-1730. Maison des Chartreux de Hollande.
— Concile d'Embrun, pièce satyrique. — Portraits
de Maximilien-Emmanuel, duc de Bavière, par Vermeulen et autres, Michel de Lalande, surintendant
de la musique du Roi, par Thomassin, Georges Ier
roi d'Angleterre, N. de Malezieu, René Richard,
Louis de Sacy, Bernard de la Monnoye, Fleuriau
d'Ermenonville, Claude Le Blanc, le maréchal de
Tallard, Pierre de Villiers, Léopold Ier, duc de Lorraine, le cardinal de Noailles, Jean Law, contrôleur
général des Finances.

> 61 pièces.

286 — 1731. Miracles du diacre Paris.

> 18 pièces.

87 — 1732. La Glorieuse entrée du Nonce à Paris au
mois d'aoust 1732.

> Pièce curieuse, avec la vue de la Bastille. Au-dessous, une
> chanson de plusieurs couplets.

288 — Pièces satyriques et autres, sur les Jésuites.

> 30 pièces.

289 — 1733. Madame Louise-Elisabeth de France, duchesse de Parme (La Terre), par Balechou, d'après
Nattier.

Très belle épreuve.

290 — 1730-1733. La Constitution chassée. — Frontis-
pices des Nouvelles ecclésiastiques. — Portraits de
Denis Bouthillier de Chavigny, archevêque de Sens,
François de Troy, par Poilly, Jacques Saurin, le
maréchal de Villeroy, Victor-Amédée, duc de Sa-
voye, la famille de Savoye, Ant. Houdart de la
Motte, Et.-Fr. Geoffroy, médecin, par Surugue,
Charles d'Hozier, par Edelinck, la princesse de
Conty, Louis de Boullogne, par Chéreau, Nicolas
Couston, par Dupuis, Frédéric-Auguste, roi de
Pologne.

50 pièces.

291 — 1734. Bombardement de Philipsbourg.

Dessin à l'aquarelle, en forme de trompe-l'œil, avec Portraits,
Plans et Vues; texte hollandais manuscrit.

292 — 1735. Dessein de l'Illumination et du Feu d'artifice donné à Monseigneur le Dauphin à Meudon,
le 3 septembre 1735, par C.-N. Cochin.

Très belle épreuve.

293 — 1734-1735. Siège de Philipsbourg — Pompe funèbre de Polixène de Hesse-Rhinfels, reine de
Sardaigne, par Cochin. — Le Triomphe de la France,
allégorie — Frontispices des *Nouvelles Ecclésiastiques.* — Vue de la Bibliothèque du Vatican, avec les
portraits en médailles des Papes, depuis Sixte-
Quint. — Portraits de James Thornill, par Faber, le
maréchal de Villars, par divers, le maréchal de
Berwick, Robert de Cotte, par Drevet et Trouvain,
l'abbé de Vertot.

35 pièces.

294 — 1736. Louis-Auguste de Bourbon, prince de
Dombes, par Drevet. (D. 60.) 2e état. — Le même
personnage (D. 61). 2e état.

2 pièces; très belles épreuves.

295 — Réné Duguay-Trouin, lieutenant général des
armes navales, in-folio.

Très belle épreuve avant toutes lettres.

296 — 1736. Michel-Roger de Bussi Rabutin, évêque de
Luçon, par L. Cars.

> Très belle épreuve.

297 — Antoine Portail, premier président au Parlement de Paris, par P. Drevet, d'après Tournières
(D. 108).

> Superbe épreuve du 2ᵉ état. Très rare.

298 — 1736-1737. Allégorie sur le Duc du Maine, par
Le Pautre, d'après Ant. Dieu. — Pièce satyrique
sur l'évêque de Saint-Papoul — Discours que
M. de Mongeron, conseiller au Parlement de Paris,
a fait au Roi en lui présentant son livre, le 29 juillet
1737. — Portraits de Jos. Vivien, Antoine Portail,
le Prince Eugène de Savoie, Michel Godeau, le Duc
du Maine, le Duc d'Antin, Nicolas Bertin, peintre,
par Lépicié, Duguay-Trouin, Claude Hallé, par Larmessin, Georges Mareschal, Jean-Charles de Ségur,
évêque de Saint-Papoul, Jérôme-Nicolas de Paris,
Henry de Thiard de Bissy, Nicolas Vleughels,
peintre, le comte de Toulouse.

> 64 pièces.

299 — 1738. Représentation de la Croix miraculeuse
plantée sur le rempart de la ville d'Arras, le 19 mars
1738; par J.-B. de Poilly.

> Très belle épreuve. Rare.

300 — Conspiration universelle, règne de la Grande
Babylone, pièce satyrique, anonyme.

> Très belle épreuve.

301 — 1739. L'auguste cérémonie du mariage de
Madame Louise-Elisabeth, première Dame de
France, avec le prince don Philippe II, infant
d'Espagne, en présence du Roy, de la Reine, des
Princes du Sang et des Dames de la Cour, à Ver-
sailles, août 1739. A Paris, chez Crépy.

> Belle épreuve. Rare.

302 — Décoration de l'Illumination et du Feu d'artifice
tiré à Versailles, le 25 septembre 1739, pour le mariage de Madame Première avec l'Infant don Philippe; par C.-N. Cochin, le fils. Très grand in-fol. en
largeur.

> Très rare épreuve à l'eau-forte pure.

303 — 1739. La même estampe.

Très belle épreuve à l'eau-forte avancée, avant toutes lettres, grandes marges.

304 — Fêtes données par la Ville de Paris, à l'occasion du mariage de Madame Louise-Elisabeth de France, avec don Philippe, infant d'Espagne. Joûtes sur la rivière de Seine, Illuminations et Féux d'artifice, par Bailleul, Jean Rigaud et Blondel.

13 pièces, très belles épreuves.

305 — 1740. Frédéric-Guillaume, marquis de Brandebourg, puis roi de Prusse, par Corn. Visscher, d'après Hondthorst.

Superbe épreuve.

306 — 1738-1740. Pièces sur les Jansénistes. — Frontispices des *Nouvelles Ecclésiastiques* — Jean, évêque de Senez, prisonnier à la Chaise-Dieu. — Portrait de Ch.-Joachim Colbert, évêque de Montpellier, par J. Chereau et autres, Dubourg, maréchal de France, le duc de Bourbon, Charles VI, empereur d'Allemagne, Frédéric-Guillaume II, roi de Prusse, Claude de Muin, docteur de Sorbonne, Ch. Gaspard de Vintimille, archevêque de Paris.

53 pièces.

307 — 1741. Rénovation du Serment à la Reine de Hongrie, Marie-Thérèse ; pièce anonyme.

Très belle épreuve avec l'explication au-dessous.

308 — Élévation géométrale de la Décoration du Feu d'artifice tiré la veille de la feste de la Saint-Louis, le 24 aoust 1741. A Paris, chez Bailleul.

Très belle épreuve.

309 — Jean-Baptiste Rousseau, par G.-F. Schmidt, d'après Aved.

Très belle épreuve.

310 — 1742. Audience publique donnée par le Roi à l'Ambassadeur de Turquie, dans la grande Galerie de Versailles, en janvier 1742, dessinée par Cochin, le fils, et gravée par N.-B. de Poilly.

Belle épreuve.

311 — 1742. Ouverture du Bal solemnel que les puissances de l'Europe ont tenu à la Grande salle ger-
manique.
> Très belle pièce; anonyme.

312 — Jean-Baptiste Silva, écuyer, docteur régent de
la Faculté de médecine en l'Université de Paris, par
G.-F. Schmidt, d'après Rigaud.
> Superbe épreuve.

313 — Caricature. Le viol de la Reine de Hongrie.
> Très belle épreuve; plus une copie coloriée.

314 — 1743. André-Hercules, cardinal de Fleury, par
P. Drevet, d'après Rigaud. (D. 48.)
> Très belle épreuve.

315 — Jean-Paul Bignon, abbé de Saint-Quentin, par
Benoît Audran. — Le même personnage, par
Thomassin.
> 2 pièces, très belles épreuves.

316 — Louise-Adelaïde d'Orléans, abbesse de Chelles,
par P. Imb. Drevet, d'après Gobert (D. 18.)
> Très belle épreuve.

317 — 1741-1743. Marie-Anne Pollet, guérie le 4 mai
1741, par l'intercession du B. Jean Soanen, évêque
de Senez. — L'arbre de Cracovie. — Pompe funèbre
d'Elisabeth-Thérèse de Lorraine, reine de Sardaigne,
par Cochin. — Plans de Villes de Bohême. — Statue
de Louis XV à Valenciennes. — Statue de Louis XV
à Bordeaux. — Portraits de Jean-Jacques Bailly de
Mesmes, Bernard de Montfaucon, le cardinal de
Polignac, Charles Rollin, recteur de l'Université,
Charles Porée, jésuite, J.-B. Rousseau, Saïd Me-
hemet Pacha, Bey de Romélie, Massillon, François
Pourfour-du-Petit, docteur en médecine, J.-Paul
Bignon, le cardinal de Fleury, par Chereau, Thomassin et autres, Robert le Lorrain, par Le Bas,
Hyacinthe Rigaud et sa femme, par Daullé et
autres.
> 96 pièces.

318 — 1744. Monseigneur le Duc de Chartres passe à
Notre-Dame de Gournay où il est reçu à la porte de
l'Eglise par M. Jean-Baptiste du Taillis, curé, qui
l'attendait à la tête du clergé, le 27 avril 1744, par
N. Tardieu, d'après Hallé.
> Très belle épreuve.

319 — 1744. Fêtes de Strasbourg à l'occasion de l'arrivée de Sa Majesté Louis XV dans cette ville, le 5 octobre 1744, par J.-P. Le Bas, d'après Weiss.

11 pièces, très belles épreuves.

320 — Alexandre Pope, gravé par Wille, d'après Kneller. — Le même personnage, par J. Smith.

2 pièces, très belles épreuves.

321 — 1745. Cérémonie du mariage du Dauphin de France, avec Marie-Thérèse, infante d'Espagne, dans la chapelle de Versailles, le 23 février 1745, par C.-N. Cochin.

Très belle et rare épreuve à l'eau-forte pure, grandes marges.

322 — Décoration du Bal paré donné par le Roy, le 24 février 1745, à l'occasion du mariage de Louis, Dauphin de France avec Marie-Thérèse, infante d'Espagne, par C.-N. Cochin, d'après Slodtz. — Décoration de la salle de spectacle, par le même. — Décoration du Bal masqué donné par le Roy, dessiné et gravé par Cochin.

3 pièces, très belles épreuves.

323 — Fêtes données à l'Hôtel de Ville de Paris à l'occasion du mariage du Dauphin et de Marie-Thérèse d'Espagne, le 28 février 1745.

21 pièces grand in-fol.; très belles épreuves.

324 — Vue perspective de l'illumination de la rue de la Ferronnerie du côté de la rue Saint-Honoré, exécutée le 8 septembre 1745 à l'occasion du retour de Sa Majesté et de sa glorieuse Campagne de Flandre, par Bailleul.

Belle épreuve.

325 — Frédéric de Gorne, premier ministre d'Etat de S. M. le roi de Prusse, par G.-F. Schmidt.

Superbe épreuve.

326 — 1744-1745. Batailles de Flandre et de Suisse. — Arc de Triomphe décoré d'une colonnade autour de la Place de Grève, en réjouissance du retour glorieux du roi, le 15 novembre 1744. — Vue de la chapelle royale de Versailles. — Siège de Tournay. — Vue de la bataille de Fontenoy gagnée par le Roy Louis XV sur l'armée des Alliés, le 11 mai 1745, par Guélard. — Réduction des villes de Gand, Bruges

et Oudenarde. — Le jeu du Roi, par Cochin. — Portraits de P.-J. Cazes, par Le Bas, René Frémyn, par Surugue, Jean-Th. Desagliers, Charles d'Orléans, abbé de Rothelin, Le duc de Broglie, Charles VII, empereur d'Allemagne, Pierre Guyot-Desfontaines, par Schmidt et autres et caricature contre lui.

103 pièces.

327 — 1746. Nicolas de Largillière, d'après lui-même Fr. Chereau. — Marie-Elisabeth de Largillière, par Wille.

2 pièces, très belles épreuves.

328 — Christian-Friedrich Blume, par G.-F. Schmidt, d'après Falbe.

Très belle épreuve.

329 — Henry Voguell, Esq', of London merchant, par G.-F. Schmidt, d'après Ant. Pesne.

Très belle épreuve.

330 — 1747. Allégorie du mariage de Monseigneur le Dauphin avec la princesse Marie-Josèphe de Saxe, célébré à Paris le 13 février 1747, par J.-J. Flipart, d'après Slodtz.

Très belle épreuve.

331 — Représentation du Feu d'Artifice qui fut tiré dans la place de l'Hôtel de Ville de Paris à l'occasion du Mariage de Monseigneur le Dauphin avec la princesse Marie-Josèphe de Saxe, le 13 février 1747, par J. Daman, très grand in-fol.

Très belle épreuve.

332 — Portrait du Duc de Cumberland, par Ravenet, d'après A. Pond. — Le même personnage, gravé à l'aquatinte.

2 pièces, très belles épreuves.

333 — 1746-1747. Pompe funèbre de Marie-Thérèse d'Espagne, Dauphine de France, en l'Eglise de l'Abbaye royale de Saint-Denis, le 5 septembre 1746, par C.-N. Cochin. — Pompe funèbre de Philippe de France, roi d'Espagne, en l'Eglise de Notre-Dame de Paris, le 15 décembre 1746, par le même. — Vue de la Bataille de Roucoux, le 11 octobre 1746, par Guélard. — Pompe funèbre de Catherine Opalinska,

Reine de Pologne. — Illumination à Versailles à l'occasion du second mariage du Dauphin, le 9 février 1747. — Bataille de Lawfelt, par Guélard. — Plans de Villes de Flandre. — Le Souhait de la Bonne Année au Grand-Papa, par Le Bas, d'après Canot. — Portraits de N. de Largillière, par Dupuis et autres, Philippe V, par Edelinck, Vermeulen et autres, de Vintimille, René Lesage, Marie-Josèphe de Saxe, par Wille et Larmessin, Jérôme Phélippeaux de Pontchartrain.

88 pièces.

334 — 1748. Jean Bernoulli, par G.-F. Schmidt. — J.-Henri Burckard, médecin, par le même. — La Mettrie, par le même.

3 pièces, très belles, grandes marges.

335 — Jérôme von Erlach, général, par J.-G. Wille.

Très belle épreuve, grandes marges.

336 — 1750. Maurice de Saxe, maréchal de France, par J.-G. Wille, d'après Rigaud.

Très belle épreuve.

337 — 1748-1750. Siège de Maestricht. — Louis XV en Empereur romain, allégorie, par L. Cars, d'après Lemoine. — Louis XV à la côte d'Ingouville, le 19 septembre 1749. — Arrivée du Roi au Havre de Grâce, par Le Bas, d'après Descamps. — Inscription à la Mémoire de S. A. R. Mme la Duchesse d'Orléans. — Copie fidèle des Exécutions qui se font chez les Jésuites de la Province de Toulouse. — Portraits de Antoine Danchet, Michel Manessier, par Wille, Elisabeth-Sophie, duchesse de Wurtemberg, Mme Du Châtelet, Mlle De Blois, le Cardinal de Rohan, N. Tardieu, graveur, H.-Fr. Des Herbiers, par Mme de Cernel, en couleur, Jean V, roi de Portugal, le Maréchal de Saxe, par Wille, De Marcenay, Duflos, Petit et autres, Languet de Gergy, J.-A. Meissonier, par de Beauvais.

63 pièces.

338 — 1751. Convalescence de Louis XV à son retour de Metz, par Malapeau, d'après Cochin.

2 pièces, dont une avant toutes lettres, non terminée.

339 — 1751. A la très ancienne, très Illustre, très célèbre Compagnie des Chirurgiens Jurés de Paris, sur le rétablissement de la santé du Roi ; pièce de vers avec emblèmes, par J. Boudan.

Belle épreuve. Rare,

340 — Naissance du duc de Bourgogne, né à Versailles dans la nuit du 13 septembre 1751. A Paris, chez Pasquier.

Très belle épreuve.

341 — La même estampe.

Belle épreuve avec des changements.

342 — Vue du Vaisseau du Roy le « Duc de Bourgogne » lancé à la mer dans le port de Rochefort le 20 octobre 1751, par Ozanne.

Très belle épreuve.

343 — Vue perspective de la Décoration élevée sur la terrasse du Château de Versailles pour l'illumination et le feu d'artifice qui a été tiré à l'occasion de la Naissance de Mgr le Duc de Bourgogne, le 30 décembre 1751, par Marvie et J. Ouvrier, très grand in-fol.

Très belle épreuve. Rare.

344 — Estampe allégorique en forme de Médaille représentant l'heureuse Naissance de M. le Duc de Bourgogne, par Pasquier. — *Regius infans*. Solennité des Mariages célébrés suivant l'intention du Roy par la Ville de Paris à la Naissance de Mgr le Duc de Bourgogne en 1751, par J. Tardieu, d'après Cochin.

2 pièces, plus trois feuilles de texte gravé.

345 — Berton de Crillon, archevêque de Narbonne, entête de page tiré hors texte, par J.-G. Wille. — François Chicoyneau, par le même.

2 pièces, très belles épreuves.

346 — Guillaume-Charles-Henri Friso, prince d'Orange, par Balechou, d'après Aved.

Superbe épreuve, toute marge.

347 — 1752. Funérailles de Guillaume Frison, prince d'Orange, gravé par J. Punt, d'après Van Cuyk.

40 planches et le frontispice.

348 — 1752. Mme Marie-Henriette de France (Le Feu), par J. Tardieu, d'après Nattier.

2 très belles épreuves, dont une avec grandes marges,

349 — Louis, duc d'Orléans, par P.-Imb. Drevet, d'après Coypel (D. 21).

Très belle épreuve du 1er état avant l'inscription sur le socle.

350 — Louis, duc d'Orléans, premier prince du sang, par Daullé, d'après Coypel. — Le même personnage, plus jeune, par le même, d'après Belle.

2 pièces, belles épreuves.

351 — Fredericus Benedictus Oertel, par G.-F. Schmidt.

Superbe épreuve, grandes marges.

352 — 1753. Louis de la Tour d'Auvergne, comte d'Evreux, gouverneur de l'Ile-de-France, par G.-F. Schmidt, d'après Rigaud.

Superbe épreuve, marge. Collection F. Debois.

353 — George Dietlof, comte d'Arnim, par G.-F. Schmidt, d'après Pesne.

Superbe épreuve.

354 — 1751-1753. Mausolée du Maréchal de Saxe érigé dans le temple de Saint-Thomas à Strasbourg, d'après Pigalle. — Catafalque du Maréchal de Saxe. — Allégorie sur l'Ecole de chirurgie, d'après Eisen. — Vue du Vaisseau « *le Duc-de-Bourgogne*, » par Ozanne. — Médailles et Emblèmes. — Portraits de Henri d'Aguesseau, Th. Bertrand, Mme de Mailly, avant la lettre, Guillaume-Charles-Henri, prince d'Orange, par divers graveurs, Anne, fille de George II, roi d'Angleterre, Le Normant de Tournehem, par Dupuis, J.-B. de Troy, Mme Marie-Henriette de France, d'après Nattier, Louis, duc d'Orléans, M.-F. Geoffroy, par Chereau, Claude Gros de Boze, La Bourdonnais, Joseph Languet, archevêque de Sens, par Gaillard, la duchesse du Maine, Jacquot, tambour-major du régiment du Roy, par Mme de Pompadour.

52 pièces.

355 — 1754. Ch.-Gabriel Tubières de Caylus, évêque d'Auxerre, par Schmidt, d'après Fontaine.

Très belle épreuve.

356 — 1754. Ch.-Et. Briseux, architecte, par J.-G. Wille.
Très belle épreuve, marge.

357 — 1755. Siècle de Louis XV, une Soirée chez
Mme Geoffrin en 1755, par P.-L. Debucourt, d'après
Lemonnier, très grand in-fol.
Très belle épreuve, lettres grises.

358 — Arrest du Parlement, contre les abus dans
l'exécution de la Bulle unigenitus, pièce anonyme.
2 épreuves, dont une admirablement gouachée.

359 — Woldemar de Lowendhal, maréchal de France,
par J.-G. Wille, d'après La Tour.
Très belle épreuve.

360 — Portrait de Montesquieu, par de Grateloup
(Fauch. 7).
Très belle épreuve, toute marge.

361 — Portraits de Montesquieu, par Saint-Aubin,
avant et avec lettre, par Tardieu, Littret, Campion
de Tersan et autres.
11 pièces.

362 — 1754-1755. Médailles sur les Faits mémorables
du règne de Louis XV. — Statue de Louis XV à
Rennes. — Statue de Louis XV à Nancy. — Fontaine
triomphale, place Royale. — Pièces satyriques sur
les Jansénistes et les Jésuites. — Portraits du cardinal Colonna, par Wille, Destouches, Jean V, roi
de Portugal, Pierre Nivelle de la Chaussée, par
Miger, Langlet, Dufrénoy, Woldemar de Lowendhal,
Scipion, Maffei.
50 pièces.

363 — 1756. Chiffre de la Société des Jésuites. — Thèse
avec Portraits et Allégories. — Coutumes des
Jésuites, pièce satyrique. — Quelques-unes des
Conjurations des Jésuites mises en ordre chronologique. — Objets divers de la Bulle unigenitus
représentés par des figures en taille-douce.
16 pièces.

364 — 1757. John Byng, amiral Anglais, d'après
Hudson.
Très belle épreuve.

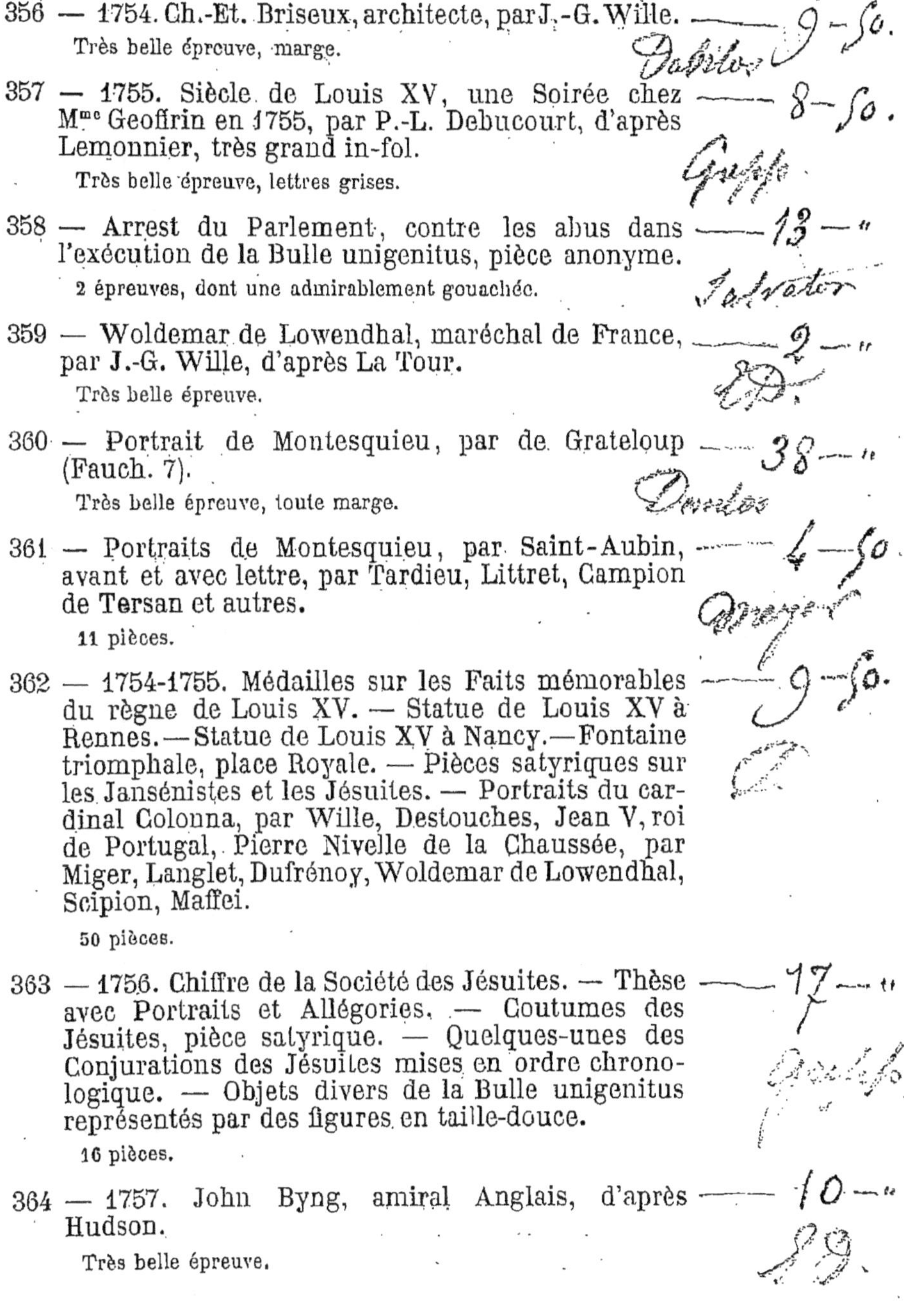

28 — „365 — 1756-1757. Plan du Lit de Justice tenu par le Roy, le 21 août 1756, dans la grande salle du château de Versailles, par Martinet. — L'Orgueil ecclésiastique confondu par le Parlement, deux pièces avec différences. — Bataille de Lilienstein. — La Maquerelle punie, 1756. — Louis XV tenant le sceau en personne pour la première fois le 4 mars 1757. — Pièces historiques sur Frédéric II, roi de Prusse. — La Constitution unigenitus, pièce satyrique. — Caricatures. — Portraits de M. de la Galissonnière, Marie-Amélie d'Autriche, Portrait de Damiens, régicide, Bernard de Fontenelle, par Sergent, en couleur, et autres, J.-Et. Liotard, peintre, Marie-Josèphe d'Autriche, reine de Pologne.

59 pièces.

14 — „366 — 1758. Le Cardinal de Tencin, par J.-G. Wille, in-fol. — Le même Portrait, in-4.

2 pièces, très belles épreuves.

28 — „367 — Louis-Joseph, marquis de Montcalm, par Barbié. — Le même Personnage, par Lalive de Jully. — Le même, par Sergent, en couleur. — La Mort de Montcalm, par Moret, en couleur.

4 pièces, très belles épreuves.

21 — „368 — 1759. Jacq.-Fr. Chéreau, graveur, par A. Carrée.

Très belle épreuve montée en dessin.

31 — „369 — 1758-1759. Destruction de la Flotte française devant Saint-Malo, le 16 juin 1758, pièce publiée en Hollande. — Défaite d'un convoi prussien, près d'Olmutz. — Combat de Saint-Cast, gagné sur les Anglais par les troupes françaises et la noblesse de Bretagne, le 11 septembre 1758. — Feux d'artifices tirés devant l'Hôtel de Ville de Paris, les 1er et 28 octobre 1758. — Statue et Place Louis XV à Rouen, par Le Mire et Loyer. — Le Cabaret de Ramponeau. — Description de la Chambre et Lit de parade sur lequel le corps de S. A. R. Anne, princesse de la Grande-Bretagne a été exposé en février 1759, par Fokke. — Feu d'artifice tiré devant l'Hôtel de Ville de Paris le 1er mai 1759. — Déroute des Fermiers-Généraux. — Faits mémorables de la vie du grand Frédéric. — Pièces satyriques sur le départ des Fermiers-Généraux. — Portrait de Benoît XIII, pape, le cardinal de Tencin, par Wille, Mlle de Charolais,

Mme de Graffigny, Elisabeth Louise de France, duchesse de Parme, Ferdinand VI, roi d'Espagne,
Anne-Marie de Portugal, Pierre-L. Moreau de Mau-
pertuis, Julien Le Roy, horloger du Roi, par Moitte,
Louise-Henriette de Bourbon-Conti.

99 pièces.

370 — 1760. Jean de Boullongne, contrôleur général
des Finances, par J.-G. Wille, d'après Rigaud.

Très rare épreuve du 1er état avant toutes lettres, avec le
médaillon contenant les armes en blanc.

371 — Le même Portrait.

Très belle épreuve avec la lettre.

372 — Georges II, roi de la Grande-Bretagne, par
J. Tinney, d'après Highmore.

Très belle épreuve.

373 — J.-Th. Eller, par G.-F. Schmidt, d'après Ant.
Pesne.

Très belle épreuve du 1er état.

374 — 1761. La malheureuse famille Calas, par Delafosse, d'après Carmontelle.

Superbe épreuve, toute marge.

375 — Louis-Xavier, duc de Bourgogne, frère aîné de
Louis XVI, mort le 22 mars 1761, âgé de neuf ans
et demi, par Beauvarlet. — Vignettes en tête de son
oraison funèbre, par Cochin, tirées hors texte.

3 pièces.

376 — Ch.-Louis-Auguste Fouquet de Belle-Isle, par
J.-G. Wille, d'après Rigaud.

Très belle épreuve, marge.

377 — Henri-Philippe Chauvelin, conseiller au Parlement, gravé par Moitte, d'après Roslin. — L'abbé
Chauvelin dénonce les Jésuites au Parlement, pièce
anonyme.

2 pièces, très belles épreuves.

378 — Edward Boscawen, amiral anglais, en pied, par
Mc Ardell, d'après Reynolds.

Très belle épreuve.

379 — 1760-1761. Discours prononcé le 18 novembre 1760, par Georges III, roi d'Angleterre au Parlement à l'occasion de son avènement, avec son portrait. — Mort du chevalier d'Assas, par Moreau le jeune. — Pièces satyriques sur les Jésuites. — Statue de Louis XV à Reims. — Batailles en Allemagne. — Allégorie sur Joseph-Frédéric, roi de Suède, par Floding, d'après Cochin. — Portrait de N.-S. Jésus-Christ. — Têtes de Jésuites en opposition du portrait de Jésus, pièce anonyme. — Un Singe loyauliste prêchant à des dindons, et autres pièces sur les Jésuites. — Portraits du chevalier d'Assas, par Dupin, La Camargo, Georges II, roi d'Angleterre, Joseph Ier, roi de Portugal, Jean Moreau, seigneur de Séchelles, par Lempereur, Bernard Belidor, par Wille, le maréchal de Belle-Isle, portraits de Chauvelin, avec allégories, Louis Galloche, peintre, par J.-G. Müller, l'abbé Duresnel en pied, par Carmontelle.

81 pièces.

380 — 1762. Vaisseaux présentés au Roy par les provinces de France, le clergé et les autres principaux corps de l'Etat en 1761 et 1762, par Prévost, d'après Ozanne, in-fol.

2 pièces, dont une à l'eau-forte pure.

381 — Monument symbolique et historique de la Religion constamment pratiquée par les disciples de Dom Inigo de Guipuscoa, chef de la Société se disant de Jésus, très grand in-fol. — La même pièce en réduction. — Armes historiées des Jésuites. — Type de la Religion, estampe du tableau trouvé dans l'Eglise des ci-devants soi-disants Jésuites de Billom, en Auvergne, l'an 1762.

5 pièces, très belles épreuves.

382 — Nicolas-Réné Berrier, ancien lieutenant-général de police, par J.-G. Wille.

Très belle épreuve, grandes marges.

383 — Joliot de Crebillon, par Ficquet (F. 37).

Très belle épreuve avant les noms des artistes.

384 — Le prince Dimitri de Galitzin, ambassadeur de Russie à Vienne, par J. Tardieu, d'après Drouais.

Très belle épreuve, marge.

385 — 1762. George Anson, commandant en chef de la
dernière Expédition dans les mers du Sud, par C.
Grignion, d'après Pond, in-fol.

Très belle épreuve. Rare.

386 — J. de Schouvalow, chambellan de S. M. l'Impératrice de toutes les Russies, par G.-F. Schmidt.
Rare. — L'abbé Prévost, par le même.

2 pièces, très belles épreuves.

387 — 1763. Statue équestre de Louis XV, dont l'inau-
guration a été faite à Paris le 20 juin 1763, par
Bouchardon, encadrement par Moreau le jeune. —
La même statue dessinée et gravée par B.-L. Prevost.

2 pièces, très belles épreuves.

388 — Inauguration de la place Louis XV, par Néc,
d'après Vien et C.-N. Cochin.

3 épreuves, dont une avant la lettre et une à l'eau-forte pure,
grandes marges.

389 — Représentation de la place Louis XV avec la
statue au milieu, par Poisson. — Décoration d'une
moitié de la terrasse des Tuileries du côté de la
place Louis XV. — Façade d'un des bâtiments de la
place Louis XV. — Plan de la place Louis XV et de
la nouvelle paroisse de la Madeleine.

4 pièces, très belles épreuves.

390 — Choix des principaux projets qui ont été proposés
pour placer la statue du Roi dans les différents
quartiers de Paris, par M. Patte, architecte ; avec
la partie du plan général de Paris, où l'on a tracé
les emplacements qui ont été choisis.

19 pièces.

391 — Paix rendue à l'Europe en 1763 et publiée à
Paris le 21 juin de la même année. Allégorie, par
J.-B. Tilliard, d'après Monnet.

2 très belles épreuves, dont une avant toutes lettres, grandes
marges.

392 — Vue des Eaux de Brunoy, par P. P. Choffard,
d'après Gravelot.

Très belle épreuve. Rare.

393 — 1763. Auguste III, roi de Pologne. — Marie-Josèphe, reine de Pologne, par G.-F. Schmidt, d'après
Louis de Silvestre.

2 pièces faisant pendants, très belles épreuves.

394 — 1762-1763. Arrêts du Parlement de Paris et pièces satyriques contre les Jésuites. — Bal de May
donné à Versailles pendant le carnaval de l'année
1763, par Martinet. — Projets de statues et vues de
monuments de Paris, par Patte. — Cérémonie de
l'inauguration de la statue équestre de Louis XV,
par St-Aubin. — Incendie de l'Opéra, 6 avril 1763,
vignette par Gravelot. — Portraits de Georges Anson, Edme Bouchardon, par Beauvarlet, Prosper
Joliot de Crébillon, par Balechou, Saint-Aubin et
autres, le marquis de Maillebois, Pierre II, empereur de Russie, Saugrain, libraire, par Ficquet, Frédéric-Auguste, roi de Pologne, Marie-Elisabeth de
Bourbon, archiduchesse d'Autriche, Marivaux.

75 pièces.

395 — 1764. Allégorie sur la convalescence de Madame
de Pompadour, dessinée et gravée par Cochin. in-4.

Très belle pièce inédite. Extrêmement rare.

396 — La Justice protège les Arts, par Demarteau,
d'après Cochin.

Très belle épreuve à la sanguine.

397 — Frontispice de l'*Encyclopédie*, par B.-L. Prévost,
d'après Cochin.

2 très belles épreuves dont une à toutes marges.

398 — Portraits de Dalembert, Diderot et des principaux auteurs de l'*Encyclopédie*, par Aug. de Saint-
Aubin (Emm. B. 65).

Superbe épreuve, grande marge.

399 — Charles, archevêque de Cambrai, par G.-F.
Schmidt, d'après Rigaud.

Très belle épreuve.

400 — La marquise de Pompadour, par J. Watson,
d'après F. Boucher.

401 Superbe épreuve, toute marge.

401 — 1764. Une Paysanne (Mme de Pompadour), par Kruger, d'après Ant. Pesne.

Très belle épreuve, marge.

402 — Frédéric-Guillaume Borck, ministre prussien, par G.-F. Schmidt, d'après Ant. Pesne.

Superbe épreuve.

403 — 1765. Allégorie. Le roi au milieu d'une guerre dispendieuse daigna s'occuper de l'avancement des sciences, par Tilliard, d'après J.-B. Le Prince.

2 pièces, dont une à l'eau-forte pure.

404 — Allégorie sur la mort du Dauphin, père de Louis XVI, par Littret, d'après Schenau. — Allégorie sur la mort du Dauphin, par Demarteau, d'après Cochin, à la sanguine.

2 pièces, très belles épreuves.

405 — Louis, dauphin de France, en pied, par de Larmessin, d'après Tocqué et La Tour.

2 très belles épreuves, dont une avant l'adresse de Crépy.

406 — Louis, dauphin de France, à cheval, par M. Aubert, d'après N. Lesueur.

Très belle épreuve.

407 — Louis, dauphin de France. — Marie-Josèphe, dauphine de France, par Sysang.

2 pièces. Très rares.

408 — François Ier, Empereur des Romains, par Schmuzer.

Très belle épreuve.

409 — 1764-1765. Pièces sur l'expulsion des jésuites de France. — Vue du château de Bellevue. — Allégorie à la gloire de Mgr le Dauphin. — Entête de l'oraison funèbre de don Philippe d'Espagne, d'après Cochin. — Portraits de d'Argenson, Algarotti, par Schmidt, Charles, archevêque de Cambrai, par L. Cars, la marquise de Pompadour par Lebeau, Céroni et autres, François Ier, empereur d'Allemagne, par divers, Louis Dauphin, par Aubert, Petit, Gautier Dagoty, Duflos, J.-G. Wille et autres, don Philippe, duc de Parme, Carle Vanloo, par Basan.

53 pièces.

410 — 1766. Exécution de Lally-Tolendal, condamné par arrest du Parlement à avoir la tête tranchée en place de Grève le 8 mai 1766.

Estampe coloriée de l'époque. Très rare.

411 — François de Neufville, duc de Villeroy, par J. G. Wille, d'après Chevalier.

Très belle épreuve, grandes marges.

412 — M. de Jullienne, tenant le portrait de Watteau, par Balechon, d'après de Troy.

Très belle épreuve.

413 — Jacques Edward Stuart, le prétendant, étant jeune, par Et. Gantrel, in-4°.

Très rare épreuve avant toutes lettres.

414 — Le même personnage, plus âgé, par le même, in-fol.

Très belle épreuve.

415 — Jacques III, roi d'Angleterre, par M. Horthemels d'après Belle.

Très belle épreuve, marge.

416 — Stanislas Ier, roi de Pologne, en pied, par De Larmessin, d'après Vanloo.

Très belle épreuve, marge.

417 — Le comte de Daun, général autrichien, par Bernigeroth.

Superbe épreuve. Collection Naumann.

418 — 1767. Extinction de la Société de Jésus. — Expulsion des Jésuites des Etats du Roi d'Espagne, de Naples et des duchés de Parme, leurs ordres proscrits en France et en Portugal. — Copie de la même pièce, publiée en Hollande. — Expulsion et embarquement des Jésuites des Etats d'Espagne, par ordre de S. M. C. le 31 mars 1767. — Arrivée des Jésuites expulsés dans l'Etat ecclésiastique, réception de leurs députés au général à Rome, sa douleur à la vue de leur disgrâce qui annonce la ruine totale de l'Ordre.

5 pièces grand in-fol. Très belles épreuves.

419 — 1767. Marie de Pologne, reine de France, par François, in-fol.

Très belle épreuve à la sanguine.

420 — Jean-Baptiste Massé, peintre, par J.-G. Wille, d'après Tocqué.

Superbe épreuve avant toutes lettres. Collection Camberlyn.

421 — Antoine Pesne, premier peintre du Roi de Prusse, par G.-F. Schmidt.

Très belle épreuve, marge.

422 — Claude de Régnier, comte de Guerchy, par Watson, d'après Vanloo.

Très belle épreuve.

423 — 1768. Fêtes à l'occasion de l'Entrée de Guillaume V d'Orange et de sa femme Sophie Wilhelmine de Prusse dans la Ville d'Amsterdam, le 30 mai 1768, par Fokke.

16 planches, très belles épreuves.

424 — 1766-1768. Assemblée du Clergé de France, tenue à Paris en 1765 et 1766 sous la présidence de l'Archevêque de Reims, par André Le Brun. — La France témoigne son affection à la Ville de Liège, par Demarteau, d'après Cochin. — Acquisition de la Corse en 1768. — Portraits de Jacques III, roi d'Angleterre, le maréchal de Noailles, Stanislas Leckzinski, roi de Pologne, Marie-Josèphe de Saxe, dauphine, l'abbé d'Olivet, Marie Leckzinska, par de Larmessin et autres, Claude Nic. Lecat, Winkelmann, Jean Restout, peintre, par Moitte.

40 pièces.

425 — 1770. Répertoire du Théâtre de Fontainebleau, par Ponce, d'après Moreau le jeune.

Très belle épreuve avant le texte. Rare.

426 — Statuts et règlements de la Comédie-Française par Moreau le jeune, d'après Renou (Emm. B., 1832).

Épreuve du 1er état à l'eau-forte pure. Très rare.

427 — Allégories sur le mariage de Louis XVI. La France reçoit Marie-Antoinette des mains de sa mère. — Henri IV apparaissant à Louis XVI, par Louise Massard.

3 pièces, très belles épreuves.

428 — 1770. Allégorie sur l'Alliance de Monseigneur le Dauphin avec l'Archiduchesse Marie-Antoinette, célébrée à Versailles, le 16 mai 1770, par L. Auvray, d'après Beauvais-le-Romain.

Belle épreuve. Rare.

429 — Allégorie sur le Mariage du Dauphin avec Marie-Antoinette d'Autriche, par Demarteau, d'après Guérin.

Très belle épreuve à la sanguine, grandes marges.

430 — La même estampe. — La France reçoit Marie-Antoinette des mains de sa mère, par Louise Massard.

2 pièces, belles épreuves.

431 — Les Vœux de la France et de l'Empire, suite de six médailles allégoriques, par Chenu, d'après l'abbé de Petity.

6 pièces, très belles épreuves.

432 — Pièce allégorique avec les portraits de Louis, dauphin de France et de Marie-Antoinette, placés sur l'autel de l'Hymen, par J.-B. Germain. — Tête de page du *Mois de Mai*, des Baisers de Dorat, avant le texte au verso. — Marie-Antoinette regardant le portrait du Dauphin, attirée par des amours vers la France, sous la protection d'Henri IV, d'après Quéverdo.

3 pièces, très belles épreuves.

433 — Louis-Auguste, dauphin de France, par Gaucher. — Marie-Antoinette, dauphine de France, par Hubert, in-8.

2 pièces, très belles épreuves, grandes marges.

434 — Louis-Auguste, dauphin, par Lebert. — Marie-Antoinette, sœur de l'Empereur, d'après Kernoscki, in-8.

2 pièces, belles épreuves. Rares.

435 — Louis-Auguste, dauphin de France, par C.-S. Gaucher, d'après J.-B. Gautier. — Marie-Antoinette, dauphine, par Croisey, in-fol.

2 pièces, très belles épreuves. Rares.

436 — 1770. Marie-Antoinette, dauphine de France, par
Croisey.

> Belle épreuve, avec la tête entièrement changée, grandes
> marges.

437 — Louis-Auguste, dauphin, par Le Beau, d'après
Fossier. — Marie-Antoinette, dauphine, par le
même.

> 2 pièces, très belles épreuves. Rares.

438 — Louis-Auguste, dauphin. A Paris, chez Desnos.
— Marie-Antoinette, dauphine, in-4.

> 2 pièces, très belles épreuves.

439 — Louis-Auguste, dauphin de France, par J.-M.
Moreau le jeune, d'après Hall.

> Très belle épreuve, grande marge.

440 — Louis-Auguste, dauphin, par Bonnet, in-12 à la
sanguine. — Marie-Antoinette, dauphine, par le
même, en couleur. Très rare. — Marie-Antoinette,
par Massard, in-18.

> 3 pièces, très belles épreuves.

441 — Marie-Antoinette, dauphine de France, par Le
Beau, d'après Marillier, in-8.

> Très belle épreuve, marge.

442 — Marie-Antoinette, dauphine de France, par Le
Vasseur, d'après Kranzinger, in-fol.

> Très belle épreuve, grandes marges. Rare.

443 — Marie-Antoinette d'Autriche, sœur de l'Empereur, gravé à l'aquatinte par Broockshaw.

> Très belle épreuve.

444 — Elisabeth de France, sœur de Louis XVI, par
Romanet, d'après Fontaine. — Autre, par Le Beau,
in-8.

> 2 pièces, très belles épreuves.

445 — Charles-J.-Fr. Hénault, par Moitte, d'après
St-Aubin.

> Très belle épreuve, grande marge.

446 — Papillon de la Ferté, intendant et contrôleur
général de l'Argenterie et Menus-Plaisirs, par Moreau le jeune, in-4.

> Très belle épreuve.

447 — 1770. D. Pineau, sculpteur, par Moreau le jeune.

Très belle épreuve avec le nom sur la tablette blanche.

448 — John Manners, marquis de Granby, par Pursell, d'après J. Reynolds.

Très belle épreuve.

449 — Rodolphe-Aug. Schubart, par Bause.

2 épreuves, dont une avant toutes lettres et avant l'encadrement.

450 — 1771. Idylles de Saint-Cyr ou l'hommage du cœur, à l'occasion du mariage de Mgr le Dauphin avec Marie-Antoinette et de Mgr le comte de Provence avec Joséphine, princesse de Savoye.

5 pièces, dont le Temple de l'Hymen, d'après Eisen, à l'eau-forte pure.

451 — Louis-Stanislas Xavier, comte de Provence, par Le Beau, d'après Vanloo. — Marie-Josèphe-Louise, princesse de Savoie, par Duhamel, d'après Queverdo.

2 pièces, très belles épreuves.

452 — Le comte de Provence, par Duponchel, d'après Vanloo. — Marie-Jeanne-Louise de Savoie, par Dupin, d'après Drouais.

2 pièces, belles épreuves, grandes marges.

453 — Le comte et la comtesse de Provence, par Le Beau, in-8.

2 pièces, très belles épreuves, grandes marges.

454 — Louis-Stanislas Xavier, comte de Provence. — Marie-Josèphe-Louise, comtesse de Provence, par M. L. Boizot, in-4.

2 pièces, très belles épreuves.

455 — Le comte de Provence, par Cathelin, d'après Drouais.

2 épreuves, dont une avant toutes lettres, grandes marges.

456 — Le comte de Provence, par Sergent, d'après Duplessis.

Très belle épreuve en couleur.

457 — Louis-Stanislas Xavier de France, Monsieur, par Brookshaw.

Très belle épreuve.

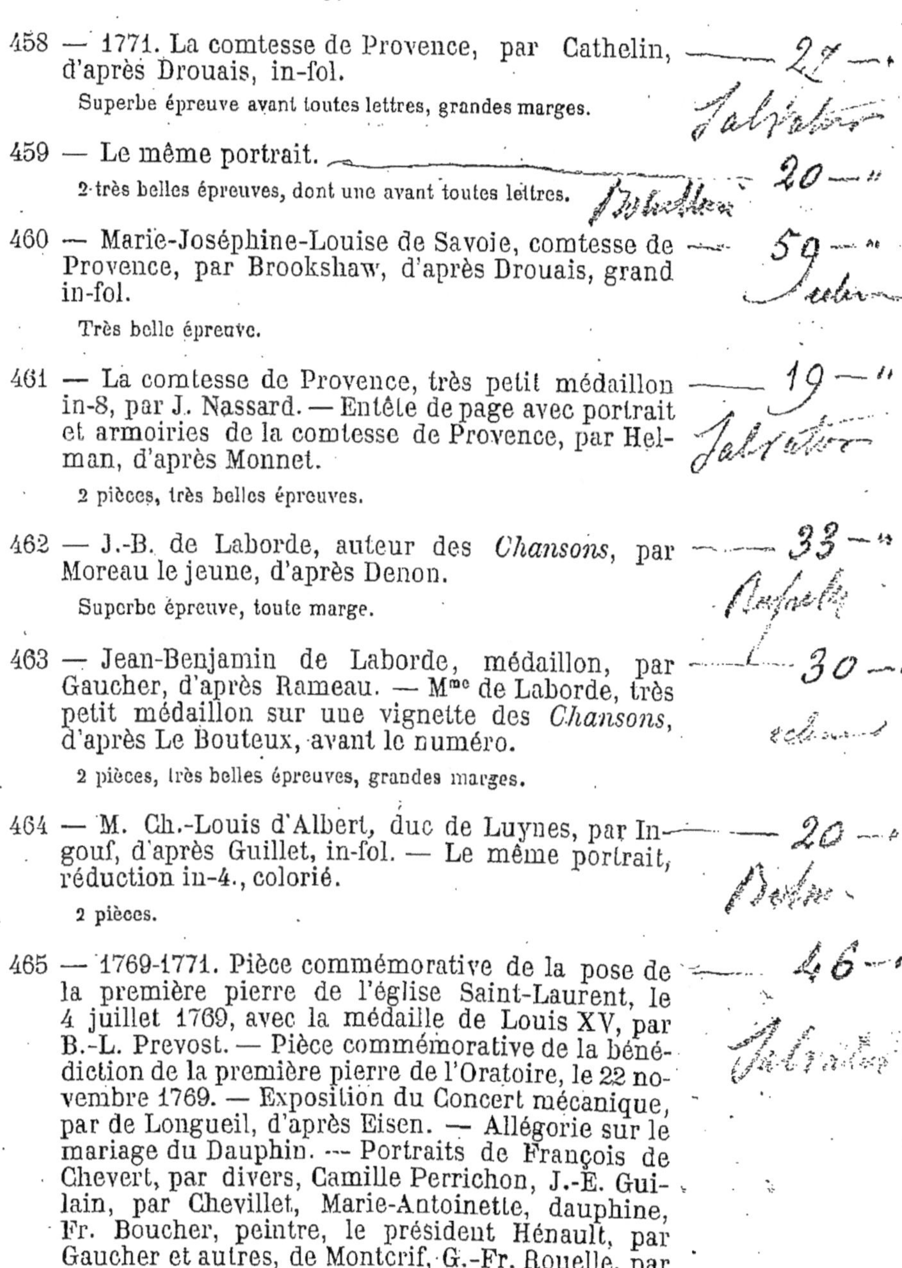

458 — 1771. La comtesse de Provence, par Cathelin, d'après Drouais, in-fol.

Superbe épreuve avant toutes lettres, grandes marges.

459 — Le même portrait.

2 très belles épreuves, dont une avant toutes lettres.

460 — Marie-Joséphine-Louise de Savoie, comtesse de Provence, par Brookshaw, d'après Drouais, grand in-fol.

Très belle épreuve.

461 — La comtesse de Provence, très petit médaillon in-8, par J. Nassard. — Entête de page avec portrait et armoiries de la comtesse de Provence, par Helman, d'après Monnet.

2 pièces, très belles épreuves.

462 — J.-B. de Laborde, auteur des *Chansons*, par Moreau le jeune, d'après Denon.

Superbe épreuve, toute marge.

463 — Jean-Benjamin de Laborde, médaillon, par Gaucher, d'après Rameau. — Mme de Laborde, très petit médaillon sur une vignette des *Chansons*, d'après Le Bouteux, avant le numéro.

2 pièces, très belles épreuves, grandes marges.

464 — M. Ch.-Louis d'Albert, duc de Luynes, par Ingouf, d'après Guillet, in-fol. — Le même portrait, réduction in-4., colorié.

2 pièces.

465 — 1769-1771. Pièce commémorative de la pose de la première pierre de l'église Saint-Laurent, le 4 juillet 1769, avec la médaille de Louis XV, par B.-L. Prevost. — Pièce commémorative de la bénédiction de la première pierre de l'Oratoire, le 22 novembre 1769. — Exposition du Concert mécanique, par de Longueil, d'après Eisen. — Allégorie sur le mariage du Dauphin. — Portraits de François de Chevert, par divers, Camille Perrichon, J.-E. Guilain, par Chevillet, Marie-Antoinette, dauphine, Fr. Boucher, peintre, le président Hénault, par Gaucher et autres, de Montcrif, G.-Fr. Rouelle, par

Cathelin, le comte et la comtesse de Provence, par Le Beau, Cathelin, Duhamel et autres, Adolphe Frédéric, roi de Suède, Boyer, marquis d'Argens, le maréchal d'Estrées, Dortous de Mairan.

51 pièces.

466 — 1772. Revue de la Maison du roi au Trou-d'Enfer, par Le Bas, d'après Le Paon, très grand in-fol.

Très belle épreuve avant la lettre, toute marge.

467 — Vue du déceintrement du Pont de Neuilly en présence du Roi, le 22 septembre 1772, par Eustache de Saint-Far.

Superbe épreuve avec la bordure, marge.

468 — Vue de la Place Louis XV, par Moreau le jeune, pour le *Voyage Pittoresque de Paris*, in-8 (Emm. B. 404.)

Très rare épreuve du 1er état, à l'eau-forte pure.

469 — Le Carnaval des Rues de Paris. — Le Transport des Filles de Joye à l'hôpital, par C. Le Vasseur, d'après Jeaurat, grand in-fol.

2 pièces, très belles épreuves.

470 — La Place Maubert. — La Place des Halles, par Aliamet, d'après Jeaurat.

2 pièces, très belles épreuves.

471 — Le Gâteau des Rois ou Partage de la Pologne, par N. Le Mire.

Superbe épreuve, grandes marges.

472 — Stanislas-Auguste, roi de Pologne, par Pichler, d'après Lampi.

Très belle épreuve.

473 — A.-E.-M. Grétry, musicien, par J.-M. Moreau le jeune.

Très belle épreuve.

474 — François-Joseph, prince de Liechenstein, par J. Jacobe, d'après Roslin.

Très belle épreuve.

475 — 1773. Exemple d'humanité donné par Madame
la Dauphine le 16 octobre 1773, d'après Moreau le
jeune, gravé à l'eau-forte par Martini et terminé
par Godefroy. (Emm. B. 244.)

> 2 très belles épreuves, dont une à l'eau-forte pure et l'autre
> avec la lettre, grandes marges.

476 — Trait de bienfaisance de Madame la Dauphine,
par A.-F. David.

> Très belle épreuve, marge.

477 — Marie - Antoinette et la veuve du paysan
d'Achères, vignette par Moreau le jeune, tirée des
Annales de Marie-Thérèse.

> 2 épreuves, dont une avant la pagination.

478 — Vue de l'Explosion du magasin à poudre d'Abbeville, par Macret, d'après Choquet.

> Très belle épreuve.

479 — Bibliothèque de Madame la Dauphine, n° 1, vignette pour servir de frontispice à la première partie du catalogue de la bibliothèque de Marie-Antoinette, par Moreau, historiographe de France,
dessinée et gravée par Ch. Eisen.

> Très belle épreuve. — Plus une copie en contre-partie.

480 — Charles - Philippe, comte d'Artois. — Marie-
Thérèse, comtesse d'Artois, par Le Beau, in-8.

> 2 pièces, très belles épreuves.

481 — Le comte et la comtesse d'Artois, par M.-L. Boizot.

> 2 pièces, très belles épreuves.

482 — Le Comte d'Artois, par Dupin, d'après Desrais.
— Le même personnage, par M.-L. Boizot.

> 2 pièces, très belles épreuves, marge.

483 — Charles-Philippe, comte d'Artois, par Cathelin,
d'après Frédou. — Marie-Thérèse, princesse de Savoie, comtesse d'Artois, par le même, d'après
Drouais.

> 2 pièces, très belles épreuves. — Le Portrait de la comtesse
> d'Artois est avant toutes lettres.

484 — Les mêmes portraits.

> 2 pièces. — Le Portrait de la comtesse d'Artois est réduit
> in-4.

485 — 1773. Le Comte d'Artois, par Dupin, d'après Hall, avant la dédicace et l'adresse. — La Comtesse d'Artois, par Hubert, d'après Ferdink.

2 pièces, très belles épreuves.

486 — Le Comte d'Artois, par Dupin, d'après Hall.

2 épreuves dont une avant la dédicace.

487 — Pierre-Grégoire Czernichew, par N. Dupuis, d'après Roslin.

Très belle épreuve.

488 — 1772-1773. Revue de la maison du roi au Trou-d'Enfer, par Le Paon. — Allégorie, *Mundi Vetus recens*, grand in-fol. — Frontispices de *Régulus et la feinte par amour*, par Marillier. — Le Mai, par Martini. d'après Moreau, vignette. — Extrait de la Bulle d'extinction de la Société des Jésuites avec portrait de Clément XIV. — Quatre frontispices du *Parnasse des Dames*, d'après Marillier. — Portraits de Arm.-Jérôme Bignon, par De Launay et Ingouf; Denis Dechanet-Desessarts, par N. Thomas, Ch. Duclos, historiographe, Des Forges-Maillard, le Comte et la Comtesse d'Artois, par Le Beau et Dupin; Charles-Emmanuel III, roi de Sardaigne, Anne-Charlotte de Lorraine, Hubert Gravelot, par Gaucher, Massard et Henriquez; Piron, Mlle Raucourt, par Le Beau.

42 pièces.

489 — 1774. Allégorie, Louis XV en Hercule, appuyé sur des médaillons contenant les portraits de tous les membres de la famille royale, gravé par Danzel, d'après Fossier, in-4.

Très belle épreuve avant toutes lettres.

490 — Entête de page avec portraits de Louis XV et Henri IV pour l'*Éloge historique de Henri IV*, par le marquis de Villette, gravé par de Longueil, d'après Eisen.

Très belle épreuve tirée hors texte.

491 — Frontispice allégorique avec portrait de Louis XV, pour le premier volume de l'*Histoire de la maison de Bourbon*, par Desormeaux, gravé par Aug. de St.-Aubin, d'après F. Boucher.

Très belle épreuve.

492 — 1774. Louis XV, jeune, par de Larmessin, d'après Rigaud.

Très belle épreuve.

493 — Louis XV, plus âgé, par le même, d'après Vanloo.

Très belle épreuve.

494 — Louis XV, par Petit, d'après Vanloo.

Très belle épreuve, marge.

495 — Louis XV, roi de France, par A. Benoist, d'après Blackey.

Superbe épreuve, marge.

496 — Louis XV, Victor et Pacator, par J.-G. Wille, d'après Le Moyne.

Très belle épreuve, marge.

497 — Louis XV jeune, en pied, par Audran, d'après Gobert.

Très belle épreuve, grandes marges.

498 — Louis XV, en pied, par Petit, d'après Vanloo.

Très belle épreuve avant toutes lettres et avant que la tête ait été changée.

499 — Le même portrait, la tête changée.

Très belle épreuve, avec la lettre.

500 — Louis XV, en pied, par de Larmessin, d'après Vanloo.

Très belle épreuve.

501 — Louis XV, à cheval, par de Larmessin, d'après Parrocel et Vanloo. — Louis XV, le Bien-Aimé, à cheval, par J.-G. Wille, d'après le même tableau, avec des changements.

2 pièces, très belles épreuves.]

502 — Louis XV, à cheval, par M. Aubert, d'après N. Le Sueur. — Le même personnage, à cheval, par De Larmessin, d'après Parrocel.

2 pièces, très belles épreuves, la première avec de grandes marges.

503 — Louis XV, en buste, par François.

Belle épreuve à la sanguine.

504 — 1774. Tête de Louis XV, par Demarteau, d'après Boucher.

Très belle épreuve aux trois crayons.

505 — Louis XV, roi de France, in-12, imprimé en rouge. — Entête de page avec portrait de Louis XV, dans un médaillon soutenu par deux Amours, gravé par De Launay, d'après Gravelot, tiré hors texte.

2 pièces, très belles épreuves. Rares.

506 — Louis XV en buste, demi-nature., gravé à la manière du crayon, par Bonnet.

Très belle épreuve.

507 — Louis XV, le Bien-Aimé, par Patas, d'après Quéverdo.

Très belle épreuve, marge.

508 — La France pleure la mort de Louis XV, entête de page pour son Oraison funèbre. — La France sauvée, eau-forte, par Restout, 1er et 2e état. — Entête de page, avec Portrait de Louis XV, soutenu par deux Amours, d'après Gravelot. — Portraits de Louis XV, par Dupin, Petit, Landry, Cathelin, épreuve avant la lettre, grand in-folio; par Le Beau, B.-L. Prévost, Basan, Lemire, Lempereur, Aliamet, Cochin, Gaucher et autres.

35 pièces.

Louis XVI. — 1774-1789.

509 — 1774. Avènement de Louis XVI et de Marie-Antoinette au trône de France, le 10 mai 1774. Patas, inv. et sculp.

Très belle épreuve. Rare.

510 — L'Aurore naissante, figurée par la Reine. — La France vient pleurer auprès du Thrône son roi bien aimé et Louis XVI vient au-devant d'elle pour la consoler ; médailles emblématiques gravées par Godefroy, d'après le chevalier De Bérainville.

2 pièces, très belles épreuves.

511 — 1774. Le roi Louis XVI, tenant son Lit de justice pour la première fois au Palais, à Paris, le 12 de novembre 1774, pour la réintégration des Parlements du Royaume.

> Très belle épreuve. Rare.

512 — Les Garants de la Félicité publique, par Néc et Masquelier, d'après Saint-Quentin.

> Superbe épreuve avant la lettre, toute marge.

513 — La même estampe.

> 2 épreuves très belles, dont une avant la lettre.

514 — La France sauvée. Renvoi des ministres Maupeou et Terray, eau-forte par Restout. — Le Retour du Parlement. Louis XVI, appuyé sur la Vertu, relève la Justice qui ramène la Félicité publique, eauforte par le même. (P. de Baud, 4 et 5.)

> 2 pièces, très belles épreuves; avec l'explication manuscrite de chaque planche.

515 — La France faisant placer les portraits de Louis XVI et de Marie-Antoinette, dans le temple de l'Immortalité, vignette par J. Marchand, d'après Desrais.

> Très belle épreuve.

516 — Portraits de Marie-Antoinette et de Louis XVI, sur la même planche, par Le Beau.

> Épreuve très belle, avant le numéro.

517 — Portraits de Marie-Antoinette et de Louis XVI, médaillons entourés de roses, dans le même encadrement. A Paris, chez Esnauts et Rapilly.

> Très belle épreuve à la sanguine.

518 — Marie-Antoinette, reine de France — Louis XVI, roi de France et de Navarre, par Dupin, d'après Marillier.

> 2 pièces, très belles épreuves; grandes marges.

519 — Louis XVI, roi de France — Marie-Antoinette, par Duponchelle, in-fol.

> 2 pièces, belles épreuves, très grandes marges.

520 — Les mêmes portraits.

> 2 pièces à la sanguine, très grandes marges.

521 — 1774. Louis XVI — Marie-Antoinette, par Sullin et Dupin fils, d'après Vanloo.

2 pièces, très belles épreuves, grandes marges.

522 — Le Bijou de la Reine. Estampe divisée en seize panneaux, contenant des vers adressés au roi et à la reine, gravé par Voysard, d'après Desrais.

Belle épreuve. Très rare.

523 — Louis XVI — Marie-Antoinette, par Dambrun. In-8.

2 pièces, très belles épreuves.

524 — Adresse de la Bienfaisance, dépôt de Lyon, rue Saint-Honoré, près celle des Bourdonnais, surmontée de deux médaillons contenant les portraits de Louis XVI et de Marie-Antoinette, en regard l'un de l'autre, pièce sans noms d'artistes, in-8.

Épreuve superbe, à l'eau-forte pure. Rarissime.

525 — Deux petits médaillons avec portraits de Louis XVI et de Marie-Antoinette, sur la même planche, attribués à Aug. de Saint-Aubin.

Épreuve avant toutes lettres; de la plus grande fraîcheur.

526 — Louis XVI, roi de France, en pied, par Voyez Major.

Très belle épreuve.

527 — Louis XVI, par N. Le Mire, d'après Duplessis. In-4.

2 très belles épreuves dont une avant les noms d'artistes.

528 — Marie-Antoinette, archiduchesse d'Autriche, reine de France, par Cathelin, d'après Frédou. A Versailles, chez Blaizot.

Très belle épreuve. Rare.

529 — Marie-Antoinette, par Cathelin, d'après Drouais. A Paris, chez Bligny.

Très belle épreuve, marge.

530 — Marie-Antoinette d'Autriche, pièce gravée à l'aquatinte, par William Smith, d'après de Lorge.

Très belle épreuve. Rare.

531 — 1774. Marie-Antoinette. Frontispice du tome II des *Chansons* de La Borde, par Née et Masquelier. — Bellone tenant les armes de France et d'Autriche, en-tête de page, par Aug. de Saint-Aubin, d'après Cochin, tirage hors texte.

    2 pièces, très belles épreuves.

532 — Entête de page avec médaillon de Marie-Antoinette entouré des attributs de l'Astronomie, petite pièce anonyme tirée hors texte. — Portrait de Marie-Antoinette, de profil, par Vidal, in-18. — Autre, par Prattent, tiré de l'*European magazine*. — Louis XVI, médaille.

    4 pièces.

533 — Clément XIV, pape.

    Miniature sur parchemin rehaussée d'or.

534 — Réné Nic. Charles de Maupeou, premier président du Parlement, sans noms d'artistes, in-fol.

    Très belle épreuve.

535 — Arm.-Thomas Hue, marquis de Miroménil, garde des sceaux, par Chevillet. — Allégorie, avec portrait du même personnage, par Ingouf.

    2 pièces, très belles épreuves.

536 — Vignettes allégoriques sur MM. de Maurepas et Hue de Miroménil, par N. de Launay, d'après Moreau le jeune, in-12.

    2 pièces, très belles épreuves.

537 — J.-C.-P. Lenoir, lieutenant général de police, par Gaucher. — Le même personnage par Mme Lingée, d'après Pujos. — Le même, de profil, gravé par N. Courteille, à la sanguine.

    3 pièces, belles épreuves.

538 — François Quesnay, médecin, en pied, dans son cabinet, par J.-G. Wille, d'après Chevalier.

    Très belle épreuve.

539 — Pierre-Henry Treyssac de Vergy, avocat au parlement de Bordeaux, médaillon gravé à l'aquatinte, avec légende au-dessous.

    Belle épreuve. Rare.

540 — Portrait d'un homme d'État, assis près d'un bureau, par Cathelin, d'après Greuze, in-fol.

Superbe épreuve avant la lettre.

541 — 1774. Avènement de Louis XVI au trône de France, par Huck. — Médaille sur le retour du Parlement. — Vignette sur le recrutement de l'armée, d'après Bertaux. — Catafalque des funérailles de Louis XV, à Saint-Denis.— Allégorie sur Marie-Antoinette, par de Bérainville. — Portraits de Louis XVI, Amelot, ministre et secrétaire d'État, par Saint-Aubin ; le baron de Breteuil, Clément XIV, pape, J.-Et. Bernard de Clugny, par Romanet ; La Condamine, Jomelli, par Lalive de Jully ; Lenoir, lieutenant de police, par Chevillet, d'après Greuze ; le chancelier de Maupeou, par Petit ; Le Beau, Gautier. Dagoty, en couleur et autres, J.-Fréd. Phelypeaux, comte de Maurepas, par Petit et Dupin ; Hue de Miroménil, par Hubert, Baquoy, Benoist et autres, l'abbé Terray, par Cathelin ; Turgot, ministre d'État, N. de Verri, auditeur de Rote.

58 pièces.

542 — 1775. Entrée de Louis XVI dans la ville de Reims, le vendredi 9 juin 1775.— Première représentation de la cérémonie du Sacre du roi Louis XVI dans l'église de Reims, le 11 juin 1775. — Deuxième représentation du Sacre de Louis XVI. A Paris, chez Crépy.

3 pièces, très belles épreuves. Rares.

543 — L'Auguste cérémonie du Sacre de Louis XVI, Roy de France et de Navarre, célébrée à Reims, le 11 juin 1775, par Berthet.

Très belle épreuve.

544 — Cérémonie du Sacre de Louis XVI. A Paris, chez Gervais.

Très belle épreuve coloriée du temps. Très rare.

545 — Médaille allégorique sur le Sacre de Louis XVI, par de Bérainville.

2 épreuves, dont une avant l'adresse d'Ingouf.

546 — Cérémonies du Sacre de Louis XVI, par Patas, in-4.

12 pièces.

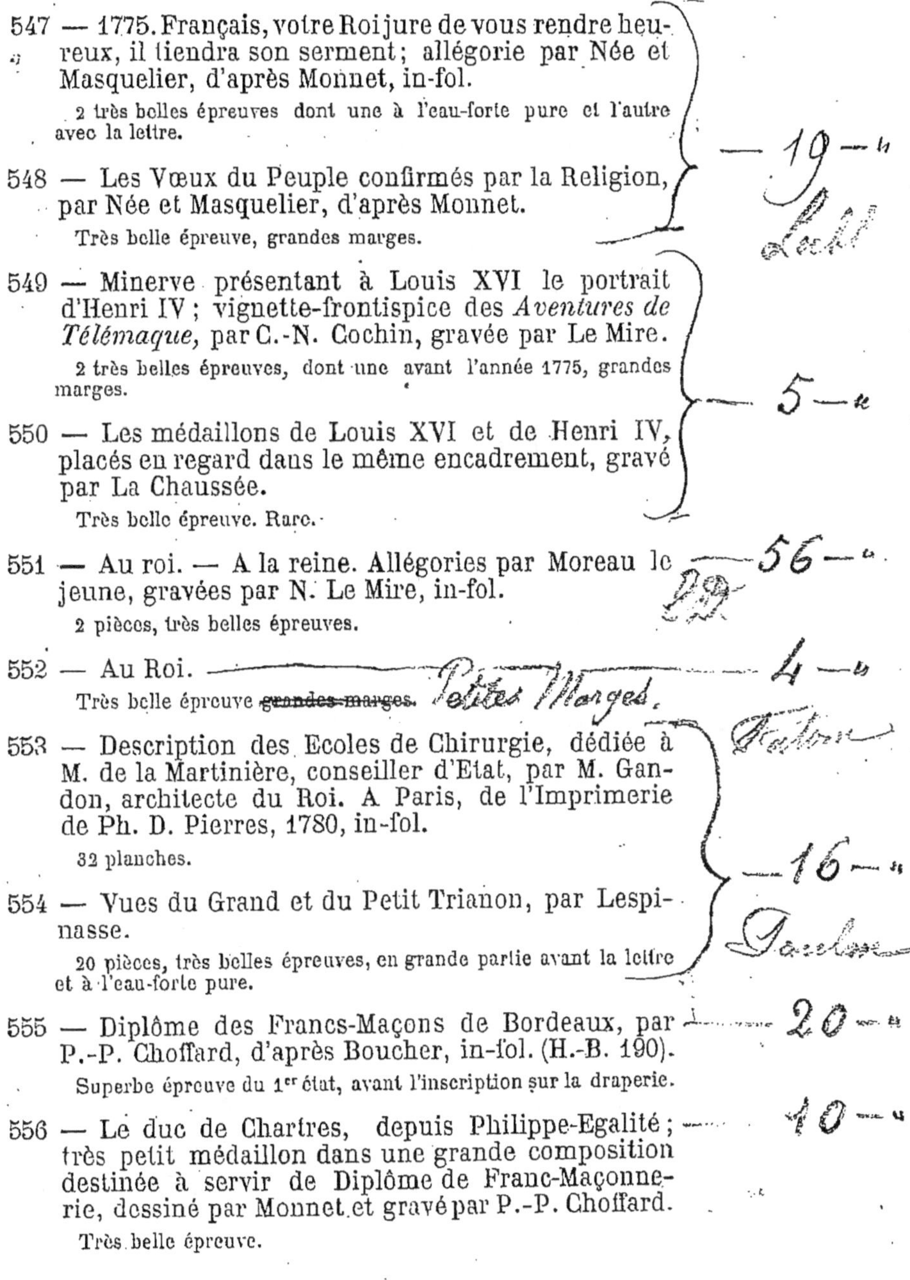

547 — 1775. Français, votre Roi jure de vous rendre heureux, il tiendra son serment; allégorie par Née et
Masquelier, d'après Monnet, in-fol.

> 2 très belles épreuves dont une à l'eau-forte pure et l'autre
> avec la lettre.

548 — Les Vœux du Peuple confirmés par la Religion,
par Née et Masquelier, d'après Monnet.

> Très belle épreuve, grandes marges.

549 — Minerve présentant à Louis XVI le portrait
d'Henri IV ; vignette-frontispice des *Aventures de
Télémaque*, par C.-N. Cochin, gravée par Le Mire.

> 2 très belles épreuves, dont une avant l'année 1775, grandes
> marges.

550 — Les médaillons de Louis XVI et de Henri IV,
placés en regard dans le même encadrement, gravé
par La Chaussée.

> Très belle épreuve. Rare.

551 — Au roi. — A la reine. Allégories par Moreau le
jeune, gravées par N. Le Mire, in-fol.

> 2 pièces, très belles épreuves.

552 — Au Roi.

> Très belle épreuve grandes marges. *Petites Marges.*

553 — Description des Ecoles de Chirurgie, dédiée à
M. de la Martinière, conseiller d'Etat, par M. Gan-
don, architecte du Roi. A Paris, de l'Imprimerie
de Ph. D. Pierres, 1780, in-fol.

> 32 planches.

554 — Vues du Grand et du Petit Trianon, par Lespinasse.

> 20 pièces, très belles épreuves, en grande partie avant la lettre
> et à l'eau-forte pure.

555 — Diplôme des Francs-Maçons de Bordeaux, par
P.-P. Choffard, d'après Boucher, in-fol. (H.-B. 190).

> Superbe épreuve du 1er état, avant l'inscription sur la draperie.

556 — Le duc de Chartres, depuis Philippe-Egalité ;
très petit médaillon dans une grande composition
destinée à servir de Diplôme de Franc-Maçonnerie, dessiné par Monnet et gravé par P.-P. Choffard.

> Très belle épreuve.

557 — 1775. Diplômes et autres pièces sur a Franc-Maçonnerie.

20 pièces, dont plusieurs avant la lettre

558 — Deuxième cahier des Nouveaux Costumes français pour les Coëffures, à Paris chez Esnault et Rapilly.

5 pièces, à quatre sujets sur la feuille, coloriés. — La première contient le portrait de Marie-Antoinette.

559 — Louis XVI, roi de France. — Marie-Antoinette d'Autriche, reine de France, de profil, par Marie-Louise Boizot.

2 pièces, très belles épreuves, grandes marges.

560 — Marie-Antoinette, reine de France, de profil, par Dupin-fils, d'après Vanloo, in-fol.

Très belle épreuve.

561 — Louis XVI, roi de France. — Marie-Antoinette, par Le Beau, in-8.

2 pièces, belles épreuves.

562 — Louis XVI en pied, en manteau royal, par J.-G. Müller, d'après Duplessis, grand in-fol.

Très belle épreuve.

563 — Louis XVI en pied, en manteau royal. — Marie-Antoinette en pied, en grand costume, par Le Clerc in-fol.

2 pièces, très belles épreuves, marge.

564 — Marie-Antoinette, en pied, d'après Leclerc.

Belle épreuve, sans marge.

565 — Portrait de Marie-Adelaïde-Clotilde-Xavière de France, princesse de Piémont, par Housman. — Charles-Emmanuel, prince de Piémont, par Le Beau.

2 pièces, très belles épreuves.

566 — Marie-Adelaïde de France, princesse de Piémont par Cathelin, d'après Ducreux, in-fol.

Très belle épreuve, marge.

567 — G.-Fr. Schmidt, graveur, portrait dit *d l'araignée.*

Très belle épreuve du 1er état, marge.

568 — 1775. Le même personnage dessinant.

Très belle épreuve.

569 — Portrait de Mme Schmidt, femme du précédent, en buste, de profil. — Autre, représentée en couseuse.

2 pièces, très belles épreuves.

570 — 1775. Sacre de Louis XVI à Reims, par J.-M. Moreau le jeune. — Le Siège de Calais, par Anselin, d'après Barthelemy. — Journée de Lexington, par Godefroy. — Vues de Reims. — Portraits de Marie-Adelaïde, princesse de Piémont, par Cathelin et Dambrun, De Belloy, par Littret, Le Beau et Lempereur, Louis XVI en manteau royal, par Ponce, Pauquet et autres, Maximilien-François, archiduc d'Autriche, l'abbé de Voisenon, Louis XVI avec Henri IV et Louis XII, profils dans un médaillon, par Saint-Aubin, avant la lettre et copie par Pigeot, Louis XVI, Henri IV et Louis XII, médaillons posés sur des branches de lys et de laurier en bistre.

42 pièces.

571 — 1776. Hommage des Arts. Allégorie avec le Portrait de Marie-Antoinette dans un médaillon, porté dans les airs par des génies, gravé par B. L. Prévost, d'après C. N. Cochin, in-fol.

Très belle épreuve. Rare.

572 — La même estampe.

Épreuve du 2e état. Le portrait de Marie-Antoinette a été remplacé par le Génie de la Liberté. Prix d'émulation, 1793.

573 — Louis XVI. — Marie-Antoinette. Allégories sur leur avènement au trône, par de Longueil d'après Cochin, in-fol.

Très belles épreuves du 1er état, avant que les vers au-dessous de l'estampe aient été changés, avec marge.

574 — Déclaration de l'Indépendance des Etats-Unis d'Amérique le 4 juillet 1776, grand in-fol. — Portraits de personnages de la Guerre de l'Indépendance américaine par B. L. Prévost : C. Thompson, S. Deane, H. Drayton, J. Dickenson, J. Reed, avant la lettre.

7 pièces.

575 — 1776. Orage causé par l'impôt sur le thé en Amérique. Pièce anonyme in-fol.

Très belle épreuve.

576 — Costumes français 1776 : Petite maîtresse à la promenade au Palais-Royal. — Bourgeoise en robe de satin rayé avec une pelisse. — Habit de bal. — Robe à l'anglaise. — Chemise à la reine. — Habit de petit deuil gris, d'après Le Clerc.

6 pièces, très belles épreuves.

577 — Habillements de l'année 1776 : Le Seigneur et la Dame de Cour. — L'Evêque et l'Abbesse. — Le magistrat et le militaire. — Les Religieux et les religieuses. — L'abbé et le marquis. — Le Bourgeois et la bourgeoise. — Le Maçon et la Blanchisseuse.

9 pièces, très belles épreuves, dont une à l'eau-forte pure. Rares.

578 — Modes Françaises pour les coëffures depuis 1776, à Paris chez Esnault et Rapilly et chez Basset.

6 pièces à quatre sur la feuille, dont cinq coloriées.

579 — Louis XVI, roi de France, par Ridé. — Indépendance des Etats-Unis, allégorie d'après Duplessis Bertaux, gravée par L. Roger.

2 pièces en couleur, très belles épreuves.

580 — Louis François de Bourbon, prince de Conti, grand Prieur de France, par Romanet, d'après Letellier.

Très belle épreuve.

581 — E.-C. Fréron, par Gaucher d'après C.-N. Cochin.

3 épreuves en états différents, dont une avant la lettre.

582 — Jean de Betzkoy, lieutenant-général russe, par N. Dupuis d'après Roslin.

Très belle épreuve.

583 — 1777. La Reine annonçant à Mᵐᵉ de Bellegarde des juges et la liberté de son mari, en mai 1777, par A.-J. Duclos, d'après le pastel de Desfossés.

Très rare épreuve à l'eau-forte pure, avant toutes lettres et avant la bordure.

584 — La même estampe.

Très belle épreuve.

585 — 1777. Bienfaisance du Roy, par Levasseur d'après
Le Barbier le jeune, grand in-fol.
Très belle épreuve avant toutes lettres.

586 — La même estampe.
Très belle épreuve.

587 — Illumination et décoration exécutées à Soleure
le 26 août 1777, dans la cour de l'hôtel du marquis
de Vergennes, ambassadeur en Suisse, à l'occasion
de l'alliance entre la France et la Suisse, par
Chr. de Mechel.
Très belle épreuve.

588 — Le Voyage de l'Empereur Joseph II en France
sous le nom de comte de Falkenstein.
3 vignettes dont deux d'après Moreau.

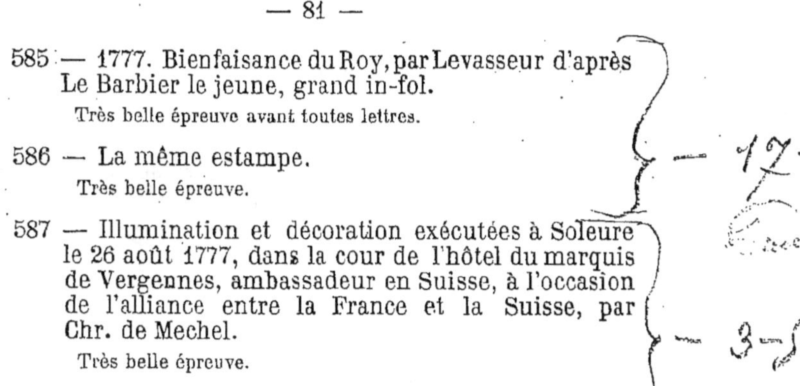

589 — Marie-Antoinette, par Janinet, in-fol.
Superbe épreuve en couleur, le portrait, sans le cadre, toute
marge de la plus grande fraicheur. Extrêmement rare à trouver
dans cette condition.

590 — Le cadre du portrait précédent.
Épreuve imprimée en bistre.

591 — Marie-Antoinette en pied, en grand costume,
par Cl. Duflos, d'après Le Brun.
Très belle épreuve, marge.

592 — Mlle Bertin, marchande de modes de Marie
Antoinette, par Janinet.
Superbe épreuve en couleur, marge. Très rare.

593 — Louis Phélippeaux, duc de La Vrillière, par
Moreau le jeune, d'après Hall.
Très belle épreuve, grandes marges.

594 — Le même personnage, par Levesque. — Autre
par François, d'après Frédou.
2 pièces, belles épreuves.

595 — Le comte de Saint-Florentin, par J.-G. Wille,
d'après Tocqué.
Superbe épreuve, marge.

596 — La même estampe.
Très belle épreuve.

597 — 1777. Joseph II, empereur, très petit portrait, par
N. Le Mire, toute marge. — Le même personnage,
par M. L. Boizot.

2 pièces.

598 — 1778. Couronnement de Voltaire sur le Théâtre-
Français, le 30 mars 1778, après la sixième représentation d'*Irène*, par C.-S. Gaucher, d'après Moreau
le jeune.

Très belle épreuve avec les armes et la dédicace à la marquise
de Villette.

599 — La même estampe.

Épreuve avec les armes effacées.

600 — Voltaire couronné par Mme Vestris, par Dupin,
d'après Desrais.

Très belle épreuve, marge.

601 — La France couronne le buste de Voltaire. Pièce
anonyme avec dix vers en bas.

Belle épreuve.

602 — La France reçoit des mains de l'Autriche le premier Fruit de leur alliance, par M. L. Boizot.

2 épreuves, dont une avec la lettre changée.

603 — Madame, fille unique du Roi, sur les genoux
de la princesse de Rohan-Guéménée, sa gouvernante, par Dupin, d'après Le Clerc.

Très belle épreuve.

604 — Le duc de Chartres, Philippe-Égalité et sa famille, par Aug. de Saint-Aubin, d'après Le Peintre.

Très belle épreuve.

605 — Combat naval livré à la hauteur d'Ouessant, le
11 novembre 1778, par M. le vicomte de Beaumont, capitaine de vaisseau, par Dequevauviller,
d'après Rossel, gr. in-fol.

Très belle épreuve.

606 — Vue de Lyon, Pierre-Ancise dans le fond, près
le grand bureau des Coches. — Vue de la Saône à
Lyon, avec l'Église de Saint-Jean, l'Archevêché et
Notre-Dame-de-Fourvières, sur la côte. — Vue de
Lyon de Pierre-Ancise, avec le Pont d'Arlincourt
au bas du Fort Saint-Jean. — Vue de l'Église archi-

épiscopale de Saint-Jean de Lyon. — Vue de la
Place du Consort, autrement dite la place des Jacobins.

6 pièces à l'eau-forte pure.

607 — 1778. Les Filles de joye rasées. A Paris, chez —
Naudet.

Pièce gravée à l'eau-forte, avant toutes lettres. Très rare. —
Plus une copie.

608 — Le Chit-Chit. — La Lévite matinale. — La Robe
retroussée, in-8.

3 pièces.

609 — Costumes français pour l'année 1778, in-8.
5 pièces à deux sur la feuille, avant toutes lettres. — Plus un
titre gravé.

610 — Coiffures pour l'année 1778.
16 pièces, à quatre sur chaque feuille, très belles épreuves coloriées.

611 — Louis XVI roi de France, à cheval, en uniforme —
de son régiment d'infanterie lorsqu'il en fit la Revue le 23 avril 1778. — Marie-Antoinette, à cheval,
faisant pendant, par Robin de Montigny.

2 pièces coloriées du temps. Très rares.

612 — Marie-Antoinette, à cheval, par Robin de Montigny.

Épreuve gouachée.

613 — Louis XVI, à cheval. — Marie-Antoinette, par
Rugendas.

2 pièces, belles épreuves.

614 — F. M. Arouet de Voltaire, par Alix, d'après Garneray.

Très belle épreuve en couleur, marge.

615 — Le même personnage, in-8, en couleur. — Credo —
de Voltaire, avec son portrait.

2 pièces, très belles épreuves.

616 — Voltaire avec le P. Adam, par Jos. Lante.
Très belle épreuve, grandes marges.

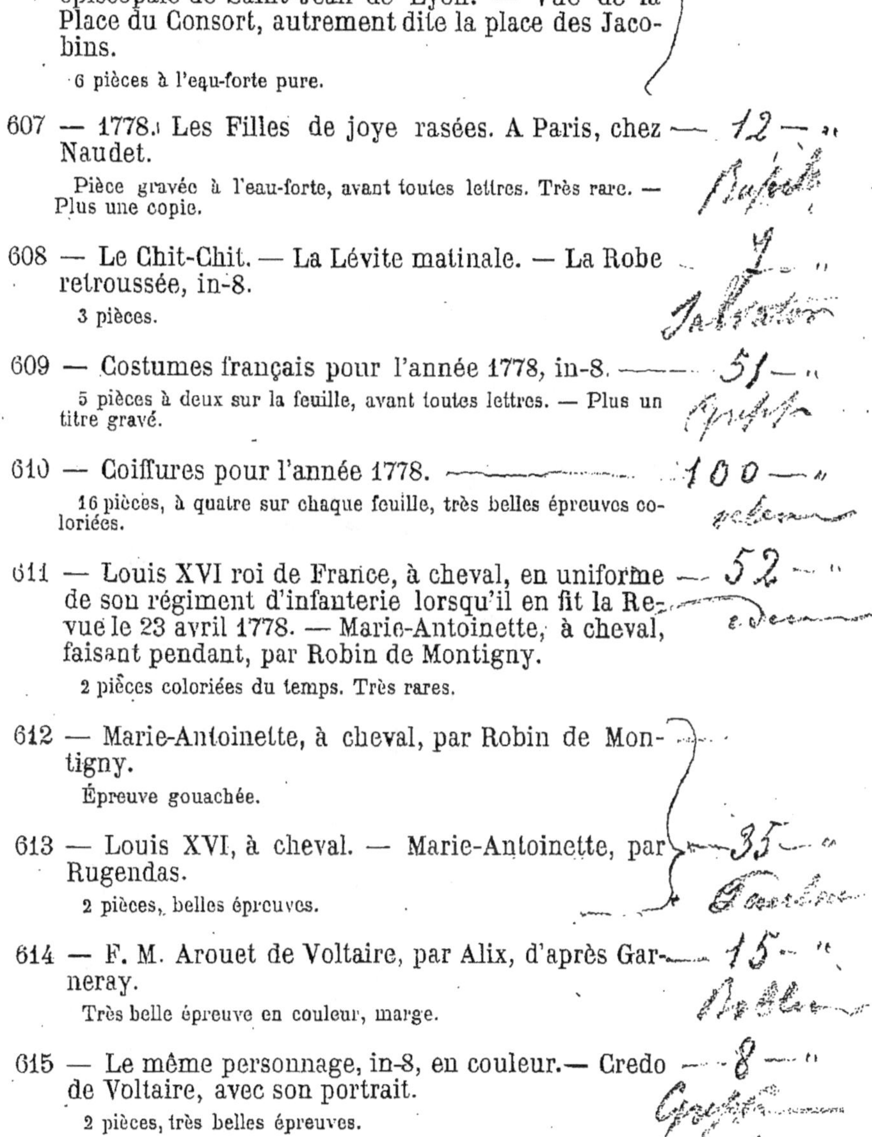

617 — 1778. Réception de Voltaire aux Champs-Elysées par Henri IV, par Macret. — Vues de Ferney. Voltaire assis à une table avec le Père Adam, l'abbé Maury, d'Alembert, Condorcet, Diderot et Laharpe, eau forte. — Tombeau de Voltaire. — Chambre du Cœur de Voltaire, par Née. — Son portrait par Bertony, Cathelin, Henriquez, Miger, de Goncourt, J.-B. Michel, Saint-Aubin et autres.

34 pièces.

618 — Portraits de Jean-Jacques Rousseau, par Gaucher, Nochez et autres. — Tombeau de J.-J. Rousseau, par Moreau le jeune. — Monument projeté à la gloire de J.-J. Rousseau, par Née. — Aux âmes sensibles, par Godefroy. — Maison de J.-J. Rousseau à Moutiers-Travers.

21 pièces, dont un dessin.

619 — Frédéric Guillaume II, roi de Prusse, par J. M. Tardieu, d'après Moreau le jeune.

Très belle épreuve, toute marge.

620 — 1776-1778. Institution de la Loterie royale par Louis XVI, en 1776. — Vues de l'Isle-Adam. — Les Gobe-Mouches ou les Raisonneurs du jour dans tous les genres, caricature. — L'empereur Joseph II et l'Orphelin de l'Officier, vignette d'après Moreau. — Répertoire des Spectacles de la Cour — Combat de la frégate française la *Belle-Poule* attaquée par la frégate anglaise l'*Aréthuse*, le 17 juin 1778, par Le Gouaz. — Tableau du Combat naval du 27 juillet 1778. — Prise de la Dominique. — Le Retour désiré ; Louis XVI rappelle son Parlement. — Caricature sur l'amiral Keppel. — Le fameux Empirique anglo-américain.— Vues de Paris et de France, par Lallemant, avant et avec la lettre. — Portraits du prince de Conti, Colardeau, par divers, Linguet, par St-Aubin et Delattre, Mme Geoffrin, Gresset, par Saint-Aubin, Joseph II, le cardinal de la Roche-Aymon, le marquis de Monteynard, Louis Phelippeaux, duc de la Vrillière, l'amiral Keppel, chef de la flotte du Roi de la Grande Bretagne, par Dupin, Lekain, comédien ordinaire du Roy, par Littret et Saint-Aubin, Charles Lebeau, par Duflos, Linné, le comte de Saint-Germain, M. de Sartine, par Chevillet, Littret et autres.

92 pièces.

621 — 1779. Prise du Sénégal, le 29 janvier 1779, par —
Ponce.— Portraits du capitaine Cook, par Klauber et
J. Bazire. — Mort tragique du capitaine Cook, par
Fessard. — Portraits du comte d'Estaing, par
J. Barbié, deux différents, par Gaucher et Le Beau.
— Prise de l'Ile de Grenade, par Godefroy. — La
Valeur récompensée à la Prise de Grenade, le
4 juillet 1779, par P. Laurent, d'après Demarne,
grand in-fol. — Nouvelle dispute de Pallas et de
Neptune, au sujet de la Grenade, pièce anonyme.
— Caricature sur la Prise de Grenade : The horse
America throwing his master, coloriée.

14 pièces.

622 — Portrait de Du Couedic, par Vangelisty. —
Combat de la frégate française la *Surveillante* contre la frégate anglaise le *Québec*, le 6 octobre 1779,
deux pièces dont une avec la légende. — Combat
naval livré le 6 octobre 1779, par M. Du Couedic,
lieutenant de vaisseau, par Dequevauviller, d'après
Rossel, grand in-folio. — Combat naval livré le
18 décembre 1779, par M. le comte de la Motte-
Picquet, chef d'escadre, par Dequevauviller, d'après
Rossel.

5 pièces.

623 — 1780. Obélisque élevé à la gloire de Louis XVI
sur la place de Port-Vendres en Roussillon, année
1780, par De Wailly, grand in-fol.

Très belle épreuve.

624 — Catafalque pour le Service funéraire de Marie-
Thérèse, impératrice d'Allemagne, par Moreau le
jeune.

2 pièces avant toutes lettres, grandes marges.

625 — Char de triomphe de Marie-Thérèse d'Autriche,
avec attelage de six chevaux, par Klauber.

Belle épreuve, en deux planches.

626 — Carte pour la Fête de M. l'Ambassadeur de
France, in-12. (Emm. B. 1884.)

Très belle épreuve.

627 — Caricatures sur les hautes Coiffures : La Duchesse des Plaisirs allant au Colisée. — Mlle des
Faveurs à la promenade à Londres. — Départ de la

Promenade des Boulevarts de Paris. — Un petit Abbé tenant un chien en laisse, accompagné d'une Dame coiffée d'une haute calèche, par Bonnet, à la sanguine. — The french Lady of the promenade.— Wery gond of Night cap.— Polonaise à la poulette, coloriée.

7 pièces, très belles épreuves. Rares.

628 — 1780. Portrait équestre de Charles-Philippe de France, comte d'Artois, colonel général des Gardes suisses, par Hoffmann. — Costumes des Gardes suisses.

17 pièces, dont huit coloriées du temps.

629 — Marie-Thérèse, impératrice des Romains, par Kupfer, d'après Ducreux.

Très belle épreuve.

630 — Vignette tirée des *Annales de Marie-Thérèse*, avant et avec la pagination. — Portraits de Marie-d'Autriche, par J. Adam, Fiesinger, Pinssio, chez Charpentier, coloriée, par Cathelin, P. Meyer et Caronni. — Son Mausolée, par Fessard, in-fol.

11 pièces.

631 — 1779-1780. Prise du Sénégal, par Ponce.— Prise de l'Isle de Grenade. — Prise de l'*Ardent*, vaisseau anglais. — Combat naval livré le 6 octobre 1779, par Du Couédic, grand in-fol. — Combat naval livré le 18 décembre 1779, par M. le comte de La Motte-Picquet. — Vue de l'abbaye de La Ferté, près Châlons. — Combat naval entre la flotte hollandaise et la flotte anglaise, commandée par l'amiral Parker. — Petit Waux-Hall, par Wille fils. — Vues de Charenton et de Montmorency, par Germain, avant la lettre et à l'eau-forte pure. — Costumes de Jacquemin. — Portraits du cardinal Albani, par Marguerite Lecomte, le duc d'Arenberg, Raphaël Mengs, Nicolas Vernier, par Miger, le général Arnold, un des chefs de l'armée anglo-américaine, le comte de Cossé Brissac, par Gaucher et Le Beau, Charles-Alexandre de Lorraine, M. Dorat, par Dupin ; Frédéric, comte d'Anhalt, par Mansfeld, Marie-Thérèse d'Autriche, portraits et vignettes, le duc de La Vallière.

59 pièces.

632 — 1781. Médaille allégorique sur la naissance du Dauphin, le 22 octobre 1781, par Baron.

Très belle épreuve.

633 — 1781. Monument d'Allégresse, au sujet de la naissance du Dauphin, par Godefroy, d'après Le Barbier.

2 très belles épreuves, dont une avant la lettre et avec beau-
coup de différences.

634 — Marie-Antoinette, mettant le Dauphin entre les
mains de la France, par Campano.

2 épreuves dont une très belle, avant toutes lettres.

635 — Les Sentiments de la Nation, par Janinet, d'après
Huet.

Très belle épreuve en couleur. Rare.

636 — Le Cœur de la Nation, copie en contre-partie de
la pièce précédente. A Paris, chez Isabey.

2 Epreuves, dont une avant les mots : Pour la naissance de
Mgr le Dauphin, né à Versailles le 22 Oct. 1781; très belles
épreuves.

637 — Allégorie. La France présentant le Dauphin à
Henri IV, par Dambrun, d'après Quéverdo. —
Vignette : Il prend le bon Henri pour maître et
pour modèle, par Duflos, d'après Marillier.

2 pièces, belles épreuves.

638 — Allégorie. La France tient deux médaillons, sur
l'un desquels on voit les portraits de Louis XVI et
de Marie-Antoinette, et sur l'autre Madame, fille
du roi et Monseigneur le Dauphin dans son berceau,
par Pruneaux.

Très belle épreuve. Rare.

639 — Vue intérieure de Notre-Dame au moment de
l'arrivée de la Reine pour l'action de grâces de la
naissance de Monseigneur le Dauphin. — Vue exté-
rieure de Notre-Dame, prise au moment de l'arrivée
des Gardes françaises et suisses, le jour de la Bénédiction des drapeaux, par Malapeau et Née.

6 pièces avant, avec la lettre et eaux-fortes pures.

640 — The death of Major Pierson, par Kessler, d'après
Singleton, grand in-fol.

Superbe épreuve, lettres grises.

641 — Allégorie pour servir de frontispice au Compte
rendu au roi, par M. Necker. — Le Compte rendu.
— Allégorie pour la fin du Compte rendu. — La
Vertu récompensée, d'après Borel.

5 pièces.

642 — 1781. Suite d'habillements à la mode, 1781. Deux pièces. — Neuvième suite de coëffures à la mode, 1781. Suite de six pièces, par Le Clerc.

Ensemble 8 pièces coloriées, très belles épreuves.

643 — Marie-Antoinette, de profil, dirigé à gauche, par M. L. Boizot.

Très rare épreuve avant toutes lettres, non terminée.

644 — La même estampe.

Très belle épreuve.

645 — Marie-Antoinette, archiduchesse d'Autriche, sœur de l'Empereur, de profil à droite, in-fol.

Très belle épreuve en couleur, gravée en imitation de dessin, sans noms d'auteur.

646 — Copie du même portrait, anonyme, in-8.

Très belle épreuve en couleur.

647 — Le Marquis de Marigny, par J.-G. Wille, d'après Tocqué.

Très belle épreuve.

648 — Le comte de Rochambeau, lieutenant général des armées du Roy, commandant l'armée française en Amérique. A Paris chez Mondhare.

Très belle épreuve, grandes marges. Très rare.

649 — Lafayette en pied, près de son cheval tenu par un nègre, par N. Le Mire, d'après Le Paon.

Superbe épreuve avant la lettre, marge.

650 — Le Général Washington, en pied, près de son cheval tenu par un nègre, par le même.

Très belle épreuve.

651 — 1782. Les Vœux accomplis, par J.-B. Simonet, d'après Moreau le jeune.

Superbe épreuve avant toutes lettres, grandes marges.

652 — La même estampe.

Très belle épreuve.

653 — 1782. Le Bal masqué, par J.-M. Moreau le jeune.
(Emm. B. 200.)

Superbe épreuve du 1er état à l'eau-forte pure.

654 — Le Bal masqué. — Le Festin royal, dessiné et
gravé par J.-M. Moreau le jeune. (Emm. B. 200-201.)

2 pièces, très belles épreuves.

655 — Fêtes données au Roi et à la Reine par la Ville
de Paris, le 21 janvier 1782, à l'occasion de la naissance de Monseigneur le Dauphin. Arrivée de la
Reine à l'hôtel de ville. — Le Feu d'artifice, dessiné
et gravé par J.-M. Moreau le jeune, très grand in-
fol. (Emm. B. 202-203.)

2 pièces, superbes épreuves. Le *Feu d'artifice* et avant la
lettre.

656 — Les mêmes estampes.

2 pièces, très belles épreuves.

657 — Vue du Bâtiment construit sous les ordres de
MM. le Prévôt des Marchands et Echevins de la
Ville de Paris pour la Réception du Roi et de la
Reine avec leur Cour pour voir le Feu d'artifice tiré
en place de Grève sur le bord de la rivière de Seine
le 21 Janvier 1782, à l'occasion de la Naissance de
Monseigneur le Dauphin, par Voysard, d'après
Desrais.

Très belle épreuve. Rare.

658 — Vue et décoration de la façade du Feu d'artifice
élevé en la place de Grève, tiré devant leurs Majestés le 21 janvier 1782, à Paris, chez La Chaussée.

Belle épreuve.

659 — Vue de la Montagne et de la Ville de Gibraltar
attaquée par terre et par mer par l'armée espagnole
et française aux ordres de M. le duc de Crillon en
présence de Monseigneur le Comte d'Artois, en
septembre 1782.

Belle épreuve coloriée du temps.

660 — The Death of Lord Robert Manners, par J. Sher-
win, d'après Stothard, grand in-fol.

Très belle épreuve.

661 — 1782. Henry-Louis Duhamel, chevalier, seigneur de Monceau, inspecteur général de la Marine, par Moitte, d'après Drouais.

Très belle épreuve.

662 — Pièce satyrique anglaise : Ne soyez pas surpris, par le marquis de Bouillé, à l'aquatinte.

Très belle épreuve.

663 — Lieutenant général sir Robert Boyd, gouverneur de Gibraltar, par John Hall, d'après Poggi.

Très belle épreuve.

664 — Le général Elliott, gouverneur de Gibraltar, par Bartolozzi, d'après Poggi.

Très belle épreuve avant la lettre.

665 — Le même personnage, par Rich. Earlom, d'après Joshua Reynolds.

Très belle épreuve.

666 — 1781-1782. Prise de Pensacola, par Ponce. — Prise de Tabago. — Combat naval livré le 21 juillet 1781, par M. de la Pérouse, capitaine de vaisseau, par Dequevauviller, d'après Rossel. — Capitulation de Cornwallis, par Delignon. — Reddition de l'armée de Lord Cornwallis, par Godefroy. — Surprise de St-Eustache. — Siège du fort St-Philippe. — Entre-vue du Pâpe Pie VI avec l'Empereur Joseph II à Vienne, le 24 mars 1782, par Petrini. — Fermeture des Monastères sur l'ordre de Joseph II. — Pièce emblématique sur la suppression des couvents. — Portraits de Christophe de Beaumont, archevêque de Paris, par Duflos, G.-E. Lessing, par Bause, Paul d'Albert de Luynes, cardinal, par Fessard, George Washington, le duc de Crillon, par Duval, M. de Bouillé, lieutenant général des armées du roi, Duhamel du Monceau, par Moitte et autres, Métastase par Gaucher, avant et avec la lettre, le marquis de Pombal, Pie VI.

49 pièces.

667 — 1783. The magnetism, par Guyot d'après Sergent.

Très jolie petite pièce en couleur, épreuve superbe.

668 — 1783. Adresse avec encadrement Louis XVI, surmonté des armes de France, in-8, dessinée et gravée
par Arrivet. — Encadrement d'un programme de
concert par le même.

    2 pièces avant toutes lettres. Très rares.

669 — Cartouche avec les figures de Mars et de l'Histoire, surmonté des Armes de France, in-8, signé
N. Le Mire.

    Très belle épreuve sans aucune lettre.

670 — Monogramme de Marie-Antoinette, par Meyer.

    Très belle épreuve, marge.

671 — Melpomène dans le temple des Grâces ; buste de
Marie-Antoinette posé sur un socle, par Le Veau,
d'après Moreau le jeune. — Les Armes de Marie-
Antoinette, pour les OEuvres de Métastase, gravé
par Moreau le jeune. — Les Armes de Marie-
Antoinette sur le frontispice d'un livre, avant toutes
lettres.

    3 pièces, très belles épreuves.

672 — Portraits de Marie-Antoinette et de Louis XVI,
de profil, par Le Beau, d'après Nicolet.

    2 pièces, très belles épreuves.

673 — Portrait de Mademoiselle de France, dans son
berceau, née le 5 août 1776, morte le 5 décembre
1783, par David.

    Belle épreuve. Rare.

674 — D'Alembert, par P.-M. Alix.

    Belle épreuve en couleur.

675 — 1784. Intervention de la Prusse dans les affaires
de Hollande en 1784, pièce anonyme.

    Belle épreuve en couleur.

676 — Le Doigt magique ou le Magnétisme animal,
pièce satyrique, anonyme.

    Belle épreuve coloriée.

677 — Adresse de Depain, coëffeur de dames : Marie-
Antoinette assise devant une glace et coiffée par
des Amours, par Chapuy.

    Belle épreuve. Très rare.

678 — 1784. Planche contenant quatre médaillons de coiffures et un cinquième plus petit au milieu. — Autre planche contenant deux médaillons de coiffures, attribués à Guyot.

2 pièces, très belles épreuves avant toutes lettres, en couleur.

679 — Modes et Coiffures de l'année 1784, par Desrais et Le Clerc.

7 pièces à quatre sujets sur la feuille, en noir et coloriées.

680 — Denis Diderot, de profil, par C.-S. Gaucher, d'après Greuze (H.B. 49).

Très belle épreuve du 1er état, avant la lettre, avec la tablette blanche.

681 — 1783-1784. Melpomène dans le temple des Grâces, vignette. — Caricature sur Cagliostro. — Nouvelle Idole qui représente le comte de Callimasse. — Les Magnétiseurs, caricature. — Deux Vignettes de Moreau où se trouve le portrait de Marie-Antoinette. — Tailleur-Costumier essayant un corset à la mode, d'après Le Clerc. — Caricature, Beaumarchais à Saint-Lazare, coloriée. — Vues de la Halle aux Vins et de la Porte-Saint-Martin, par Lallemand. eaux-fortes pures. — Château de Creil. — Portraits de d'Alembert, par Cathelin, Dupin, Henriquez, Maleuvre et autres, le P. Elysée, John Dunning, par Bartolozzi, Mme d'Epinay, Benoît Labre, Louis XVI, par Le Beau, le comte de Tressan, le marquis de Saint-Auban, par Miger, Bernard de Bonnard, François Arnaud, abbé de Grandchamp, F. Blanchet, par Saint-Aubin, le comte de Dallwitz, Diderot.

55 pièces.

682 — 1785. Humanité et Bienfaisance du Roi, pendant l'hyver de 1784, gravé par Guyot, d'ap. Debucourt.

Très belle épreuve, marge.

683 — Coup d'œil exact de l'arrangement des peintures au salon du Louvre, en 1785. A Paris, chez Bornet.

Très belle épreuve, marge.

684 — Répertoire de Fontainebleau, année 1785, par Lempereur, d'après Moreau le jeune.

Très belle épreuve. Rare.

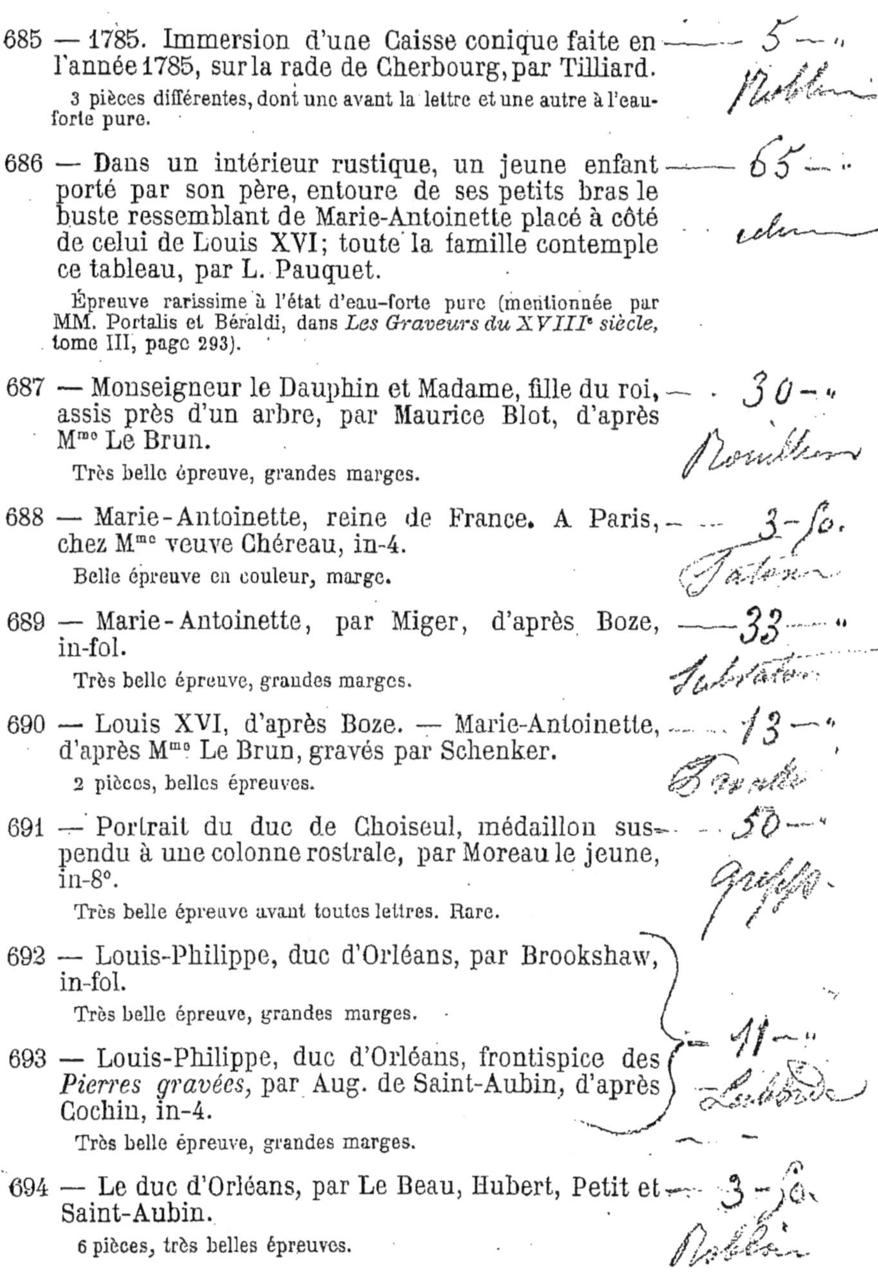

685 — 1785. Immersion d'une Caisse conique faite en l'année 1785, sur la rade de Cherbourg, par Tilliard.

3 pièces différentes, dont une avant la lettre et une autre à l'eau-forte pure.

686 — Dans un intérieur rustique, un jeune enfant porté par son père, entoure de ses petits bras le buste ressemblant de Marie-Antoinette placé à côté de celui de Louis XVI; toute la famille contemple ce tableau, par L. Pauquet.

Épreuve rarissime à l'état d'eau-forte pure (mentionnée par MM. Portalis et Béraldi, dans *Les Graveurs du XVIIIe siècle*, tome III, page 293).

687 — Monseigneur le Dauphin et Madame, fille du roi, assis près d'un arbre, par Maurice Blot, d'après Mme Le Brun.

Très belle épreuve, grandes marges.

688 — Marie-Antoinette, reine de France. A Paris, chez Mme veuve Chéreau, in-4.

Belle épreuve en couleur, marge.

689 — Marie-Antoinette, par Miger, d'après Boze, in-fol.

Très belle épreuve, grandes marges.

690 — Louis XVI, d'après Boze. — Marie-Antoinette, d'après Mme Le Brun, gravés par Schenker.

2 pièces, belles épreuves.

691 — Portrait du duc de Choiseul, médaillon suspendu à une colonne rostrale, par Moreau le jeune, in-8°.

Très belle épreuve avant toutes lettres. Rare.

692 — Louis-Philippe, duc d'Orléans, par Brookshaw, in-fol.

Très belle épreuve, grandes marges.

693 — Louis-Philippe, duc d'Orléans, frontispice des *Pierres gravées*, par Aug. de Saint-Aubin, d'après Cochin, in-4.

Très belle épreuve, grandes marges.

694 — Le duc d'Orléans, par Le Beau, Hubert, Petit et Saint-Aubin.

6 pièces, très belles épreuves.

695 — 1786. Action courageuse qui a mérité le prix de l'Académie d'Amiens, en 1786, par Guyot, d'après Teissier.

Très belle épreuve en couleur.

696 — L'Innocence reconnue. Marie-Victoire Salmon, condamnée par les juges de Caen et de Rouen, est reconnue innocente par arrêt du Parlement de Paris du 23 mai 1786, par Patas, d'après Binet.

Très belle épreuve toute marge.

697 — Monuments de tolérance de l'Empereur Joseph II, sujets emblématiques, par Prestel.

4 pièces grand in-fol. gravées en Allemagne.

698 — A Band of Savoyards, par C. Knight, d'après Bunbury.

Très belle épreuve en bistre.

699 — Représentation exacte du grand Collier en brillants des sieurs Boehmer et Bassange, gravé d'après la grandeur des diamants. A Strasbourg chez William. — Représentation sur une même feuille de tous les personnages qui ont figuré dans le fameux procès du Collier. A Tours et à Orléans, chez Letourmy.

2 pièces, la dernière est coloriée.

700 — Personnages du procès du Collier : Le Comte de la Motte. — Jeanne de Saint-Rémy de Valois, épouse du Comte de la Motte. — La femme de chambre de Mᵐᵉ la Comtesse de La Motte. — M. le Baron de Fages. — M. le Comte de Précourt. — Mᵐᵉ Mella de Courville-Sulbark. — Mˡˡᵉ Leguet d'Esigny d'Oliva.— M. Marcilly.— M. Retaut de Villette. — Le Comte de Cagliostro. — Séraphinia Felichiani, Comtesse de Cagliostro. — M. Bassanges. — M. de Bette d'Etienville, bourgeois de St-Omer, en Artois. A Paris, chez Basset.

13 pièces, très belles épreuves coloriées.

701 — La Comtesse d'Oliva. — La Comtesse de La Motte, in-8°, anonyme.

2 pièces, très belles épreuves en couleur, marge.

702 — Personnages du procès du Collier, par divers graveurs.

17 pièces, en noir et coloriées.

703 — 1786. Le célèbre Comte de Cagliostro, faisant
donner un lavement à une jeune personne, par
Pitre.

Belle épreuve à la sanguine. Très rare.

704 — Lord Mansfield, par F. Bartolozzi, d'après Joshua
Reynolds.

Très belle épreuve.

705 — Nathaniel Greene, major général des armées
américaines, par Chevillet, d'après Peale.

Très belle épreuve.

706 — Frédéric II, roi de Prusse, par J.-G. Wille,
d'après Pesne, in-fol.

Superbe épreuve, marge.

707 — Le même personnage, in-4.

Très belle épreuve.

708 — Frédéric II, roi de Prusse, par Bock, d'après
Townly.

Très belle épreuve.

709 — Frédéric II, à cheval, par Philippart.

Très belle épreuve.

710 — Frédéric II, par Kohl, d'après Franke. — Le
même personnage, par Bause.

2 pièces, belles épreuves, grandes marges.

711 — Monument à l'honneur de Fréderic II, roi de
Prusse, par Hauer.

Très belle épreuve en bistre.

712 — Samuel, baron de Cocceji, par G.-F. Schmidt,
d'après Pesne.

Superbe épreuve, marge. Collection Naumann.

713 — 1785-1786. Vue de l'assemblée des Protestants
de Nîmes au désert, par Fling. — Le Palais de Justice de Paris, par De Laporte, eau-forte pure. —
Les fils de Tippoo-Sahib se donnant en ôtage à lord
Cornwallis. — Vues de Chantilly. — Figures de
femmes et d'enfants, gravées à l'eau-forte par Denon.
— Portraits de Caradeuc de la Chalotais, par Moitte,
d'après Cochin, le duc de Choiseul-Praslin, Frédéric,
landgrave de Hesse Cassel, l'abbé de Condillac, par

Alix, en couleur, Bette d'Etienville, Cagliostro, le comte d'Aguilar, par Carmona, Frédéric-le-Grand, par Huot, Marais et autres, Hertzberg, par Klauber Legrand Delaleu, avocat au Parlement, par Choffard, Von Zieten, général de cavalerie de Prusse, Moses Mendelsohn, Sacchini.

48 pièces.

714 — 1787. Vue de la Plaine des Sablons, par Malbeste, d'après Moreau le jeune.

Épreuve avant toutes lettres; le nom de Moreau tracé à la pointe dans le bas de l'estampe à gauche, avec des essais de burin dans les marges. Très rare. — On y a joint le Groupe de la Plaine des Sablons, par le même.

715 — Lauda-Conatum. Exposition au Salon du Louvre en 1787, par Martini.

Très belle épreuve, marge.

716 — The exhibition of the royal Academy en 1787, par Martini, d'après Ramberg.

Très belle épreuve, marge.

717 — Assemblée des Notables, tenue à Versailles le 22 février 1787, par Cl. Niquet, d'après Veny et Girardet.

3 épreuves dont une avant la lettre et une à l'eau-forte pure.

718 — Lit de Justice tenu à Versailles le 6 août 1787, par Girardet et Duparc.

4 pièces, dont une avant la lettre et deux non terminées.

719 — Séance extraordinaire tenue par Louis XVI, au Palais, le 19 novembre 1787, par Cl. Niquet.

4 épreuves dont deux avec différences dans la lettre et deux à l'eau-forte pure.

720 — Pièce allégorique sur le rétablissement du Stathouder par la Prusse, par Bolomey.

Très belle épreuve en couleur.

721 — Vues du pavillon et du jardin de Bagatelle, d'après les dessins de Belanger.

8 pièces dont quatre à l'eau-forte pure.

722 — Modes de 1787, par Duhamel, d'après Desrais.

7 pièces coloriées.

723 — 1787. Recueil des différents costumes des principaux officiers de la Porte et des peuples sujets de
l'Empire othoman. A Paris chez Onfroy.

43 pièces, très belles épreuves en couleur et or.

724 — Louis XVI, buste fort comme nature. — Marie-
Antoinette, gravés à la manière du crayon par Cazenave, d'après Le Barbier.

2 pièces, très belles épreuves avant la lettre.

725 — Charles-Philippe d'Artois sortant de la Cour
des aides de Paris, le 17 août 1787, par C. Niquet,
d'après Meunier.

4 épreuves dont deux avant la lettre et une à l'eau-forte pure.

726 — M\ :superscript:me Louise-Marie de France, carmélite, par
Elluin, in-fol. — Autre par Le Beau, in-8.

2 pièces, très belles épreuves.

727 — M. de Calonne, par W. Richardson.
Très belle épreuve, avant la lettre en couleur.

728 — Le même portrait.
Très belle épreuve en noir.

729 — M. de Calonne, par de Bréa, d'après M\ :superscript:me Le
Brun, in-fol.
Superbe épreuve. Pièce *non décrite*, extrêmement rare.

730 — Et. Ch. de Loménie de Brienne, archevêque de
Toulouse, par Janinet, d'après Cossart.
Très belle épreuve en couleur, toute marge.

731 — Charles Gravier, comte de Vergennes, par Vangelisty, d'après Callet.
Très belle épreuve.

732 — 1787. Vue de la Plaine des Sablons, d'après
Moreau le jeune. — Séance extraordinaire tenue
par Louis XVI au Palais, le 19 novembre 1787. —
Caricatures sur l'Assemblée des Notables ; la Graine
de niais. — Plan du Pont de Louis XVI et de ses
environs, commencé à construire au droit de la
place de Louis XV en 1787, colorié. — Vues diverses de Paris, dont plusieurs à l'eau-forte pure.
— Portraits de E. Adan, négociant, syndic de la
Nation de St Jacques en 1787, Pompeo Battoni,
M. de Calonne, Caroline, princesse d'Orange,

Gluck, par Miger, St-Aubin et autres, Mme Louise de France, Marie-Antoinette avec ses trois enfants, le comte de Vergennes, par Gaucher, Bervic, Quenedey.

45 pièces.

733 — 1788. Le Rappel de M. Necker, par C.-S. Gaucher, d'après Eberts (H. Béraldi 19.)

Superbe épreuve du 1er état avant la lettre, grandes marges.

734 — La même estampe.

Superbe épreuve du même état et de là même condition.

735 — Allégories. L'OEil du Génie ou les armes de M. Necker, par Guyot, d'après M. A. Croisier. — Le même sujet en réduction, surmonté du portrait de Necker, à Paris chez Crépy, en bistre. — L'Heureuse administration, par M. A. Croisier.

3 pièces, très belles épreuves.

736 — Vue du procès de Warren Hastings écuyer, instruit en présence de la Cour des Pairs tenue, dans la salle de Westminster le 13 février 1788, par R. Pollard d'après Dayes.

Très belle épreuve, marge.

737 — Arrestation de d'Eprémenil et Goislard, le 6 mai 1788, par C. Niquet d'après Veny et Girardet.

5 épreuves, dont deux avant la lettre et deux à l'eau-forte pure.

738 — Incendie du Corps de Garde sur le Pont-Neuf le 29 août 1788, par Girardet et Niquet.

5 épreuves, dont trois avant la lettre et une à l'eau-forte pure.

739 — Rassemblement sur le Pont-Neuf, le 16 septembre 1788, par Niquet d'après Veny et Girardet.

2 pièces dont une à l'eau-forte pure. — Plus une vignette représentant le même sujet.

740 — A la gloire des magistrats de la Ville de Paris, pour les secours donnés aux pauvres pendant le rigoureux hyver de 1788. — Bienfaisance du duc et de la duchesse d'Orléans, pendant l'hiver de 1788, à Paris chez Angeliom.

2 pièces avec couplets. Rares.

741 — 1788. En mémoire des secours donnés aux malheureux, par les francs-maçons, pendant le rigoureux hyver de l'année 1788, par Louvion, d'après Desrais.

Très belle épreuve imprimée en noir et sanguine.

742 — L. A. de Gontaut, duc de Biron, pair et maréchal de France, par Baudouin, colonel d'infanterie, in-fol.

Superbe épreuve, grandes marges.

743 — Portrait de Buffon, par P. M. Alix, d'après Garnerey. — Le même personnage par Cathelin et Chevillet.

3 pièces, très belles épreuves.

744 — P. J. B. Gerbier, avocat au Parlement de Paris, par Le Beau, d'après Pujos.

Très belle épreuve. Très rare.

745 — Salomon Gessner, par Eichler, d'après Graff. — Le même personnage par Bause.

2 pièces, très belles épreuves.

746 — Pierre Jéliotte, tenant une lyre, par Cathelin, d'après Tocqué, in-fol.

Très belle épreuve, marge.

747 — Maurice Quentin de la Tour, portrait sur un chevalet, d'après lui-même, gravé par son ami G.-F. Schmidt.

Superbe épreuve, grandes marges.

748 — Maurice Quentin de la Tour, à une fenêtre, d'après lui-même, gravé par son ami Schmidt, en 1742.

Très rare épreuve avant toutes lettres non entièrement terminée.

749 — Le même portrait.

Magnifique épreuve, marges. Collection Debois.

750 — Le maréchal de Richelieu, duc et pair de France, en pied, par Vangelisty, d'après Gault de Saint-Germain.

Très belle épreuve, marge.

751 — 1788. Le comte de Vaux, maréchal de France, par
Sergent — L'Agriculture considérée, par Morret,
d'après Sergent.

2 pièces, très belles épreuves en couleur

752 — Charles, prince de Galles, par J.-G. Wille, d'après
Tocqué.

Très belle épreuve, marge.

753 — Charles III, roi d'Espagne et des Indes, par Carmona, d'après Raph. Mengs, grand in-folio.

Très belle épreuve.

754 — 1788. Allégorie en forme de médaille; le Roi
accompagné de son auguste famille — Vues de
Paris et des environs, Compiègne, Grenoble, par
Lespinasse, dont plusieurs à l'eau-forte pure.— Por-
traits de Philippe-Égalité, Buffon, par Hubert, Ca-
thelin, Savart, Don Carlos, roi de Naples; Thomas
Gainsborough, par Bartolozzi, S. Gessner, La
Perouse, par Tardieu, avant et avec la lettre, Marie-
Antoinette, d'après Mme Le Brun.

54 pièces.

755 — 1789. Les malheurs d'Orléans, causés par la
débâcle terrible de la rivière de Loire, le 18 janvier
1789, avec une complainte. Chez Bonvalet.

Belle épreuve. Rare.

756 — Vue du chœur de Saint-Paul (de Londres), le
23 avril 1789, au moment qu'on y célébra les actions
de grâces de la Nation, pour l'heureux recouvre-
ment de la santé du Roi, par R. Pollard, d'après
Dayes, grand in-fol.

Très belle épreuve, marge.

757 — Costume de cérémonie de MM. les Députés des
trois ordres. A Paris, chez Basset.

2 pièces différentes, dont une en bistre et l'autre coloriée. —
On y a joint le règlement du 27 avril 1789 sur le costume des
Députés des trois ordres.

758 — Etats-Généraux de 1614. Copie faite en 1789, à
l'occasion des États-Généraux de cette année, par
Picquet, grand in-fol.

Belle épreuve.

759 — 1789. Attroupement au faubourg St-Antoine, le 28 avril 1789, par Lépine et Niquet — Fusillade au faubourg Saint-Antoine, par Pelicier et Niquet.

6 épreuves dont une avant la lettre et trois à l'eau-forte pure.

760 — Vue de la Procession des États-Généraux, à Versailles, le 4 mai 1789. A Paris chez Basset.

Superbe épreuve en bistre, marge.

761 — L'accomplissement du Vœu de la Nation. Vue de la Procession de l'ouverture des États-Généraux sortant de Notre-Dame pour aller à Saint-Louis, prise de la Place Dauphine à Versailles, le 4 mai 1789. Pièce anonyme, grand in-fol.

Très belle épreuve.

762 — Ouverture des États-Généraux à Versailles le 4 mai 1789, par Helman d'après Monnet.

2 très belles épreuves, dont une avant la lettre.

763 — Ouverture des États-Généraux à Versailles le 5 mai 1789. Dédié à la Nation. Se vend à Paris chez Patas.

Très belle épreuve en bistre. Rare.

764 — Ouverture des États-généraux à Versailles le 5 mai 1789. — Constitution de l'Assemblée Nationale le 17 juin 1789, dessiné et gravé par J.-M. Moreau le jeune. (Emm. B. 204-205).

2 pièces, très belles épreuves avant la lettre et avant les noms des députés, grandes marges.

765 — Ouverture des États-Généraux, par Moreau le jeune.

Très belle épreuve avec les noms des Députés.

766 — Mort de Mgr Louis-Joseph-Xavier-François de France, décédé au château de Meudon, le 4 juin 1789, dans la huitième année de son âge. — Apothéose de Monseigneur le Dauphin.

2 pièces, sans noms d'auteurs, gravées à l'aquatinte. Très belles épreuves.

767 — Louis-Joseph-Xavier, dauphin de France, par Dupin d'après Desrais.

Très belle épreuve. Rare.

768 — 1789. Louis-Joseph, 1er dauphin de France, décédé le 4 juin 1789, par Quenedey. — Enfant à cheval sur un dauphin tenant une bannière sur laquelle se trouve le portrait de Madame de France ; pièce de forme ronde, en bistre.

2 pièces. Très rares.

769 — Portraits de David Ballard, curé de Poyré-sur-Velluire, Jacques Jallet, curé de Chérigne, Lecesve, curé de Saint-Triaize-de-Poitiers, par Le Vachez, in-4. — Ce sont ces trois députés du clergé du Poitou qui ont préparé l'union des Trois-Ordres en se rendant les premiers à l'Assemblée nationale, le 13 juin 1789.

3 pièces, belles épreuves.

770 — Assemblée nationale constituée à Versailles, le 17 juin 1789, par N. Ponce, d'après Borel.

Très belle épreuve à l'eau-forte pure et avant l'encadrement.

771 — La même estampe.

2 épreuves, dont une à l'eau-forte pure et l'autre avec la lettre.

772 — Serment du Jeu de Paume, à Versailles, le 20 juin 1789, par Berthaut, d'après Prieur.

2 épreuves, dont une avant toutes lettres.

773 — Serment du Jeu de Paume, à Versailles. Dédié aux Bons Patriotes, dessiné sur les lieux par Flouest. — Le même sujet par Helman, d'après Monnet.

2 pièces, très belles épreuves.

774 — Serment du Jeu de Paume, par Jazet, d'après David, grand in-fol., réduction.

Très belle épreuve. — Avec la légende explicative.

775 — Bravoure des Gardes françaises, le 7 juillet 1789, à Versailles.

Très belle épreuve en bistre.

776 — Motion faite au Palais-Royal par Camille Desmoulins, le 12 juillet 1789, par Berthault, d'après Prieur.

3 épreuves dont une avant la lettre et une à l'eau-forte pure.

777 — 1789. Les Gardes françaises repoussent un détachement de Royal Allemand, commandé par le prince Lambesc, rue Basse-du-Rempart, dans la nuit du dimanche 12 juillet 1789, par Sergent.

> Très belle épreuve en couleur.

778 — Les Motionnaires au Café du Caveau, eau-forte anonyme. — Le prince Lambesc, aux Tuileries, par Guyot.

> 2 pièces, belles épreuves.

779 — Action entre Royal Allemand et un détachement des Gardes françaises en face du Dépôt, le 12 juillet 1789. — Les Troupes du Champ-de-Mars partant pour la place Louis XV. — Le peuple faisant fermer l'Opéra. — Vue du Théâtre de l'Opéra. — Barrière de la Conférence incendiée, par Berthault, d'après Prieur.

> 9 pièces dont trois avant la lettre et deux à l'eau-forte pure.

780 — Pillage des armes au Garde-meuble, le lundi 13 juillet 1789. — Paris gardé par le peuple, la nuit du 12 au 13 juillet 1789. — Pillage de la maison de St-Lazare le 13 juillet. — Prise des armes aux Invalides dans la matinée du 14 juillet, par Berthault, d'après Prieur.

> 8 pièces, dont quatre avant la lettre.

781 — Prise des armes aux Invalides, le 14 juillet 1789.

> Dessin attribué à Duplessis-Bertaux, à l'encre de Chine.

782 — 1789. Vignettes contenant les principaux événements de la Révolution française, gravées à l'aquatinte. — Vignettes de la suite de Raffet. — Vignettes tirées des *Révolutions de Paris.* — Une femme de condition fouettée pour avoir craché sur le portrait de M. Necker, coloriée. — Médaille des Électeurs réunis en 1789, par Gaucher. — Scène patriotique des Gardes françaises in-8°. — Portraits de Bailly, maire de Paris, Mirabeau en couleur et en noir, Camille Desmoulins, Necker,

> 97 pièces.

Révolution. — 1789-1793

783 — 1789. Première attaque et Prise de la Bastille le 14 juillet 1789, pièce anonyme.

.Très belle épreuve en bistre.

784 — Première Attaque du premier Pont-Levis de la Bastille. — Vue du Jardin de la Bastille où se promenaient quelques prisonniers, dessiné d'après nature et gravé par Guyot.

2 pièces en couleur. Très belles épreuves.

785 — Siège de la Bastille, le 14 juillet 1789, dessiné d'après nature et gravé par Girardet. — Prise de la Bastille, par Helman, d'après Monnet, avant la lettre.

2 pièces, très belles épreuves.

786 — Prise de la Bastille, le 14 juillet 1789, dessinée et gravée par C. Thévenin, grand in-fol.

Très belle épreuve.

787 — Prise de la Bastille par les Gardes Françaises et les Bourgeois de Paris, le mardi 14 juillet 1789. A Paris, chez Janinet.

Très belle épreuve en couleur. Rare.

788 — Prise de la Bastille, par Moreau, Berthault, Winkeles et autres.

12 pièces, dont deux avant la lettre et une à l'eau-forte pure.

789 — Délivrance de M. le comte de Lorges, prisonnier à la Bastille depuis 32 ans. — L'Homme au Masque de fer. — Squelette trouvé dans un des cachots de la Bastille, avant toutes lettres.

3 pièces, anonymes.

790 — Arrestation de M. de Launay, gouverneur de la Bastille, par G. Paris.

Eau-forte pure. Très rare.

791 — Mort de Flesselles, prévost des marchands, par Berthault et autres. — Arrestation de M. de Launay, gouverneur de la Bastille, par Berthault. — Scène dans l'intérieur de la Bastille, pendant la journée du 14 juillet 1789, par Hardener. — Plans divers de la Bastille.

13 pièces, dont trois avant la lettre.

792 — 1789. L'Heure première de la Liberté, par L.
Carpentier.

Très belle épreuve en bistre. Très rare.

793 — La Journée mémorable du 14 juillet 1789; le
Peuple arrivant sur la place de l'Hôtel de Ville,
pièce anonyme.

Belle épreuve en bistre.

794 — Les Patriotes portant au bout d'une pique les
têtes de M. de Launay, gouverneur de la Bastille et
de Flesselles, prévôt des marchands : c'est ainsi
qu'on se venge des traîtres. — Ils sont morts pour
la Liberté Française. Allégorie gravée le lendemain
même de la prise de la Bastille; c'est le premier
monument qui ait consacré ce mémorable événement. Rarissime.

3 pièces.

795 — Canons de Paris portés à Montmartre le 15
juillet 1789. — Alerte de la nuit du 14 au 15 juillet
1789, par Berthault, d'après Prieur.

7 pièces dont quatre avant la lettre et une à l'eau-forte pure.

796 — M. Bailly, maire de Paris, présentant au Roi les
clefs de la ville à la Barrière de la Conférence le
17 juillet 1789, Paris, chez Basset. — Le même
sujet plus petit, en contre-partie.

2 pièces, belles épreuves coloriées.

797 — La Journée à jamais mémorable aux Français
où Louis XVI, restaurateur de la Liberté Française,
se rendit à l'Hôtel de Ville le 17 du mois de juillet
1789, pièce anonyme.

Belle épreuve imprimée en bistre. Très rare.

798 — Copie de la pièce précédente.

Belle épreuve, coloriée du temps, toute marge.

799 — Cocarde royale et de la Liberté.

Très belle épreuve coloriée, avec la légende imprimée au-
dessous.

800 — Vive le Roy. Récit d'un invalide chez un fermier
de la Haute-Normandie en montrant une image
représentant le portrait de Louis XVI, par Aug.
Legrand, d'après Debucourt.

Très rare épreuve à l'eau-forte pure avant toutes lettres et
avant la bordure.

801 — 1789. La même Estampe.

Très belle et rare épreuve avec la lettre, mais avant les changements faits plus tard.

802 — La même Estampe, avec le titre : Aux braves habitants des Chaumières, reception du décret du 18 floréal ; le portrait de Louis XVI a été enlevé et on a ajouté en haut deux images représentant la liberté et l'égalité. — La même estampe avec un nouveau titre : La joie du peuple français à l'annonce du traité de paix avec l'Empire ; l'image de la Liberté a été remplacée par le portrait de Bonaparte.

2 pièces, très belles épreuves.

803 — La Noblesse tirée d'embarras par le Clergé ou aventure de la Dame Polignac à Sens. A Paris, chez Le Vachez.

Très belle épreuve en bistre. Rare.

804 — Pillage de l'Hôtel de Ville de Strasbourg. A Strasbourg, chez Devère.

Pièce coloriée. Très rare. — Plus une vignette : Insurrection de Strasbourg.

805 — Le Peuple délivrant les Gardes françaises à l'Abbaye St-Germain. — M. de Lambesc entrant aux Tuileries avec un détachement de Royal-Allemand. — Les Bustes de M. d'Orléans et Necker portés à la place Louis XV. — Les Gardes françaises sauvant M. du Chatelet, leur colonel, de l'effervescence populaire.—Les troupes du Champ-de-Mars partant pour la place Louis XV. — Paris gardé par le Peuple. — Le Roi arrivant à l'Hôtel de Ville. — Supplice de Foulon à l'Hôtel de Ville, par Berthault, d'après Prieur.

18 pièces, dont onze avant la lettre.

806 — Service funèbre des Citoyens morts au Siège de la Bastille, discours prononcé par l'abbé Fauchet, le 5 août 1789.— Bateau de poudre arrêté au Port St-Paul. — Canons amenés de Chantilly à Paris. — Bésenval conduit dans un vieux Château fort à Brie-Comte-Robert — Offrandes faites à l'Assemblée Nationale par les Dames artistes, par Berthault, d'après Prieur.

14 pièces, dont huit avant la lettre et une à l'eau-forte pure.

807 — 1789. Bénédiction des Drapeaux de la Garde Nationale parisienne à Notre-Dame, le 27 septembre 1789.
— Orgie des Gardes du corps dans la salle de l'Opéra
de Versailles. — Les Dames de la Halle partant
pour aller chercher le roi à Versailles. — Le Roi
promettant de venir à Paris avec sa famille. — Le
Roi arrivant à Paris avec sa famille, escorté de
plus de trente milles âmes, par Berthault, d'après
Prieur.

11 pièces, dont six avant la lettre.

808 — Assemblée Nationale. Abandon de tous les Pri-
vilèges, dans la nuit du 4 au 5 août, par Helman,
d'après Monnet.

2 très belles épreuves dont une avant la dédicace.

809 — Déclaration des Droits de l'Homme, par L. Laurent, d'après Le Barbier l'aîné. — Le même sujet
dessiné et gravé par Niquet le jeune.

2 pièces, belles épreuves.

810 — Exécution de la sentence rendue par la Milice
bourgeoise de Civray en réparation de l'injure faite
à la nation par le C... qui avait attaché la Cocarde
Nationale à la queue de son chien.

Très belle épreuve.

811 — Monument élevé à Rennes au Champ de Mont-
morin pour la fête patriotique donnée par les habitants aux militaires en garnison dans la Ville le
12 août 1789, gravé par Mondhare.

Très belle épreuve coloriée. Rare.

812 — Avis aux perturbateurs du bon ordre, par feu
Bordier, mort en l'air à Rouen, le 21 août 1789.

Très belle épreuve. — Plus deux vignettes.

813 — Pierre-Ancise rendu aux Citoyens en août 1789,
pièce anonyme.

2 pièces en bistre, dont une en réduction de l'autre.

814 — La Quêteuse citoyenne. — Oh ! bravo, Mesdames,
c'est donc votre tour.

2 pièces coloriées.

815 — Représentation des Drapeaux de la Garde Nationale de Paris.

30 planches coloriées, en un vol. dem.-rel.

816 — 1789. Liste de Messieurs les députés à l'Assemblée Nationale législative de 1789 et 1790, par Godefroy, d'après Monnet, grand in-fol.

2 épreuves dont une très rare à l'eau-forte pure.

817 — Allégorie à la Gloire de la Nation française avec la liste des députés à l'Assemblée Nationale, dessiné et gravé par Audouin, grand in-fol.

Très belle épreuve.

818 — Honneurs rendus à la pauvreté en l'église de St-Jacques de la Boucherie le 20 septembre 1789. — Orgie des Gardes du corps dans la salle de l'Opéra à Versailles le 30 septembre 1789. — Lefebvre menaçant d'incendier l'Hôtel de Ville en mettant le feu à des barils de poudre. — A Versailles, à Versailles ! — Le même sujet, très petit médaillon.

5 pièces, dont quatre coloriées.

819 — Départ de la Milice Bourgeoise pour Versailles le 5 octobre 1789. A Londres, chez B. Van der Gucht et J. White.

Très belle épreuve en couleur. Rare.

820 — Bravoure des Femmes parisiennes à la journée du 5 octobre 1789, par Ph. Caresme.

2 pièces, avec des différences dans la lettre.

821 — Retour des Héroïnes parisiennes après l'expédition de Versailles. A Paris, chez M. Dufour. — Fraternité des soldats de Versailles lors de leur arrivée à Paris, le 6 octobre 1789. — La journée mémorable du lundi 5 octobre.

3 pièces coloriées. Rares.

822 — L'Entrée du Roi et de la Famille Royale à Paris, le 6 octobre 1789, par d'Argent.

Très belle épreuve.

823 — Arrivée du Roy à Paris, par Guyot.

Très belle épreuve en noir, toute marge.

824 — Généreux dévouement des Gardes Nationales parisiennes au service de la Patrie ; allégorie en forme de médaille, gravée par J.-B. Louvion.

Très belle épreuve.

825 —1789. Audience du Roi et de la Reine, accordée à la
veuve de l'infortuné François Boulanger, massacré
par la populace, le 21 octobre 1789. — Cruautés exer-
cées à Gand sur les Brabançons.

    2 pièces coloriées.

826 — Exposition de 1789, à Londres, par Martini, d'a-
près Ramberg.

    Très belle épreuve, marge.

827 — Don patriotique des Dames chanoinesses de
Maubeuge, le 24 novembre 1789. — Don patriotique des Dames artistes à l'Assemblée Nationale,
de leurs joyaux et bijoux, par Guyot.

    2 pièces ovales en couleur, très belles épreuves.

828 — Monument à la gloire de Louis XVI, par Vangé-
listy, d'après Monsiau, grand in-fol.

    3 épreuves avec beaucoup de changements : la première
épreuve est avec la statue de Louis XVI; la seconde avec celle
de la Liberté, et la troisième avec la statue de Bonaparte.

829 — Procession royale dans l'église de St-Paul à
Londres, le jour de la Saint-Georges 1789, par
Neagle, d'après Dayes, grand in-fol.

    Très belle épreuve.

830 — Vues du château et du Parc de Versailles par
Lespinasse.

    15 pièces dont cinq avant la lettre et cinq à l'eau-forte pure.

831 — Allégorie sur Marie-Antoinette. Le Vice la ca-
lomnie, la Vertu la soutient. Estampe en forme
de médaille.

    Très belle épreuve en bistre, fond bleu. Très rare.

832 — Anecdote du jour, par P. Bazin. — Monument pour
Paris; pièce allégorique avec portraits de Louis XVI
et de Necker et les vues de différents monuments de
Paris.

    2 pièces.

833 — Allégories sur Necker : La Vérité triomphante,
à Paris, chez Guyot. — Le Retour de M. Necker, à
Paris, chez Vallée. — Vertu surmonte tous obstacles.
— Il voudrait abattre ce qui le soutient.

    4 pièces, très belles épreuves en bistre.

834 — 1789. Allégories. M. de La Fayette commandant de la Garde Nationale parisienne reçoit des mains de la Ville (de Paris) l'épée de la Défense de la liberté. — La Nation française, assistée de M. de La Fayette, terrasse le Despotisme et les Abus du règne féodal.

2 pièces coloriées. Très rares.

835 — Constitution d'Angleterre ou le Triomphe du ministre Pitt.

Très belle épreuve.

836 — Le Calculateur patriote.

5 pièces différentes, gravées à l'aquatinte.

837 — Allusion aux Informations des Journées des 5 et 6 octobre 1789, pièce sur Boucher d'Argis.

2 épreuves en couleur, dont une très belle — Plus une copie.

838 — Magicienne consultée sur la Révolution de 1789, pièce anonyme gravée à l'eau-forte. — Le même sujet, composition un peu différente, coloriée.

2 pièces.

839 — Convoi de très haut et très puissant seigneur des Abus, sous le règne de Louis XVI, pièce anonyme, grand in-fol. — Le même sujet, réduction en contre-partie.

2 pièces, très belles épreuves en bistre. — Plus une copie.

840 — Char symbolique sur lequel sont groupés les Députés de la Ville de Paris à l'Assemblée Nationale, avec leurs noms. A Paris, chez Guyot.

Très belle épreuve coloriée. Rare.

841 — Trois chars symboliques sur lesquels sont groupés : sur le premier, les Députés de la Noblesse de Paris ; sur le second, les Députés du Clergé et sur le troisième, les Députés du Tiers-Etat, avec leurs noms gravés au-dessous. A Paris, chez Guyot.

3 pièces, très belles épreuves coloriées. Rares.

842 — Aux trois obstinés. Pièce satyrique sur la scission des Trois Ordres qui siègent séparément. — Touchez là, Messieurs, je savais bien que vous seriez des nôtres. Pièce sur la réunion des Trois Ordres.

2 pièces, très belles épreuves en bistre.

843 — 1789. Trois têtes sous le même bonnet. — La France reçoit des Trois Ordres les vœux de toute la nation et les présente à Louis XVI et à M. Necker. — Le Globe de la France sous les auspices de la Justice est supporté par le Tiers-État aidé de la Noblesse et du Clergé. — La France figurée par un globe est soutenue par le Peuple, la Noblesse et le Clergé aident au premier.

4 pièces sur la réunion des trois Ordres ; belles épreuves en bistre.

844 — Les Trois Ordres avec leurs attributs sous le niveau. A Paris, chez Crépy. — La réunion fait la force.

2 pièces, très belles épreuves en bistre.

845 — A la bonne heure, chacun son écot...

Très jolie pièce anonyme sur les trois Ordres, grande marge.

846 — Chars symboliques sur les Trois Ordres. — Monsieur des Trois Etats. — Madame des Trois Etats — Le Niveau national. — Le Perruquier patriote. — Par moi vous êtes tous frères.

7 pièces dont cinq coloriées et deux en bistre.

847 — Pièces sur les Trois Ordres : Mieux vaut tard que jamais. — Le conclusum de la Diète. — Le Triomphe des Trois Ordres. — Réunion des Trois Ordres, le 4 août 1789 ; en supportant tous également ment chacun a moins de peine. — La Réunion des Trois Ordres ou le parfait accord. — Patience... çà ira, y n'faut qu's'entendre. — Vive la danse et le Pas de trois.

7 pièces en bistre et en noir.

848. — Trois têtes sous le même bonnet. — Le serment de réconciliation des Trois Ordres. — Tôt. tot, tot, battez chaud. — Le conclusum de la Diète. — Allégorie dédiée au Tiers Etat. — Un seul fait les trois. — Voilà le mot.

9 pièces en noir et coloriées.

849 — Il faut que tout le monde vive.

Très jolie pièce sur les trois Ordres, anonyme.

850 — La Marche des petits patriotes. — Le point d'honneur, par Orrebow, d'après Béricourt.

2 petites pièces en couleur, très belles épreuves.

851 — 1789. Pièces satiriques et caricatures. Réveil du Tiers-Etat. — Vive la Liberté. — La Nouvelle taille. — Adieu, Bastille, adieu. — Abus à supprimer, par Dessal. — Le Despotisme terrassé.

9 pièces en bistre et coloriées.

852 — Les Trois fumeurs. — Ma finte, Monsieur, je crois que vot habit d'officier m'irais ben. — Il faut faire trois choses. — Palsangué ! M. l'curé v'la l'coup.

4 pièces coloriées.

853 — Le Temps passé, les plus utiles étaient foulés aux pieds. — Le grand abus.

2 petites pièces ovales, en couleur, très belles épreuves.

854 — L'OEuf à la Coque. — Honni soit qui mal y voit.

2 pièces anonymes, très belles épreuves en bistre.

855 — Bertrand et Raton : *sic vos non vobis*. — Prise d'Habit au château de Bicêtre. — Il voudrait abattre ce qui les soutient.

3 pièces, très belles épreuves en bistre.

856 — Saute marquis... et toi hypocrite.

Pièce anonyme, très belle épreuve en bistre.

857 — Je vous l'avais bien dit, M. l'abbé, qu'il fallait mieux plier que de rompre. — A faut ben espérer que s'jeu là finira bentot. — J'savais ben qu'jaurions not tour. — Le temps passé n'est plus. — Le jeu de quilles. — Cette fois-ci la justice est du côté du plus fort. — Honni soit qui mal y voit. — L'Homme de village. — Palsangué, Messieurs, v'la le coup.

12 pièces coloriées.

858 — Rendez donc à César ce qui est à César. — L'Enterrement de très haut, très puissant et magnifique Seigneur Clergé, décédé en la salle de l'Assemblée nationale, le jour des morts 1789. — La Culbute. — Un barbier rase l'autre. — Nuit du 4 au 5 août 1789, ou le Délire patriotique. — L'Égalité de la nature dans les Trois Ordres. — L'Allégorie est assez claire pour se passer de commentaire.

7 pièces coloriées.

859 — 1789. A bas les impôts. — La querelle des Chats
et des Rats de cave. — Recette pour faire périr les
Rats de cave ; caricatures contre les Fermiers
Généraux. — De la milice, délivrez-nous, Seigneur.
— De la visite des commis de Barrière, d. n. S. —
Des suppôts de la chicane, d. n. S.

7 pièces coloriées.

860 — Réforme de différents droits féodaux et de
la dîme, le 11 aoust 1789. — Courage, frère Blaise.
— Le dentiste patriote. — Ils ne m'ont laissé que
des chicots. — Caron refusant de passer les aristocrates.

5 pièces.

861 — Je suis député du Tiers. — Je suis citoyen. —
Quod sum.

3 pièces, très belles épreuves, en bistre.

862 — Ils ne voulaient que notre bien. — Ils ne m'ont
laissé que deux chicots. — L'abbé Vue, l'abbé
Dainé et autres , caricatures sur le clergé.

8 pièces coloriées.

863 — La confession de deux personnes connues, caricature sur Marie-Antoinette. — Nouvelle place
de la Bastille. — L'aristocratie écrasée. — M. B...
prenant une leçon d'escrime en attendant l'audience. — Soyez libres, vivez. — Le Restaurateur
embarrassé. — Une grande partie du peuple a été
témoin du juste châtiment de l'abbé Insolent. —
V'là un grand pas de fait. — Deux Vignettes contre
Marie-Antoinette, publiées en juillet 1789.

13 pièces en noir et coloriées.

864 — Caricatures et pièces satiriques. Le Bâton de
Maréchal qui tombe du ciel au Général. — Eh ! donc
coqco... — Allons, plus de distinction, ce malheur
commun nous rend égaux. — Hélas, pardonnez, je
vous prie, des mouvements de curiosité. — Je crois
que cette bourrasque nous emportera ; suppression du Parlement. — L'Astronome B.... en obser-
vant les astres, se laisse tomber dans un puits. —
Ils ne voulaient que notre bien. — Le Départ de la
Ste-Famille. — L'abbé Quille allant publier ses
ouvrages au Lycée des Arts. — Le Dentiste national. — La Romaine aristocratique. — Ho ! moi, je

me connais plus en argent qu'en esprit. — La Société des vendeurs d'argent. — Au voleur, à l'assassin ou les accapareurs d'argent. — Balance éligible du marc d'argent.

18 pièces, la plupart coloriées.

865 — 1789. Portraits et caricatures sur le duc d'Aiguillon : Passe ! salope, ci-devant duc d'Aiguillon.

8 pièces.

866 — Portrait de Joseph Arné, grenadier de la compagnie de Résuvelles ; au-dessous : l'Arrestation du Gouverneur de la Bastille, par Mixelle, d'après Beauvais.

Très belle épreuve en couleur.

867 — Portrait d'après nature du sieur Harné, natif de Dôle, grenadier aux Gardes françaises, qui a monté le premier à l'assaut et arrêté le Gouverneur de la Bastille le 14 juillet 1789. — Portrait du sieur Humbert, natif de Langres, compagnon horloger, qui a monté le deuxième à l'assaut, à la Prise de la Bastille.

2 pièces coloriées. Très rares.

868 — Portraits d'après nature d'Arné et Humbert, sur la même feuille. — J.-B. Crétaine, âgé de 60 ans, emmenant prisonnier le major de la Bastille le 14 juillet 1789.

2 pièces coloriées. Très rares.

869 — Bailly, maire de Paris, par Miger, d'après Boizot.

2 épreuves dont une avant la lettre.

870 — Portraits de Bailly, par P.-M. Alix, en couleur, par Claëssens, avant et avec la lettre, par Lecœur. Miger, Sergent, Vérité et autres.

13 pièces.

871 — Le baron de Besenval, en pied, par Carmontelle.

Très belle épreuve avant toutes lettres, le nom du graveur à la pointe, marge.

872 — Le Marquis de Launay, Gouverneur de la Bastille, par Chenon père, d'après le comte Cagliostro.

Très belle épreuve en bistre. Rare.

873 — 1789. Camille Desmoulins, député à la Convention Nationale, par Et. B., d'après Boze.
>Superbe épreuve, marge.

874 — Le duc de Duras, pair de France, par Dambrun, d'après Quéverdo.
>Très belle épreuve.

875 — François Laplanche, détenu pendant onze ans et ensuite déclaré innocent; médaillon, entouré de figures allégoriques, gravé par Gaultier, d'après le Chev. de Bérainville, in-fol.
>Très belle épreuve en couleur.

876 — Henri Masers de la Tude, détenu pendant 35 ans dans diverses prisons d'Etat, par Vestier. — Seconde évasion de la Bastille de M. de la Tude, ingénieur. A Paris, chez Basset.
>3 pièces.

877 — De La Rochefoucauld-Liancourt, par Monsaldi, in-fol.
>Très belle épreuve, lettres grises. Rare.

878 — Louis XVI, roi de France, par Sergent. — Le même personnage, par Noreipa.
>2 pièces.

879 — Honoré Gabriel Mirabeau, par P.-M. Alix.
>Très belle épreuve en couleur.

880 — Monseigneur le Duc d'Orléans (Philippe-Egalité), par P.-L. Debucourt.
>Superbe épreuve en couleur, toutes marges.

881 — Le même portrait.
>Très belle épreuve en couleur.

882 — Mme de Polignac, par le comte de Paroy, d'après Mme Le Brun.
>Très belle épreuve montée en dessin.

883 — La duchesse de Polignac, par Fisher, d'après Mme Le Brun. — Le même portrait gravé à Londres par Smith. — Autre, par Vérité.
>3 pièces, très belles épreuves.

884 — 1789. Bouquet du Roi pour le 25 août 1789, présenté par la Municipalité de Versailles, 8 pages de texte. — Exécution de la sentence rendue par la milice bourgeoise de Civray. — A la mémoire de Mme la duchesse de Polignac. — Vignettes de différentes suites, sur les journées de la Révolution.— Portraits de l'abbé Maury, Joseph Arné, par Montfort, Camille Desmoulins, l'abbé Fauchet, par Mlle Croisier et autre, Michel Gérard, J.-B. de Gribeauval, A. de Lafarre, le duc de La Rochefoucauld Liancourt, par divers, l'abbé de l'Epée, Mirabeau par divers, Necker, d'Ormesson, premier président du Parlement de Paris, Joseph Vernet.

76 pièces.

885 — 1790. Serment civique du village de N.... en février 1790, grand in-fol.

Très beau dessin par Rozier, à l'encre de Chine légèrement lavé d'aquarelle. Signé.

886 — La gravure du sujet précédent, par Génisson. A Paris chez Derosier.

Très belle épreuve en bistre.

887 — Le Peuple rassemblé le 18 mars 1790 sur la Place d'armes à Strasbourg, pour prêter solennement le serment civique, demande la grâce du Chef de l'insurrection qui avait eu lieu dans cette ville le 22 juillet 1789, gravé sous la direction de Patas.

Très belle épreuve, grandes marges.

888 — Travaux du Champ-de-Mars.

Dessin à l'encre de Chine. — On y a joint la gravure.

889 — Les Premiers Martyrs de la Liberté française ou le Massacre de la Garde nationale de Montauban, le 10 mai 1790, par J.-B. Simonet d'après Espinasse, grand in-fol.

Superbe épreuve avant toutes lettres, grandes marges.

890 — La même estampe.

Très belle épreuve.

891 — Cocarde tricolore contenant le serment fédératif, par Le Vachez.

Très belle épreuve en couleur, grandes marges. — Plus une vignette : Confédération des Français.

892 — 1790. Médaille du Département de Paris : Fidèle
à la Nation, à la Loi, au Roi. — Le serment des
Horaces : Vivre libre ou mourir.

 2 petites pièces rondes, très belles épreuves en couleur. Rares

893 — Signal du Serment civique donné par M. de La
Fayette, le 14 juillet 1790. — Prestation du Serment
civique au Champ-de-Mars. — Médaille : la France,
accompagnée de la Liberté et de Minerve, vient
complimenter M. de Lafayette.

 3 petites pièces rondes et ovale, en couleur.

894 — Vue perspective du Champ-de-Mars, jour du
Serment civique prononcé par la Nation française
assemblée à Paris, le 14 juillet 1790, par J.-B. Chapuy, d'après Le Roy.

 Très belle épreuve en couleur.

895 — Vue Générale de la Fédération française, prise à
vol d'oiseau au-dessus de Chaillot, par Chataignier,
d'après Cloquet.

 Très belle épreuve. Très rare.

896 — Fédération des Français, dédié aux Gardes Nationales de France, avec la liste du nombre de fédérés
des différents départements, gravé par Giraud le
jeune, d'après Meunier.

 Très belle épreuve.

897 — Confédération des Départements du Nord, de la
Somme et du Pas-de-Calais, faite à Lille le 14 juillet
1790, par Helman, d'après L. Watteau fils.

 Très belle épreuve.

898 — Projet d'un Monument à ériger pour le roi, par
F. Janinet, d'après de Varène.

 Très belle épreuve en couleur.

899 — Confédération des Français au Champ-de-Mars,
par Girardet, avant la lettre et eau-forte pure. —
Entrée de l'Assemblée Nationale et des députés à la
Confédération générale, par le même. — Fédération
générale des Français, par Helman, d'après Monnet.
— Confédération nationale du 14 juillet 1790; à
Paris chez Basset, coloriée. — Vue perspective de
l'Ecole-Militaire et du Champ-de-Mars, par Née et
Masquelier, d'après Lespinasse, avant la lettre.

 6 pièces, très belles épreuves.

900 — 1790. Le jeune Désilles à l'affaire de Nancy, le 31 août 1790, par P. Laurent, d'après Le Barbier. — Héroïsme du jeune Désilles, par Godefroy.—Désilles présenté par Minerve à Henri IV, aux Champs-Élysées, par R. Girard. — Mort de Désilles, par Berthault, avant et avec la lettre. — Vignettes.

10 pièces.

901 — Apparition d'Henri IV à Louis XVI ou la vérité découverte, par Texier. — La Régénération de la Nation française en 1789, par Bance. — Serment fédératif et national prononcé au Champ-de-Mars le 14 juillet 1790. — Projet d'un monument pour consacrer la Révolution, par F.-N. Sellier. — Vue d'un rocher élevé dans le centre du camp de Fédération tenu sous les murs de la ville de Lyon, le 30 mai 1790, par Gentot.

5 pièces, belles épreuves.

902 — La visite du Jour de l'An au Roi avec le quart de leur revenu. — Tombeau des ossements des prisonniers de la Bastille, dans le cimetière de St-Paul. — Projet d'une pyramide à élever aux soldats de Nancy, par Palloy. — Les travaux du Champ-de-Mars, à Paris, chez Basset.

6 pièces en noir et coloriées.

903 — Fêtes du couronnement de Léopold, empereur des Romains, à Presbourg, le 15 novembre 1790. A Vienne, chez Artaria, in-fol.

4 pièces coloriées, très belles épreuves.

904 — Tableaux de la Révolution française, par Berthault, d'après Prieur.

31 pièces, dont treize avant la lettre et trois à l'eau-forte pure.

905 — Coëffure aux charmes de la Liberté. — Coëffure à la Nation. — Coëffure sans redoute. — Coëffure à l'Espoir. A Paris, chez Depain. — Mlle Pompon regrettant les Fédérés.

5 pièces coloriées.

906 — Le jeune patriote. — La jeune patriote, par Schleigh.

2 pièces, très belles épreuves.

907 — 1790. Le marquis de La Fayette reçoit des mains
de la Prudence la couronne de l'Immortalité.

> 2 très belles épreuves coloriées, dont une avant la lettre.

908 — L'Amour au couvent, pièce anonyme en couleur. — L'Amour triomphant, en noir.

> 2 pièces.

909 — Caricatures. Vie très croyable d'un Moine. — Les
Moines en train. — Réjouissance d'un monastère.
— Jésus-Christ sur la montagne.

> 6 pièces en noir et coloriées.

910 — Ils sont passés ces jours de fêtes. — L'abbé dé-
rangé ou chacun son tour. — Comité privé de
MM. les procureurs au Parlement de Paris. —
Etrennes du Tiers-Etat au Clergé. — Rosine, Rosine, je jure que je t'adore.

> 6 pièces coloriées.

911 — On me rase aujourd'hui, je me marie de-
main. — Décret de l'Assemblée nationale qui
supprime les Ordres religieux. — Le Tiers-Etat
mariant les religieux avec les religieuses. —
Le Joli moine. — La provision échappée. — Le
déménagement du Clergé. — M. le Juif voulez-
vous faire une emplette de cet habit de capucin. —
Provision for the convent.

> 12 pièces coloriées et une en noir.

912 — Sujet de la Sainte colère de l'évêque du Calvados contre les prêtres réfractaires. — Le paysan
goguenard.

> 3 pièces.

913 — Le Tiers-Etat; C'est ici que les premiers sont
les derniers. — Le grand mal de cœur de Monseigneur. — Après une si grosse indigestion, les médecins de la Nation vous ordonnent la diète. —
L'Abbé Grimaud pleure ses bénéfices. — Voilà ce
que c'est que d'en avoir trop. — Au gagné-petit.
— Vanité des vanités. — Vous êtes razé Monsieur
l'Abbé.

> 11 pièces coloriées.

914 — 1790. La Rage parlementaire ou d'Epréménil dans son élément. — Les deux Diables en fureur. — Avec de la patience on vient à bout de tout. — Rien n'est plus certain, ils filent leurs cordes. — La marque des sots.

6 pièces coloriées.

915 — Danse aristocrate. — L'onguent national. — Le Voyageur ou les Echasses. — Grognard dit le sanguinaire major-général des Jacobins. — Le Père Oquet, fameux prédicateur capucin. — Le Ventilateur. — Il faut donc mourir puisqu'il n'y a plus de son. — Patience, monseigneur, votre tour viendra. — La marque des sots. — Le Père Nicieux, jacobin. — Brise-fer, capitaine. — Le Père Vers, jacobin. — Rien n'est plus certain, ils filent leurs cordes.

13 pièces coloriées.

916 — Eh bien J... F... diras-tu encore vive la Noblesse. — L'Aristocrate. — La Démocrate. — La Démocrate tenant les Droits de l'Homme.

5 pièces, dont une coloriée.

917 — Le Corps aristocratique sous la figure d'une femme expirant dans les bras de la Noblesse. — L'Aristocratie à l'agonie. — Pauvre mourant, quelle est donc ta folie? — En reviendra-t-elle. — Halte-là! plus d'aristocratie. — Cauchemar des Aristocrates.

5 pièces coloriées et une en noir.

918 — L'Aristocrate charlatan. — Polichinelle vainqueur des Aristocrates. — Le Français d'autrefois; le Français d'aujourd'hui. — Assemblée des Aristocrates. — Séance du 19 juin 1790. — Ma finte, pour ce coup-cy y n'en reviendront jamais. — L'Instituteur des Aristocrates. — Le Maître de danse des Aristocrates. — Le géant Iscariote, aristocrate.

11 pièces coloriées.

919 — Le Chasseur patriote. — La Chasse aux Aristocrates. — Ah! ça ira, les Aristocrates à la raison.— Les Aristocrates aux diables. — Le Français d'aujourd'hui. — Le Français d'autrefois.

6 pièces coloriées et une en noir.

920 — 1790. Le Patriotisme armé protégera la Liberté légale. A Paris chez Joly.

Très belle épreuve en bistre.

921 — Cupidon, tambour-major national, à Paris, chez Driancourt.

Belle épreuve, avec des couplets autour.

922 — L'Enragé ou l'Avocat des Aristocrates. — Le Modéré ou l'Avocat du peuple. — Chassez le naturel, il revient au galop. — Frappez fort, nous le connaissons. — L'abbé Sang-Suré s'en retournant à Péronne.

6 pièces coloriées.

923 — Punition de J.-F. Maury et courroux de son père. — La rage souffle par sa bouche et l'enfer est dans son cœur. — Retour de l'abbé M... chez son père. — Eh ! l'abbé, l'abbé, prends garde à la lanterne.— Les Voyageurs de nuit. — Encore eut-il mieux valu prier que rompre. — Les Aristocrates à Lanterno-polis. — L'abbé revenant du pays des lanternes. — Histoire véritable arrivée à l'endroit d'un nommé Roux, fils d'un cordonnier, avec une complainte.

11 pièces, dont neuf coloriées.

924 — Camus, l'homme aux assignats : émission de 800 millions d'assignats, 20 septembre 1790.

Belle épreuve. Rare.

925 — L'impayable rentier de l'Etat ; que ne suis-je camus ? — Les fripons craignent les réverbères. — Camus, Taleyrand et Rabaut Saint-Etienne. — Cas des assignats chez l'Etranger.

5 pièces. Rares.

926 — Conduite du clergé en 1790. — Messieurs les Noirs lancent leur venin anti-constitutionnel contre les décrets de l'auguste Assemblée Nationale sur l'abolition des pouvoirs temporels du clergé. — La Dévideuse patriotique.

3 pièces dont deux coloriées.

927 — Caricatures diverses.

22 pièces en noir et coloriées.

928 — Portrait de Isidore Agasse, par Phélippeaux.

Très belle épreuve en couleur.

929 — 1790. M. L. Du Port-Dutêrtre, ministre de la Justice, par Macret, d'après Tassy.

Très belle épreuve.

930 — Le docteur Francklin couronné par la Liberté. — Portraits de Benjamin Francklin, par Cathelin, in-fol., par Le Beau et Saint-Aubin.

5 pièces.

931 — Portraits de Joseph II, par Cathelin, Hubert, Schultze, Houbraken et autres. — L'empereur Joseph II et son état-major, par Chr. de Mechel. — Bienfaisance de Joseph II, avant la lettre.

8 pièces.

932 — Le baron de Loudon, général autrichien, par J. Adam, Duflos, Bentely et Tardieu.

6 pièces, très belles épreuves.

933 — Louis XVI. — Marie-Antoinette, d'après Mme Le Brun, par Coqueret.

2 pièces, très belles épreuves, grandes marges.

934 — Mounier travesti en jockey, désertant l'Assemblée nationale.

3 pièces différentes, dont une en couleur.

935 — Portraits de Necker, par Le Beau, De Launay, Dambrun, Bonneville, Saint-Aubin et autres.

17 pièces, dont une en couleur.

936 — Henri-Ch. Van der Noot, avocat au Conseil souverain de Brabant, par F. Bartolozzi.

2 pièces, très belles épreuves en bistre, dont une avant la lettre.

937 — Messire Henri Van der Noot, ministre plénipotentiaire du Brabant. A Paris, chez Bance.

Très belle épreuve en couleur.

938 — Louis XVI prononce un discours pour le bonheur du peuple, par N. De Launay, d'après Borel. — La Honte du forfait n'est que pour le coupable, par Godefroy. — Le massacre de la Garde nationale de Montauban, par Simonet, in-fol. — Les travaux du Champs-de-Mars, par Girardet. — Pacte fédératif des Français, par le même. — Hommage à la deuxième législature. — Vignettes sur les événements de la Révolution. — Médailles.

78 pièces.

939 — 1790. L'empereur Joseph II et son état-major, par
Chr. de Mechel. — Portraits de Michel Camus, député
de Paris, Cazalès, Duval d'Espréménil, Anacharsis
Clootz, Jean Espariat, Mahy de Favras, Francklin,
Lafayette, l'abbé Maury, en noir et en couleur,
J. Monneron, par Quenédey, Ch.-Ant. Séguin,
M. de Pompignan, F.-H. de Virieu, le comte de
Van der Noot.

    40 pièces.

940 — 1791. Journée des Chevaliers du poignard, 28 février 1791, par Jourdain.

    Très belle épreuve avant toutes lettres.

941 — Dernières paroles de Mirabeau, par Délaunay,
d'après Borel, avant et avec la lettre. — Mirabeau
sur son lit de mort, s'occupe dans ses derniers
moments du bonheur de ses concitoyens ; à Paris
chez M. Jaufret.

    3 pièces, belles épreuves.

942 — La Fuite à dessein, ou le Parjure Louis XVI ; à
Paris chez Guyot.

    Très belle épreuve.

943 — Fuite et arrestation de Louis XVI à Varennes,
par Vinkeles.

    Très belle épreuve avant la lettre. — Plus une vignette repré-
sentant le même sujet.

944 — Journée du 25 juin 1791 ; le Roi arrivant de
Varennes à Paris, par P.-F. Germain.

    Très belle épreuve.

945 — Louis XVI à l'Assemblée nationale accepte
solennellement la Constitution, le 14 sept. 1791,
par David, d'après Le Jeune.

    Très belle épreuve à la sanguine.

946 — Le Pacte national, par Leclerc. — Hommage
rendu aux vues bienfaisantes de l'Assemblée nationale constituante et à la Loyauté de Louis XVI,
par Aug. de St-Aubin.

    2 pièces, très belles épreuves.

947 — Fait historique arrivé à Avignon le 30 oct. 1791 ;
massacre par les soldats de Jourdan à la Glacière,
pièce anonyme.

    Belle épreuve.

948 — 1791. Le Fanatisme corrigé ou la Discipline patriotique ; à Paris chez Villeneuve. — Le même sujet, vignette.

2 pièces dont une en couleur.

949 — Révolution de Pologne ; le peuple polonais se porte en foule dans la boutique d'un marchand de cocardes tricolores. — Un Polonais debout devant un homme assis et enchaîné : Que faites-vous ? Je chante la Liberté.

2 pièces coloriées.

950 — Evénements de la Révolution, par Berthault, d'après Prieur.

22 pièces, dont plusieurs avant la lettre.

951 — La belle Alsacienne en costume français qui fait jouer son Emigrant. — Jeune brabançonne vêtue à la française tenant son fils qui fait jouer son Emigrant. — Rage et désespoir du Petit Electeur de Trèves, — La Vérité triomphe toujours avec le temps, par M. A. Croisier.

4 pièces, dont trois coloriées.

952 — Jeu de la Révolution française, tracé sur le plan du Jeu d'oye.

Très belle épreuve coloriée, toute marge.

953 — La Coalition. — L'Unisson, par E.-A. Gibelin.

2 pièces, très belles épreuves.

954 — Mirabeau arrive aux Champs-Elycées, par Masquelier, d'après Moreau le jeune.

Superbe épreuve avant la lettre, grandes marges. — Plus une épreuve avec la lettre.

955 — Pièce allégorique sur le transport des Cendres de Voltaire au Panthéon. — Sarcophage qui a transporté les mânes de Voltaire au Panthéon le 11 juillet 1791.

2 pièces coloriées.

956 — Aux Mânes de Voltaire ; chez Michel. — Le serpent et la lime.

2 pièces coloriées, très belles épreuves.

957 — La Chimère, par Desprez.

Très belle épreuve. Rare.

958 — 1791. Caricatures. La petite Contre-Révolution de Strasbourg. — Nouvelle synagogue de l'Ancien curé de St-Sulpice. — Le curé de St-…. accompagné de deux diables. — Le diable président à l'Assemblée tenue à la Sorbonne. — L'Archevêque de …. en président du Conseil infernal.

7 pièces dont quatre coloriées.

959 — Les Bulles du Pape. — Saint-Pierre reniant le Pape. — L'Assemblée Nationale excommuniée. — Bulles du xviiie siècle ; à Paris chez Potrelle. — Un monstre à trois têtes dévore le cadavre du peuple. — Réponse à l'auteur de la *Chronique*, qui appelle bombe la Bulle du Pape.

8 pièces en noir et coloriées.

960 — Présentation des Hacquenées au Saint-Père, caricature grand in-fol.

Belle épreuve, coloriée.

961 — Bref du Pape en l'an 1791. — Réponse à l'auteur de la *Chronique* qui appelle bombe la Bulle du pape. — Fait miraculeux arrivé à Paris l'an du salut 1791, le six avril. — Arrivée du Pape au Paradis, in-fol.

3 pièces coloriées et une en noir.

962 — Pie VI n'ayant pu obtenir de Joseph II la conservation des Ordres religieux, essaie un autre moyen contre les Français. — La Brûlure ; les citoyens du Palais-Royal portant un mannequin habillé en pape, pour le jeter sur un bûcher dans le jardin, en face du Caffé de Foy, in-fol.

2 pièces coloriées.

963 — La Fayette fuyant la lanterne et cherchant le bâton de maréchal. — La Fayette représenté en chandelier. — Le Sans tort. — Pas de deux entre un Jacobin et un Feuillant. — La Fayette traité comme il le mérite ; il ne pourra échapper à son sort. — Départ du général parisien dans la fameuse nuit du 5 au 6 octobre.

6 petites pièces. Rares.

964 — Convoi d'un Fermier général mort de chagrin de la catastrophe du 1er mai 1791, par J.-P. G.

Belle épreuve.

965 — 1791. L'Egout royal; caricature sur la fuite de Louis XVI et de sa famille, pièce anonyme.

Très belle épreuve coloriée. Rarissime.

966 — Fuite du roi. Louis XVI déguisé en cuisinier, s'avance précédé de la reine qui elle même s'appuie sur le comte Fersen, anonyme.

Belle épreuve coloriée.

967 — Enjambée de la sainte famille des Tuileries à Montmédy, anonyme.

Très belle épreuve coloriée.

968 — Que faites-vous là? je garde ce gros sol... — Trouvaille du 21 juin; la fuite à Varennes.—L'Idole renversée. — La Constitution.

4 pièces en bistre. Rares.

969 — Louis le Faux; Jean Bart et le père Duchêne debout près du portrait de Louis XVI.

2 pièces différentes, coloriées.

970 — Barnave, l'homme à deux visages, pièce anonyme. — Le même, copie en contrepartie.

2 pièces.

971 — Trait de l'Histoire de France du 21 au 25 juin 1791, ou la métamorphose; caricature sur la Fuite de Louis XVI.

Très belle épreuve. Rare. — Plus une copie.

972 — J'ai écarté les cœurs, il a les piques, je suis capot. Pièce anonyme.

2 épreuves, dont une en bistre. — Plus une copie coloriée.

973 — Le Masque levé, caricature contre Louis XVI coloriée. — Le Roi Soliveau ou les grenouilles qui demandent un roi, en bistre.

2 pièces, belles épreuves.

974 — Le Roi Soliveau, ou les grenouilles qui demandent un roi ; pièce anonyme, avec les portraits de La Fayette et de Bailly.

Très belle épreuve en bistre. — Plus une réduction du même sujet in-8.

975 — 1791. Découverte faite par le cousin Jacques ; deux pendus dans la lune. — Les couches de M. Target. — Les douleurs de Target ou les Travaux d'Hercule.

3 pièces. Rares.

976 — Louis XVI reçoit la Constitution des mains de la France. — Bravo ! vive la Constitution.

2 pièces coloriées.

977 — L'Attaque de la Constitution. — La Contre-Révolution. — Défaite des Contre-révolutionnaires commandées par le petit Condé.

3 pièces gravées à l'eau-forte, anonymes.

978 — La Contre-Révolution. — Défaite des Contre-révolutionnaires.

2 pièces, très belles épreuves coloriées.

979 — Le Charlatan patriotique ou le Léopard apprivoisé, caricature sur le roi d'Angleterre, grand in-fol.

Belle épreuve coloriée.

980 — Le Gazetier de Coblentz. — La Foire de Coblentz ou les grands Fantoccini français.

2 pièces, très belles épreuves coloriées.

981 — Marche du Don Quichotte moderne pour la défense du Moulin des Abus, très grand in-fol.

Très belle épreuve coloriée, toute marge. — Plus deux copies.

982 — Grande Armée du ci-devant prince de Condé. — Envoi d'un supplément d'armée au ci-devant prince de Condé par MM. les Noirs ou du Cul-de-Sac.

2 pièces anonymes gravées à l'eau-forte. Très belles épreuves coloriées.

983 — La Coalition des Rois ou des brigands couronnés, contre la République française, pièce anonyme grand in-fol. avec couplets.

Belle épreuve coloriée. Rare. — Plus une copie.

984 — Les Réfractaires allant à la Terre promise. — Grand Conseil des Emigrants, in-fol.

2 pièces gravées à l'eau-forte. Très belles épreuves coloriées.

985 — 1791. L'Offrande du Vatican ou des Princes.
— Les Pèlerins de St-Jacques. — La Mascarade.

3 pièces, très belles épreuves coloriées.

986 — Le Conseil électoral. — La Contre-Révolution.
— Le Gazetier de Coblentz.

3 pièces coloriées.

987 — Le petit Condé piquant des deux l'Autruche sur
laquelle il est monté. — Grande armée du ci-devant
Prince de Condé. — Il n'a qu'à venir il sera traité
de la sorte. — Un Pitre qui montre un tableau sur
lequel se trouvent le petit Condé et le Pape. — Le
Coq-à-l'âne ou la chasse au Zéros de Kehl.

5 pièces.

988 — Fi donc, monsieur l'Emigrant. — La, la, monsieur l'abbé, vous y viendrez. — Haille, haille, il me
brûle les entrailles. — Oui, oui, monsieur, vous avez
raison. — Vous aurez, mon Prince, tous les plus
nouveaux. — Bouillé, dit Sacrogorgon, faisant faire
l'exercice à un ex-conseiller au Parlement.

6 pièces coloriées.

989 — Grand convoi funèbre de leurs majestés les
Jacobins, en leur vivant nos seigneurs et maîtres
décédés en leur palais de la rue St-Honoré, pièce
coloriée. — Le même sujet en bistre.

2 pièces, très belles épreuves. — Plus une copie.

990 — Retour d'un émigré. — Le Général va-t-en
guerre, petite pièce contre les Emigrants. — Secrétaire de Monsieur, lisant le décret de l'Assemblée
nationale par lequel il est déchu de son droit à la
Régence. — Courrier extraordinaire portant à Monsieur la nouvelle de sa déchéance. — L'arrivée, le
séjour et le départ d'un émigré. — Bouillé, dit Sacrogorgon. — Mme de Balb....., première aristocrate
courant par monts et par vaux pour rassembler les
Vampires de sa race.

7 pièces coloriées et une en bistre.

991 — Le ci-devant grand Couvert du Gargantua moderne en famille. — Le Gargantua du siècle ou
l'oracle de la Dive bouteille, grand in-fol.

2 pièces coloriées. Rares. — Plus une copie.

992 — 1791. Le Jeu de quilles de l'Émigré : au premier coup, c'est bien jouer. A Paris chez Wébert.

Belle épreuve. Rare.

993 — Mirabeau tonneau sortant de table. — Riquetti cravatte. — Avec autant de matière on peut faire des déjeuners. — La Maîtresse de Mirabeau tonneau, Vivandière de l'Armée.

4 pièces coloriées.

994 — M. Mirabeau prêt à partir pour Aix-la-Chapelle coiffé du chapeau de l'Aristocratie par son ami et collègue l'abbé Maury. — Jugement en dernier ressort de l'Aristocratie aux enfers. — Les Aristocrates en enfer, petite pièce en bistre. — Mirabeau, chef d'une légion de l'Armée noire et jaune, en grand uniforme. — Il est pris.

5 pièces, dont trois coloriées.

995 — Calonne en paralysie. — Que faites-vous ? Je sanctionne. — Fameux combat de Jean-Bart, le père Duchêne et le compère Mathieu contre les Aristocrates. — Mme de Balb.... première aristocrate. — Que faites-vous là ? Je garde cette grosse pièce. — Le Pape mangeant du fromage de Roquefort. — L'abbé Raynal en délire. — M. Brûle bon sens, agent des Émigrés.

9 pièces coloriées.

996 — Fédération anti-patriotique des ci-devant Aristocrates. — Recrue patriotique allant à la guerre pour soutenir les Jacobins et les Feuillants.

2 pièces, très belles épreuves, dont une en bistre.

997 — La Garde nationale revenant des frontières, petite pièce ronde. — Grand débandement de l'Armée anticonstitutionnelle. — Fédération anti-patriotique des ci-devant Aristocrates.

3 pièces dont deux en bistre.

998 — Prêtre aristocrate fuyant devant le Serment civique ; pièce ovale en couleur. — Déguisement aristocratique, pièce ronde. — Dernière procession constitutionnelle pour l'enterrement du Serment civique.

3 pièces, très belles épreuves.

999 — 1791. Moyen de faire prêter serment aux évêques et curés aristocrates. — Ecclésiastique réfractaire. — Déguisement aristocratique. — M. Veto sauvant les prêtres réfractaires qui s'étaient embarqués sur le Rhin.

8 pièces, la plupart coloriées.

1000 — Portrait de Louis-Joseph de Bourbon, prince de Condé, par Bartolozzi, d'après M^mo de Tott.

Très belle épreuve.

1001 — Louis-Jos. de Bourbon, prince de Condé, par Cathelin, d'après Le Noir.

2 très belles épreuves, dont une avec l'adresse.

1002 — Le même Personnage, par Le Beau, Vangelisty et autre.

5 pièces, très belles épreuves.

1003 — Le duc de Bourbon-Condé. — Louise-Marie-Thérèse d'Orléans, duchesse de Bourbon, par Le Beau.

2 pièces, très belles épreuves, grandes marges.

1004 — Drouet, maître de postes de Sainte-Ménehould, qui a arrêté Louis XVI à Varennes, in-8°.

Belle épreuve. Très rare.

1005 — Georges III, roi d'Angleterre et sa famille, par Beyel, d'après Anthing, in-fol.

Très belle épreuve. Rare.

1006 — M. le marquis de La Fayette, commandant de la Milice parisienne ; à Paris, chez Barthélemy. — La Fayette à cheval ; à Paris, chez Bretou.

2 petites pièces, belles épreuves. Rares.

1007 — Portrait de Mirabeau ; à Paris, chez Villeneuve.

2 petites pièces différentes, en couleur, fond rouge, très belles épreuves.

1008 — Mirabeau en pied, par Et. Béisson, d'après Boze. — Le même personnage en buste, gravé par Bréa.

2 pièces, belles épreuves.

1009 — Portraits de Mirabeau, par Alix, Levachez et Fiesinger.

4 pièces.

1010 — 1791. Tombeau de Mirabeau, allégorie avec son
portrait soutenu par la Vérité, pièce anonyme, in-fol.
2 épreuves, dont une à toute marge.

1011 — Pie VI, pape.
Miniature sur parchemin.

1012 — J.-B. Target, avocat au Parlement de Paris, élu
président de l'Assemblée nationale au mois de janvier 1790, par Henriquez, d'après Boze, in-fol.
2 très belles épreuves, dont une avant toutes lettres, la tablette
blanche.

1013 — Mademoiselle Terouene (Théroigne de Méri-
court), pièce anonyme gravée à l'aquatinte, in-4°.
Très belle épreuve, extrêmement rare. — Plus une copie, par
Devritz.

1014 — Madame Victoire-Louise-Marie de France, fille
de Louis XV, par Le Beau. — Le même personnage,
par Biosse, d'après Nattier.
2 pièces, très belles épreuves.

1015 — 1791. Arrestation de Louis Capet à Varennes, par
Berthaut. — Révolution en Pologne, par Bolt. —
Déclaration des Droits de l'homme, par Copia et
autres. — Vues de Paris et de Saint-Cloud. — Vignettes sur les événements de la Révolution, costumes, caricatures et médailles.
65 pièces.

1016 — Entrevue de Mirabeau et de Voltaire. — Carica-
ture sur Pie VI. — Mesdames de France à genoux
devant le pape. — Portraits du comte d'Artois, du
comte de Provence et du prince de Condé, par J.
Adam, Charles, duc de Wurtemberg, par Rugen-
das, Drouet, maître des postes à Sainte-Menehould,
La Motte-Piquet, par Saint-Aubin, Marie-Antoinette,
Mirabeau, par divers, Sophie Monnier, Mozart,
Populus, député de Bourg, Target, par Levachez,
Vinsac, Vérité, Théroigne de Méricourt, J.-G.
Thouret.
41 pièces.

1017 — 1792. Journée du 20 juin 1792 au château des
Tuileries, par Vérité. — Dévouement de Mme Élisabeth dans la journée du 20 juin 1792, par le même,
grand in-fol.
2 pièces, épreuves superbes, grandes marges, avec la feuille
explicative.

1018 — 1792. Journée mémorable du 20 juin 1792, par Pauquet et Jourdan.

Très belle épreuve.

1019   Journée du 10 août 1792 ; prise des Tuileries, par Helman, d'après Monnet.

Très belle épreuve avant la lettre.

1020 — Journée du 10 août 1792. Dédié aux braves sans-culottes. A Paris, chez Villeneuve.

Très belle épreuve. Rare.

1021 — Fondation de la République le 10 août 1792. A Paris, chez Basset, grand in-fol.

Très belle épreuve.

1022 — La Prise des Tuileries. — Pompe funèbre en l'honneur des citoyens tués au massacre du 10 août, par Helman, d'après Monnet.

2 pièces, très belles épreuves avant la lettre.

1023 — Vue de la prison du Temple. Pièce en bistre entourée d'une chaîne, in-fol.

Très belle épreuve, marge.

1024 — Louis XVI s'occupant de l'éducation de son fils dans la Tour du Temple, pièce gravée au pointillé. — Louis XVI et son fils dans la prison du Temple, par P. Chenay, avant la lettre.

2 pièces.

1025 — La séparation de Louis XVI de sa famille, le 29 septembre 1792, par A. Cardon, d'après Benazech.

Superbe épreuve en bistre, lettres grises, grande marge. — Plus une copie par Vinkéles.

1026 — Siège de Lille. A Paris, chez Basset. — Bombardement de Lille au mois de septembre 1792, par Masquelier, d'après Watteau fils.

2 pièces, belles épreuves.

1027 — Bombardement et prise de la ville de Deux-Ponts contre les Prussiens, par les armées de la République. — Combat de cavalerie de la République avec les Autrichiens. — Attaque de cavalerie et infanterie prussienne par les troupes de la République ; à Paris, chez le citoyen Jean.

3 pièces, très belles épreuves.

1028 — 1792. Action du 6 novembre 1792; bataille dans les bois de Flana sur la gauche de Jemmapes, près Mons. — Action des Français et Autrichiens à l'Ecluse de Cuesmes, sur la route de Jemmapes à Mons; à Paris, chez Fillion et Valmont.

> 2 pièces en couleur, très belles épreuves.

1029 — Conquêtes de la République française; trophées avec médaillons et au milieu : Louis XVI rentrant du jardin à la Tour du Temple en 1792, par Le Beau, d'après Desrais.

> Très belle épreuve.

1030 — Conquêtes de la République française, le sujet du milieu représente l'Interrogatoire de Louis XVI à la Convention nationale, le 26 décembre 1792, par Le Beau, d'après Desrais.

> Très belle épreuve.

1031 — Louis XVI à la barre de la Convention nationale, le 26 décembre 1792, par Vendramini, d'après Pellegrini.

> Très belle épreuve, toute marge.

1032 — La même estampe.

> Très belle épreuve.

1033 — Trait sublime de courage et de dévouement : Beaurepaire commandant le 1er bataillon de Mayenne et Loir se donne la mort à Verdun en présence des fonctionnaires publics qui veulent livrer à l'ennemi le poste confié à son courage; à Paris, chez Villeneuve. — Le même sujet; à Paris, chez Fillion et Valmont.

> 2 pièces, la première en bistre et l'autre coloriée.

1034 — Trait héroïque, par Petit, d'après Boilly, grand in-fol.

> Très belle épreuve.

1035 — Camps formés autour de Paris en 1792, pour le mettre à l'abri de l'Invasion.

> Pièce anonyme, coloriée. Très rare.

1036 — Calendrier national calculé pour 30 ans, par J.-F. Lefèvre, in-fol.

> Belle épreuve.

1037 — 1792. Le Porte-Drapeau de la Fête civique, par Copia, d'après Boilly.

Très belle épreuve.

1038 — Caffée des Patriotes, par J.-B. Morret, d'après Swebach des Fontaines.

Superbe épreuve du 1er état en couleur, avec les deux grenadiers coiffés de bonnets à poils.

1039 — Evénements de la Révolution, par Berthault, d'après Prieur.

25 pièces, dont plusieurs avant la lettre.

1040 — Les Crimes des rois, allégorie. A Paris, chez Villeneuve.

Petite pièce en couleur avec fond rouge.

1041 — Louis XVI coiffé du bonnet phrygien et tenant une bouteille à la main. A Paris, chez Villeneuve.

Très belle épreuve en couleur. Rare.

1042 — Le même sujet, avec le titre : Nouveau pacte de Louis XVI. Pièce anonyme en couleur.

Très belle épreuve en couleur.

1043 — Louis XVI coiffé d'un bonnet vert et versant du vin dans un verre.

Très belle épreuve en couleur.

1044 — Louis XVI coiffé du bonnet phrygien et tenant une bouteille; pièce ronde. — Louis XVI couvert du bonnet de la Liberté que la Nation lui présenta le 20 juin 1792.

2 très jolies pièces en couleur. Très rares.

1045 — Tête de Louis XVI, avec le corps d'un cochon, petite pièce de forme ronde avec cette légende autour : Louis, le parjure valet de chambre de Mme la baronne de Korf, suivant sa maîtresse dans sa fuite. — Tête de Marie-Antoinette avec un corps de panthère, autour de la pièce cette légende : Son Excellence Mme la baronne de Korf, partie furtivement de Paris dans la nuit du 20 au 21 juin 1791.

2 pièces en couleur sur fond rouge, épreuves superbes. Très rares.

1046 — La Poulle d'Autryche; je digère l'or et l'argent avec facilité, mais la Constitution je ne puis l'avaler.

Belle épreuve coloriée.

1047 — 1792. Le Traître Louis XVI. — La Panthère autrichienne, médaillons suspendus à une lanterne; à
Paris, chez Villeneuve.

2 pièces faisant pendants, très belles épreuves.

1048 — Le Crible de la Révolution ; au-dessus se trouvent les portraits de la Famille royale.

Très belle épreuve en bistre. Rare.

1049 — La Trinité bourbonnaise; cartes à jouer avec
trois médaillons au-dessous.

2 pièces différentes, dont une en bistre.

1050 — La Constitution et Louis XVI, assis dos à dos. —
Henri IV regardant Louis XVI dans un tonneau. —
Tête de Louis XVI avec le corps d'un cochon, avant
toutes lettres. — L'Entrée franche. Paysan tenant
en laisse un cochon avec la tête de Louis XVI. —
Louis XVI essayant de déraciner l'arbre de la
Liberté.

5 pièces, très belles épreuves, les deux premières en bistre.
Rares.

1051 — Ainsi va le monde. Dédié à tout ce qui reste de
princes et de potentats en Europe ; caricature sur
Louis XVI et Marie-Antoinette.

Très belle épreuve.

1052 — Etrennes aux fidelles, 1792. Saint Veto, martyr,
patron des Emigrants et des Réfractaires, anonyme.

Très belle épreuve.

1053 — La Boête à Pandore. — Le Bonjour ci-devant
royal. — Henri IV trouvant Louis XVI dans un
tonneau : Ventre saint gris, où est mon fils ?

3 pièces coloriées, plus une copie.

1054 — Domine salvum fac regnum ; le duc d'Orléans
attaque la Royauté défendue par le prince de
Condé.

Très belle épreuve en bistre. Rare.

1055 — Les Délassements du père Gérard ou la Poule de
Henri IV mise au pot, en 1792. Jeu national.

Très belle épreuve coloriée.

1056 — 1792. Philippe-Pique, carte à jouer. — J'use tout mon savon et encore je ne puis le blanchir. — Philip-piques. — Frontispice du tome 1er de l'Histoire des caricatures, par Boyer, de Nîmes.

4 pièces, dont trois en bistre.

1057 — Épouvantail de la Nation : La Fayette chassant les têtes couronnées à coups d'épée. — La même pièce avec ce titre : Le Colporteur de la liste civile; au lieu de chasser les têtes couronnées, La Fayette les appelle.

2 pièces, belles épreuves. Rares.

1058 — La France et Montesquieu. — Le même sujet, in-8. — Autre en médaillon.

3 pièces, dont deux en bistre. Rares.

1059 — Apparition de l'Ombre de Mirabeau, trouvée dans l'armoire de fer au château des Tuileries.

Pièce anonyme. Rare.

1060 — Grand retour du ministre Linotte. — Le ministre Linotte déclarant la guerre à la noblesse française, deux pièces différentes. — Chute du ministre Linotte; deux pièces différentes. — Le Propagandier. — Nouvelle poudre à la Maréchale, de la fabrique des sieurs Bender et Cacacabeau.

7 pièces en noir et en bistre.

1061 — Le Pouvoir exécutif à cheval sur la Constitu-tion. — D'animaux malfaisants, c'était un très bon plat. — Le Propagandier; à Paris, chez Webert. — Nouvelle poudre à la maréchale. — Grand retour du ministre Linotte. — Le ministre Linotte. — La chute du ministre Linotte.

7 pièces, la plupart en bistre. Rares.

1062 — Retour de conscience. — Ségur traité comme il le mérite. — Le Ministre grave répandant ses bien-faits sur ses protecteurs. — Le Guerrier constitu-tionnel. — Animal chimérique, allusion à l'Assem-blée nationale entourée des décrets qu'elle a ren-dus. — La même pièce en réduction.

6 pièces.

1063 — La Balance des abus; à Paris, chez Webert. — Le même sujet plus petit.

2 pièces en bistre. — Plus une copie coloriée.

1064 — 1792. Occupation constitutionnelle du commerce
de Bordeaux. — Le Législateur la Ressource. — Le
Général en raccourcy fuyant de Noyon. — A solde
de papier, soldat de papier. — La Cour des pairs.
— Le Dégel de la nation. — Ah ! ça va mal ; bal des
Jacobins. — La même pièce, réduction, en bistre.

    10 pièces.

1065 — Grands envoyés extraordinaires de Leurs Majestés les Jacobins pour le blanchissage des Jourdans et son armée, leurs confraires. — Massacres
d'Avignon. — Les braves brigands d'Avignon. —
Les coups de rabot, caricature contre Rabaud
Saint-Etienne, deux pièces différentes.

    5 pièces. Rares.

1066 — Suite du duel du 2 mars 1792, en bistre et en
noir. — Grands envoyés extraordinaires de Leurs
Majestés les Jacobins pour le blanchissage des
Jourdans. — On m'attend aux Feuillants. — J'y
vais, aux Jacobins.

    5 pièces, dont deux coloriées.

1067 — Chute prochaine de la fille à Target. — L'Expirante Targinette.

    2 pièces, très belles épreuves en bistre, avec deux copies.

1068 — Gare aux faux pas. — L'Expirante Targinette.

    2 pièces, dont une en bistre.

1069 — Activité constitutionnelle de la municipalité de
Paris. — Les Parques nationales parisiennes :
Pet.... Mer Deux, très rare. — Halte là, monstres.
— Je suis entre le peuple et la loi. — Gare aux
faux pas : le nouveau maire dansant sur la corde.
— Encore une fois, gare aux faux pas. — Dernier
effort des Jacobins, en bistre et en noir. — Diges-
tion de la Constitution.

    9 pièces, très belles épreuves.

1070 — Sans-culotte du 10 août. — La Jolie sans-culottes du 10 août. — L'Exclusif. — Place des Victoires : Louis le Grand renversé pour faire place
à la colonne de la Liberté et de l'Egalité. — Le
Branle d'Autun. — Unité et indivisibilité de la République, cocarde, en noir. — Indivisibilité ; à
Paris, chez Chereau.

    7 pièces, dont deux coloriées.

1071 — 1792. Caricatures sur la coalition : les Rois.— La Toilette des nymphes de Versailles.— Les trois brigands du Nord. — Ils comptaient sur la peau de l'ours avant de l'avoir couché par terre.

5 pièces coloriées.

1072 — L'Enjambée impériale, in-fol.— La même pièce, réduction in-8, plus une copie. — La grande émigration du Roi des marmotes.— Bombardement de tous les trônes de l'Europe. — Rentrée joyeuse et triomphante des Don Quichottes prussiens en Allemagne après la conquête de la France, sous la conduite de l'Aigle autrichien.

6 pièces, dont cinq coloriées.

1073 — Frédéric-Guillaume, roi de Prusse, médaillon suspendu à une lanterne.

Très belle épreuve.

1074 — Le Trium-Gueusat : portraits de Frédéric-Guillaume, roi de Prusse, François II, empereur d'Allemagne, et le duc de Brunswick, dans un médaillon suspendu à une lanterne. — Cas du manifeste du duc de Brunswick.

2 pièces, très belles épreuves.

075 — Caricatures sur le duc de Brunswick : Catherine II donnant congé à François et à Brunswick le foireux. — Le matériel perdu. — Il a le nez cassé. — Déroute des Prussiens par les Sans-culottes. — — Pauvre manifeste, tu devais avoir un sort plus noble. — Le nez cassé. — Amende honorable du prince de Brunswick et brûlure de son manifeste. — La Querelle des brigands. — La Correction généreuse. — Fouettez, fouettez fort, que tout soit d'accord. — La grande foire remportée par Brunswick en France.

12 pièces coloriées.

1076 — L'Anarchie. — La pelle et les sabots sont du même bois.— La Graine de niais. — Adoration des patriotes à l'aspect d'un gros sou. — Duel à outrance tel qu'il a eu lieu sur le pont de Khel. — Les efforts patriotiques. — Halte-là ! monstres. — Dillon tué par ses soldats. — Caricature sur Léopold II. — Les grands comédiens du cirque de Pantin. — Club des Jacobins, etc.

25 pièces, dont plusieurs coloriées.

1077 — 1792. Portrait du duc de Brunswick-Lunebourg, par De Marcenay, in-fol.

> 2 très belles épreuves, dont une avant toutes lettres.

1078 — Le duc de Brunswick, par Houbraken, Bause, Kohl, Schrœder et Rugendas.

> 5 pièces.

1079 — Portrait de Dandré, député d'Aix, petit ovale en couleur. — Autre, par Vérité. — Pièce satyrique avec son portrait : son patriotisme est en canelle.

> 3 pièces.

1080 — François Ier, empereur des Romains, par J. Adam. — Marie-Thérèse, impératrice, par le même, in-8. — Marie-Thérèse à cheval, par J. Adam. — Marie-Thérèse, par J. Adam, d'après Kreutsinger, in-4. — François II, empereur, par le même, d'après Pasch.

> 5 pièces, très belles épreuves.

1081 — François II, roi de Hongrie et de Bohême, par Pichler.

> Très belle épreuve.

1082 — François II, empereur. — Marie-Thérèse, Infante des Deux-Siciles, par Pfeiffer.

> 2 pièces, très belles épreuves.

1083 — Léopold II, empereur des Romains, comme grand-duc de Toscane, et sa famille, par Cecchi. — Le même personnage, comme empereur, entouré de sa famille. Pièce anonyme, coloriée.

> 2 pièces, très belles épreuves. Rares.

1084 — Léopold II, empereur des Romains, par Clerck, d'après Kreutzinger. — Le même personnage, par Pichler, in-fol.

> 2 pièces, très belles épreuves.

1085 — Portrait de Louis XVI, gravure au pointillé, anonyme : en bas ses Adieux à sa famille.

> Très belle épreuve, grandes marges.

1086 — Louis XVI, Marie-Antoinette et le Dauphin dans un médaillon, par Jos. Adam, d'après Callot, in-8.

> Très belle épreuve. Rare.

1087 — 1792. Médaillon avec portraits de Louis XVI, Marie-Antoinette et le Dauphin; au-dessous : la Séparation de Louis XVI de sa famille, dessin original de Sauvage autour du médaillon gravé. — La même estampe, épreuve terminée.

2 pièces.

1088 — Le même sujet. Au-dessous du médaillon la musique de : Vive la Nation, la Liberté et la Loi. — La musique à part, vignette avec entourage, surmonté des armes de France. — Médaille contenant des vers adressés au Roi et à la Reine.

3 pièces.

1089 — Marie-Antoinette, reine de France, par Simon Malgo, d'après Ant. Hickel, grand in-fol.

Superbe épreuve, marge.

1090 — Marie-Christine, archiduchesse d'Autriche, gouvernante générale des Pays-Bas, par F. Bartolozzi, d'après Roslin, in-fol.

Superbe épreuve en bistre. Très rare.

1091 — Marie-Thérèse-Louise de Savoie Carignan, princesse de Lamballe, assise et écrivant, par S. Malgo, d'après Hickel.

Superbe épreuve, marge.

1092 — La Princesse de Lamballe, de profil, in-4.

Dessin original de Massard. — On y a joint la gravure.

1093 — P. Manuel, procureur de la Commune de Paris en 1792, par Alix, d'après Ducreux.

Très belle épreuve en couleur.

1094 — François-Valentin Mulot, député de Paris à l'Assemblée nationale. A Paris, chez Villeneuve, in-8, en couleur, fond rouge. — Le même personnage, par Le Campion, en bistre, in-4.

2 pièces, très belles épreuves.

1095 — Jérôme Pétion, maire de Paris, dans un cœur. A Paris, chez Villeneuve.

Très belle épreuve en bistre. Rare.

1096 — 1792. Grande séance aux Jacobins, en Janvier 1792. — Assassinat de Gustave III, roi de Suède, par Kussner. — La Prison de l'Abbaye. — Vignettes tirées des Révolutions de Paris et autres. — Portraits de Jérôme Pétion, Danton, Louis XVI.

84 pièces.

1097 — 1792. Défense de Thionville. — Siège et prise de la
Ville de Nice. — Bombardement de Lille. —
Bataille de Jemmapes, par Duplessis-Bertaux et
autres. — Bonaparte aux Tuileries, par Charlet. —
Assignats, Médailles et Vignettes diverses. — Por-
traits de Lally-Tolendal, Custine, Beurnonville,
Henri-L. Bertin, par Dupin, le comte de Clermont-
Tonnerre, par Lecœur, Vérité et autres : Duval-
d'Eprémesnil, Dumouriez, Jean-Marie Dulau, ar-
chevêque d'Arles, dessin par Baudet-Bauderval.

 135 pièces.

1098 — Portraits de Lafayette, Joseph II, empereur
d'Autriche et sa femme Marie-Thérèse, Gustave III,
roi de Suède, par F. Réclam, Lally Tolendal, par
Anselin, Sergent et autres, Journiac-Saint-Méard,
Kellermann, Mme de Lamballe, de Lassigny de
Juigné, par Quénedey ; très rare, L.-A. de La Roche-
foucauld, Léopold, archiduc d'Autriche, Malouet,
Montesquieu-Fezenzac, le comte Mathieu de Mont-
morency et une caricature, Méhée, dessin par
Baudet-Bauderval.

 67 pièces.

1099 — La Révolution Française, par Duplessis. — Le
Guet allemand. — Cent livres de rente à ceux des
soldats du despotisme qui viendront s'enrôler sous
les drapeaux de la Liberté. — Le Porte-Drapeau de
la Fête civique, par Copia. — Façade des Feuillants,
rue Saint-Honoré, eaux-fortes pures et avant la
lettre. — Portraits de P.-F. Palloy, Pétion, Rabaud-
Saint-Etienne, Joseph Servan, Rouget de Lisle,
Félix de Wimpffen, le général Valence, Vander-
mersch, lieutenant général de l'armée belge, en
couleur.

 43 pièces.

1100 — 1793. Assassinat de Michel Le Pelletier, le 20 janvier 1793, par Brin.

 Belle épreuve.

1101 — La dernière entrevue de Louis XVI avec sa famille, par Schiavonetti, d'après Benazech.

 Très belle épreuve, lettres grises.

1102 — Adieux de Louis XVI à sa famille.

 Épreuve à l'eau-forte pure, avant le fond. Rare.

1103 — 1793. Les derniers adieux de Louis XVI à sa famille la veille de sa mort, le 20 janvier 1793, par Huck, grand in-fol. — Testament de Louis XVI, par divers.

5 pièces, belles épreuves.

1104 — La Séparation de Louis XVI et de sa famille dans la Tour du Temple, le 21 janvier 1793. — La Séparation de Marie-Antoinette de sa famille le 5 août 1793, par Vérité, grand in-fol.

2 pièces, très belles épreuves, la première est avant la lettre.

1105 — Louis XVI sur l'échafaud, grand in-fol. sans noms d'artistes. — La mort de Louis XVI, par Helman, d'après Monnet. — Fin tragique de Louis XVI. — Matière à réflection pour les jongleurs couronnés ; à Paris chez Villeneuve.

6 pièces, très belles épreuves.

République française. — 1793-1804.

1106 — Le 31 mai 1793, par Tassaert, grand in-fol.

Très belle épreuve.

1107 — Le Dauphin arraché à sa mère, le 1er juillet 1793, par Schiavonetti, d'après Pellegrini.

Très belle épreuve.

1108 — La mort du patriote Marat l'une des plus fermes colonnes de la Constitution, assassiné par une femme du Calvados le 13 juillet 1793.

Très belle épreuve, avec des couplets au-dessous.

1109 — Assassinat de J.-P. Marat, le 13 juillet 1793, par Brion. — Le même sujet, d'après Prieur, avant la lettre.

2 pièces, très belles épreuves.

1110 — Marie-Anne-Charlotte Corday, ci-devant Darmans, âgée de 25 ans, assassin de Marat, écrivant sa dernière lettre à son père, pièce anonyme.

Très belle épreuve. — Plus le Bulletin du Tribunal révolutionnaire, contenant son acte d'accusation.

1111 — Jean Challier dans sa prison écrivant une lettre d'adieux à sa famille, par Bidault (Ph. de Baud. 3).

Très belle épreuve.

1112 — Inauguration du Buste de Marat au tombeau qui a été élevé pour sa gloire et celle de Lazowski, place de la Réunion à Paris, par Ransonnette.

Très belle épreuve.

1113. — 1793. Tombeau de Jean-Paul-Marat, par Née, d'après Pillement.

> 2 très belles épreuves, dont une à l'eau-forte pure.

1114 — Tombeau de Charlotte Corday, pièce anonyme, publiée en Hollande.

> Très belle épreuve.

1115 — Déclaration des Droits de l'homme et du citoyen, par Machy.

> Très belle épreuve coloriée. — Plus un texte gravé de la Constitution, par Aubert.

1116 — La Fête de la Liberté, par Boissier, d'après Béricourt.

> Très belle épreuve coloriée.

1117 — La Liberté triomphante faisant amarrer le Vaisseau de l'Etat au Port de la Constitution, par Perdrieau, d'après Monsiau, très grand in-fol.

> Superbe épreuve.

1118 — Custine avec son confesseur écrivant à son fils; à Paris, chez Blanchard. — Ecce Custine; ainsi périssent les traîtres à la patrie; à Paris chez Villeneuve.

> 2 pièces, belles épreuves.

1119 — Introduction des Anglais dans le Port de Toulon le 28 août 1793. — Evacuation des Puissances coalisées du Port de Toulon, le 18 Décembre 1793, Raph. Morghen direx. d'après A. Féraud, très grand in-fol.

> 2 pièces, très belles épreuves.

1120 — Jugement de Marie-Antoinette, au Tribunal révolutionnaire, par Cazenave. — Testament de Marie-Antoinette. — Vue du Cimetière de la Madeleine.

> 3 pièces. — Plus le Bulletin du Tribunal révolutionnaire contenant une partie de l'interrogatoire de Marie-Antoinette.

1121 — La reine Marie-Antoinette conduite au supplice dans un tombereau le 16 octobre 1793, par Silanio.

> Belle épreuve. Très rare.

1122 — Exécution de Marie-Antoinette, par Helman, d'après Monnet.

> Très belle épreuve avant la lettre.

1123 — 1793. Mort des 21 Députés de la Gironde le 31 octobre 1793, par Duplessis-Bertaux.

2 très belles épreuves, dont une à l'eau-forte pure.

1124 — Attaque de Valenciennes par le duc d'Yorck, par Bromley, d'après Louterbourg.

Belle épreuve, grandes marges.

1125 — Vue de l'Incendie de la ville du Cap français, par J.-B. Chapuy, en couleur. — Portrait de Louis-Ph.-Fr. Rouxel-Blanchelande, ci-devant maréchal de camp et lieutenant au gouvernement des Iles-sous-le-Vent.

2 pièces, très belles épreuves.

1126 — Madame, devant le tombeau de Louis XVI et de Marie-Antoinette. — Louis XVII en prière. Pièces anonymes publiées à Londres chez Colnaghi.

2 pièces, très belles épreuves en couleur.

1127 — Le dernier compagnon du jeune roi Louis XVII et de son auguste Sœur, dans la Tour du Temple. Publié à Paris, en 1802.

Très belle épreuve. Rare.

1128 — Médaille de la Commune des Arts avec revers, par P.-P. Choffard, d'après Moreau le jeune. — La même, avec : *Société républicaine des Arts.* — Médaille de la Société populaire épurée de la Section Fontaine-de-Grenelle, avec revers, par Choffard, avant et avec la lettre. — Médaille de la Société de Dourdan, avec revers. — Médaille de la Société populaire et républicaine des Droits de l'Homme à Paris, par Duclos. — Médaille : République française, par Aug. de St-Aubin, d'après Regnault. — Médaille octogone : Respect aux Secrets de l'Etat, par L. Petit.

8 pièces, très belles épreuves.

1129. — Carte des environs de Commune-affranchie (Lyon), où sont représentés les travaux du Siège soutenu par cette ville rebelle, pendant les mois d'août et de septembre 1793, gravée par Gentot, d'après Girard-Aubert.

Très belle épreuve. Rare.

1130 — République française. Pièce allégorique, par Copia, d'après Fragonard fils.

2 très belles épreuves, dont une à l'eau-forte pure.

1131 — 1793. La France républicaine ouvrant son sein à tous les Français. — La Liberté, patronne des Français, par A. Clément et Ruotte, d'après Boizot.

    2 pièces, très belles épreuves en couleur.

1132 — République française, Liberté, Egalité; morceau de papier peint de l'époque de la Révolution.

    Document très rare.

1133 — Le Triomphe de la Liberté. A Paris, chez la citoyenne Bergny.

    Très belle épreuve en couleur.

1134 — La Liberté : Elle a renversé l'Hydre de la Tyrannie et brisé le joug du Despotisme, par Copia, d'après Prudhon, in-4.

    Très belle épreuve, marge.

1135 — Liberté. — Egalité, par Janinet, d'après Moitte. — Liberté. — Egalité, par Allais, d'ap. Fragonard fils.

    6 pièces.

1136 — La Liberté sur un globe terrestre. Chez le citoyen Desombrages.

    Belle épreuve coloriée.

1137 — Unité. — Fraternité, dessiné et gravé par Debucourt. — Dévouement à la Patrie, par Machy. — La Patrie couronnant la Valeur, par Duruisseau. — La déesse Raison, par Mariage.

    6 pièces.

1138 — Figures de la Liberté, de l'Egalité et autres, par Darcis, avant la lettre. — La Raison, la Vertu, la Vérité, la Force, la Victoire, la Prudence, la Fraternité, la Justice, la Sagesse, Amour de la Patrie, La France républicaine; à Paris, chez J. Chéreau.

    18 pièces en noir et en couleur.

1139 — La Liberté, statue sur un piédestal, entourée de blessés et d'amputés. Pièce anonyme.

    Épreuve avant toutes lettres, en couleur.

1140 — Allégories sur la Liberté : La Liberté guide nos pas. — Les Concerts républicains, l'An troisième; deux vignettes par Queverdo. — Bon usage de la

Liberté, par Le Roy. — Patronne des Français, par Copia, d'après Sauvage. — La Liberté, patronne des Français; à Paris, chez Villeneuve. — Vive la Liberté, pièce coloriée. — La Liberté, par Ruotte et Copia.

7 pièces.

1141 — 1793. Le Maréchal-ferrant de la Vendée, par Copia, d'après Sablet.

Superbe épreuve, grandes marges.

1142 — La Confession, par Rob. Laurie, d'après Millar, avant la lettre. — Confession, par R. Houston. — Une Dame agenouillée devant un moine, par Moroosne. — La belle confession, par J. Gole. — Le Confesseur de village. — A la Nation française, les Protestants reconnaissants, par Duplessis.

6 pièces, belles épreuves.

1143 — Le bon Sans-Culotte. — Madame Sans-Culotte, anonymes.

2 pièces coloriées, très belles épreuves.

1144 — Marat à l'Immortalité ; allégorie. A Paris, chez la citoyenne Bergny.

Très belle épreuve.

1145 — Caricatures. Réception de Louis Capet aux enfers, par grand nombre de brigands ci-devant couronnés; composé et gravé par Villeneuve.

Très belle épreuve. Rare.

1146 — La chute de Beurnonville, caricature hollandaise.

2 épreuves dont une coloriée ; plus son portrait.

1147 — La Constitution entre les mains de Brissotin. — Brissot mettant ses gants. — Le Roi au milieu de son Conseil, s'aperçoit qu'il n'avait plus sa tabatière.

3 pièces en noir et en bistre.

1148 — Le Triomphe de la Montagne. A Paris, chez la citoyenne Bergny.

Très belle épreuve.

1149 — Description du mont Gibel, du Plat pays et du mont Parnasse, pièce anonyme in-fol.

Belle épreuve. Très rare.

1150 — 1793. Liberté française sous le règne des Rois et de la tyrannie. — Vive la liberté. — Un prisonnier criant: Vive la liberté. — Le Français et l'Anglais rendant hommage à la liberté chacun à sa manière. — Allégorie : le Temps découvre la Vérité ; danse autour de l'arbre de la liberté ; à Paris, chez Coustelier. — Le peuple mangeur de Rois. — Egalité : les Porteurs de charbon comme les Chevaliers de Saint-Louis sont tenus de déposer au secrétariat de la Municipalité le signe distinctif qu'ils tiennent de l'ancien régime. Se vend à Paris, rue Poupée.

7 pièces.

1151 — Club national de Bordeaux : Plus de prêtres. —
Petite pièce anonyme. Très rare.

1152 — La Lanterne magique: Venez voir la Religion de nos pères et mères pour 20 sols, H. Strack inv. et fec.
Très belle épreuve.

1153 — Le thermomètre du Sans-Culotte, par Guyot, d'après Carafe. — Le Sans-Culotte intrépide. — Le Sans-Culotte généreux ; à Paris, chez Boissier. — Le Temps resserrant les nœuds des frères et amis.
4 pièces dont trois coloriées.

1154 — Un Sans-Culotte instrument de crimes dansant au milieu des horreurs, vient outrager l'Humanité pleurante auprès d'un Cenotaphe. — Citoyen né libre. — Les chiens d'Aristocrates ronge le citoyen. — Souper du diable. — Indigestion du diable.
6 pièces dont quatre coloriées.

1155 — L'ordre et la marche des Puissances coalisées contre la France, composé et gravé par J.-B. Louvion.
Très belle épreuve.

1156 — Le duc d'York, roy des Sections de Toulon, de Lyon, etc. — Subsistances portées par le duc d'York à Toulon.
2 pièces coloriées.

1157 — Portraits de Joseph Barra, âgé de 13 ans, né à Palaiseau, par Beauvarlet, d'après Desrais, en couleur. — Le même, par Vérité.
2 pièces, très belles épreuves.

1158 — 1793. Challier, membre de la Commune de Lyon, par P.-M. Alix, en couleur. — Le même, très petit médaillon

2 pièces, très belles épreuves.

1159 — J.-B. Cléry, dernier serviteur de Louis XVI, par P. Audinet, d'après Danloux, en bistre. — Le même, copie in-8, avant toutes lettres.

2 pièces, très belles épreuves. Rares.

1160 — Marie-Anne-Charlotte Corday, coiffée d'un chapeau et tenant un poignard ; au bas, médaillon représentant la scène de l'assassinat de Marat, par Tassaert, d'après Hauer.

Très belle épreuve avant la lettre, la tablette blanche.

1161 — Le même Portrait.

Très belle épreuve.

1162 — Charlotte Corday, coiffée d'un bonnet, par Alix.

Superbe épreuve avant toutes lettres en couleur, grandes marges.

1163 — Adam-Ph. Custine, général de l'Armée du Rhin, par Alix.

Très belle épreuve en couleur.

1164 — Mme la comtesse du Barry, par Le Beau, d'après Marilly.

Très belle épreuve, toute marge.

1165 — L'abbé Edgeworth de Fermont, confesseur de Louis XVI, par Ant. Cardon, d'après Saint-Aubin, in-8.

Très belle épreuve, toute marge. Très rare.

1166 — Claude Fauchet, évêque du Calvados, député à l'Assemblée nationale, in-8. A Paris, chez Villeneuve.

Très belle et rare épreuve en couleur sur fond rouge, marge.

1167 — Claude Fauchet, par Girardet, d'après Bonneville, in-fol.

Très belle épreuve.

1168 — Hérault de Séchelles, gravé au physionotrace, par Quénedey.

Très belle épreuve en couleur. Rarissime.

1169 — 1793. Michel Lepelletier, par P.-M. Alix, d'après
Garneray.

> Très belle épreuve.

1170 — Michel Lepelletier Saint-Fargeau, gravé au physionotrace, par Chrétien. — Le même ; à Paris,
chez Villeneuve.

> 2 pièces, très belles épreuves. Rares.

1171 — Lepelletier Saint-Fargeau, par Levachez. — Le
même, médaillon sur un mausolée ; à Paris, chez
Villeneuve. — Les trois Martyrs de la Liberté : Lepelletier, Marat, Challier ; à Paris, chez Mixelle.

> 3 pièces, très belles épreuves.

1172 — Louis XVI, roi de France, gravé à l'aquatinte,
par J. Daniel, d'après De Koster.

> Très belle épreuve. Rare.

1173 — Louis XVI, d'après Boze, in-fol. sans nom de
graveur.

> Très belle épreuve avant toutes lettres, la tablette blanche.

1174 — Louis XVI, par Bartolozzi, in-fol.

> Très belle épreuve en couleur, marge.

1175 — Louis XVI, par J. Curtis, d'après Boze. — Le
même personnage, par Audouin.

> 2 pièces, très belles épreuves.

1176 — Louis XVI, médaillon sur un monument funéraire, par J.-B. Louvion.

> Très belle épreuve.

1177 — Portraits de Louis XVI, par Gabrielli, Duthé,
Renard, Bartolozzi. — Louis XVII, par Hourdain et
Gabrielli.

> 9 pièces.

1178 — Portrait de Marie-Antoinette avec un grand
chapeau à plumes ; au-dessous : *Ah ! ça ira*, avec
une guillotine, in-8.

> Pièce anonyme. Très rare.

1179 — Marie-Antoinette d'Autriche, par Ruotte, d'après
Césarine F...

> Très belle épreuve, marge.

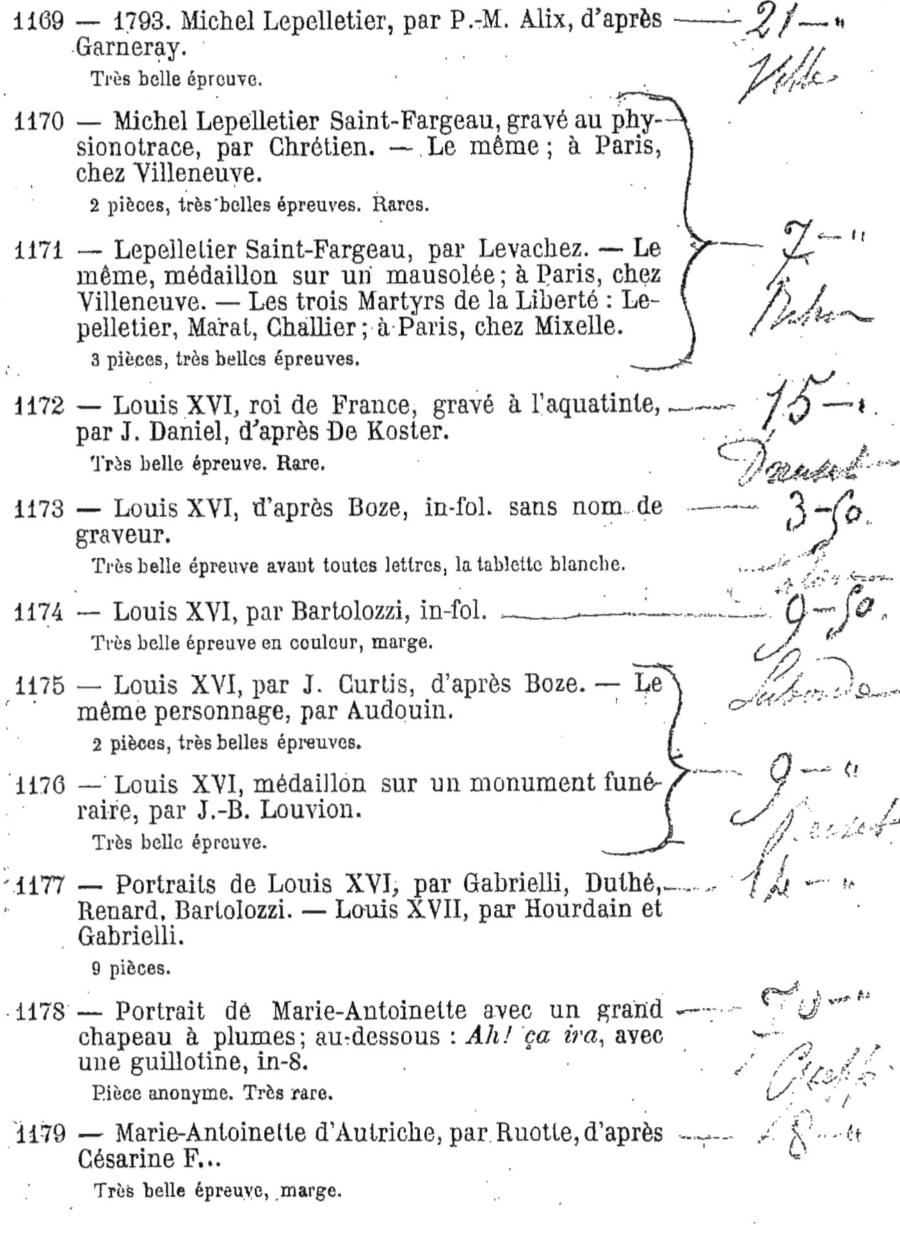

1180 — 1793. Marie-Antoinette, par Porporati.

Belle épreuve.

1181 — Marie-Antoinette en veuve, dans sa prison, par J. Murphy, d'après la marquise de Bréhan.

Très belle épreuve.

1182 — Marie-Antoinette, en vestale, d'après Dumont, gravée par A. Tardieu.

Très belle épreuve.

1183 — Marie-Antoinette, par Voyez, in 4.

Très belle épreuve avant toutes lettres.

1184 — Portraits de Marie-Antoinette : médaillon avec la scène des Adieux au-dessous, anonyme. — Marie-Antoinette en veuve par Bartolozzi et Claëssens. — La Reine à la Conciergerie par Prieur.

4 pièces.

1185 — J.-P. Marat, par Et. Boisson, d'après Boze.

Très belle épreuve, marge.

1186 — J.-P. Marat, l'ami du peuple, second Martyr de la Liberté, par Vérité, in-fol.

Très belle épreuve, grande marge.

1187 — Portrait de Marat, gravé au physionotrace par Quénédey. — Le même avec une couronne par Levachez. — Le même par Vérité. — L'ami du peuple dessiné d'après nature le samedi 19 juillet 1793. — Marat, tel qu'il était au moment de sa mort, par Copia, d'après David. — Marat, Lepelletier Saint-Fargeau et Challier, sur la même planche, in-8. — Marat, Lepelletier Saint-Fargeau, Challier et Joseph Barra, quatre bustes avec couronnes de laurier, sur la même planche.

7 pièces, très belles épreuves. Rares.

1188 — Jean-Marie Roland, ministre de l'intérieur par N. Colibert, in-fol.

Très belle épreuve.

1189 — Portrait de Mᵐᵉ Roland, gravé au physionotrace par Chrétien. — La même, avec quatre vers au bas, — Autre d'après Saint-Aubin.

3 pièces, très belles épreuves. Rares.

1190 — 1793. Mme la Marquise de Villette, par Mme Lingée — 5 — "
d'après Pujos.

Très belle épreuve.

1191 — La France transmet à l'immortalité le Testament — 18 — "
de Louis XVI, par Chatillon. — Supplice de
Louis XVI sur la place de la Révolution. — Vues
de Bâle et des environs. — Journée du 31 mai 1793.
— Tableaux de la Révolution par Duplessis-Bertaux.
Vignettes diverses. — / Portraits de Lepelletier
Saint-Fargeau, Lamoignon-Malesherbes, Challier,
Dumouriez, Marat, Hérault de Séchelles.

73 pièces.

1192 — Déclaration des Droits de l'homme, par Benoist. — 21 — "
— Le 31 mai 1793, par Tassaert. — Vues de Caen.
— Mort de Marat. — La Fontaine de la Régéné-
ration, d'après Monnet, avant et avec la lettre. —
Introduction des Anglais dans le Port de Toulon,
d'après Féraud. — Bataille de Hondscoote. —
Tableaux de la Révolution, d'après Prieur, avant et
avec la lettre. — Vignettes. — Portraits de Char-
lotte Corday, le général Houchard, le général
Luckner.

85 pièces.

1193 — Apothéose de Louis XVI et de Marie-Antoinette — 23 — "
par Sixdéniers. — Le Maréchal Ferrant de la
Vendée, par Copia, avant la lettre. — Le peintre
amoureux de son modèle, caricature sur Villette.
— Brissot mettant ses gants. — La Constitution
entre les mains de Brissotin. — Souper et Indigestion du Diable. — Caricatures diverses. — Portraits de Michel Lepelletier, Louis XVI, par Duplessis - Bertaux , Haid et autres. P. Manuel,
Lamoignon-Malesherbes, Marat, Philippe Egalité,
par divers graveurs, Roland de la Platière, Mme Roland, Santerre, De Sèze, Vergniau, Agricola Viala,
par Vérité, Ch. Villette, par Gaucher.

67 pièces.

1194 — Tableaux de la Révolution d'après Prieur, — 16 — "
avant et avec la lettre. — Vignettes tirées des Ré-
volutions de Paris et autres. — Les Girondins. —
Suppression de la Loterie royale le 16 nov. 1793.
— Vues d'Angers. — Mariages républicains à Nantes.
— Mort courageuse de Fabre de l'Hérault, à Paris

chez Sombret. — Vues d'Evreux. — Médailles. —
Assignats. — Portraits de Gensonné, Mme Roland,
Roland de la Platière, P. Manuel.

132 pièces.

1195 — 1793. Portraits de Bailly, maire de Paris, Barnave,
Joseph Barra, de Bonchamps, Arm. Louis Biron,
Brissot, Boyer, Fonfrède, Joseph Challier, Chauveau
Lagarde, Clavière, Charlotte Corday, par divers
graveurs, Custine, Mme Du Barry, par Céroni, avant
la lettre, le général Dumouriez, par divers, Claude
Fauchet, Arnaud Gensonné, Hérault de Séchelles,
le général Houchard, Hancock, président du Con-
grès Anglo-Américain, Gorsas, député de la Seine,
Kersaint, Cl. G. Lambert.

71 pièces.

1196 — 1794. Assassinat de Collot d'Herbois le 23 mai
1794, à Paris chez Sombret.

Très belle épreuve.

1197 — Assassinat de Collot d'Herbois, par Marchand,
d'après Desrais. — Geoffroy arrête Amiral, assassin
de Collot d'Herbois, par les mêmes.

2 pièces, très belles épreuves. Rares.

1198 — Comité de l'an deuxième, à Paris chez J.-B. Huet
fils.

Très belle épreuve. Rare.

1199 — Camille Desmoulins en prison écrivant une
lettre à Lucile, sa femme, pièce publiée en Angleterre, avec texte au-dessous.

Très belle épreuve. Très rare.

1200 — Cécile Renaud arrêtée chez Robespierre, le
22 mai 1794, par Duplessis-Bertaux.

3 épreuves dont une avant la lettre et une à l'eau-forte pure.

1201 — Combat du *Vengeur*, le 1er juin 1794, par Le
Gouaz, d'après Ozanne. — Héroïsme des marins qui
montaient le vaisseau le *Vengeur*, par les mêmes,
avant et avec la lettre.

3 pièces, très belles épreuves.

1202 — Vue du Jardin national et des décorations le
jour de la fête célébrée en l'honneur de l'Être-Suprême, le décadi 20 prairial, l'an II. A Paris, chez

Chéreau. — Fête à l'Être-Suprême, le 8 juin 1794,
par Duplessis-Bertaux. — Vue de la Montagne élevée au champ de la Réunion, pour la fête qui y a
été célébrée en l'honneur de l'Être-Suprême.

    3 pièces, la dernière est coloriée.

1203 — 1794. Clôture de la salle des Jacobins, dans la nuit
du 27 au 28 juillet 1794, par Duplessis-Bertaux.

    3 épreuves, dont une avant la lettre et une à l'eau-forte pure.

1204 — Le IX thermidor an II, par Helman, d'après
Monnet.

    2 très belles épreuves, dont une avant la lettre.

1205 — Affiche ou placard qui était apposé aux maisons
avec deux tableaux destinés à contenir les noms
des locataires, en exécution du décret contre les
suspects et les nobles; trophée surmonté du bonnet
phrygien avec ces mots : Unité, indivisibilité de la
République. A Paris, chez Basset.

    Belle pièce. Très rare.

1206 — Arrestation de Robespierre, le 27 juillet 1794,
par Mich. Sloane, d'après Barbier. — Horrible conspiration de Robespierre, dévoilée par le Comité de
salut public, médaille.

    2 pièces, très belles épreuves.

1207 — La Nuit du 9 au 10 thermidor an II, par Tassaert, d'après J. Harriet, grand in-fol.

    Très belle épreuve.

1208 — Prison des Madelonnettes, devenue maison
d'arrêt sous la tyrannie de Robespierre, l'an 1794.

    Très belle épreuve. Rare.

1209 — Calendrier républicain, pour l'an II, par P.-L.
Debucourt.

    Très belle épreuve, marge.

1210 — Nouveau calendrier de la République française,
par Queverdo, en deux feuilles.

    Très belles épreuves.

1211 — Décadaire des Hommes célèbres. A Paris, chez
Gamble et Coipel, in-fol.

    Belle épreuve. Très rare.

1212 — 1794. La Fête à la Vieillesse, par Duplessis-Bertaux, d'après Wille, grand in-fol.

2 épreuves, dont une avant la lettre et l'autre coloriée.

1213 — Le Génie français adopte la Liberté et l'Égalité, par Allais, d'après Fragonard fils, grand in-fol.

Très belle épreuve.

1214 — La Force. — L'Egalité, par Carrée et Duruisseau, d'après Le Clerc, grand in-fol.

2 pièces gravées à la manière du crayon, sur fond bleu, avec marge.

1215 — Caricatures. Le IX Thermidor ou la Surprise anglaise, par J.-B. Louvion. — L'Egalité triomphante ou le Triumvirat puni; à Paris, chez Villeneuve. — Etrennes aux patriotes : dom Chabot, député par l'Assemblée, pour donner des étrennes à la Nation. — Le Peuple français ou le régime de Robespierre.

4 pièces, dont une en bistre et une coloriée.

1216 — Régénération du capucin Chabot. — La République tenant un poignard et une torche. — Proclamation de l'évêque de Paris. — Un chef de l'armée révolutionnaire et son ami le président Brise-Salé. — Leçon donnée par Robespierre. — Le Père Duchêne et Jean Bart. — Le Peuple français ou le régime de Robespierre. — Les Délassements du Palais-Royal; le Biribi ou la Belle. — La Correction républicaine. — A Paris; coq pendu à un réverbère, pièce anonyme. — Le Diable et sa femme, anonyme.

13 pièces, dont dix coloriées.

1217 — Portraits de J.-P. Brissot, député à la seconde législature, gravé au physionotrace, par Chrétien. — C. Basire, représentant du peuple, par le même.

2 pièces, très rares.

1218 — Lord Camden, en pied, par James Basire, d'après Joshua Reynolds.

Très belle épreuve.

1218 bis. — Madame Élisabeth, sœur de Louis XVI, par M.-A. Boizot.

Très belle épreuve.

1219 — 1794. P.-J. de Florian, médaillon avec une scène d'*Estelle*, au-dessous, in-4, sans noms d'artistes. — Le même, par G.-J. Gaucher, d'après Flouest.

2 pièces, très belles épreuves.

1220 — Portrait de La Rochejacquelein, général vendéen, coiffé d'un chapeau à plumes, in-4.

Très belle épreuve avant toutes lettres, marge.

1221 — Le Chapellier, avocat, député de Bretagne, par Le Vachez. — Le même; à Paris, chez Lecœur. — Le Législateur de Biribi, pièce avec le portrait de Le Chapellier; à Paris, chez Villeneuve, en couleur.

4 pièces, très belles épreuves.

1222 — Luckner, maréchal de France; à Paris, chez Villeneuve, en couleur sur fond rouge. — Le même; à Paris, chez Basset, à la sanguine. — Le même, par C. Guérin.

3 pièces.

1223 — Marie-Amélie, archiduchesse d'Autriche, sœur de Marie-Antoinette, par J. Adam, in-8.

Très belle épreuve, grandes marges.

1224 — A.-F. Momoro, premier imprimeur de la Liberté nationale, in-8.

Très belle épreuve. Rare.

1225 — Robespierre pressant un cœur dans une coupe, par Canu, avant la lettre. — Le même personnage; à Paris, chez Villeneuve, en couleur sur fond rouge.

2 pièces, très belles épreuves. Rares.

1226 — Mlle Robespierre, gravé au physionotrace par Chrétien.

Belle épreuve. Très rare.

1227 — Mme Tallien assise sur un fauteuil, gravé en Angleterre, par W. Bond, in-fol.

Très belle épreuve en bistre. Rare.

1228 — 1794. Intérieur d'un Comité révolutionnaire, sous le règne de la Terreur, eau-forte pure par Malapeau et épreuve terminée. — Condorcet se donnant la mort dans sa prison, le 28 mars 1794, par Duplessis-Bertaux, avant et avec la lettre. —

Femme d'un suspect prisonnière dans son domicile. — Pacification de la Vendée, par Girardet. — Soupers fraternels dans les Sections de Paris.— Aux Mânes des jeunes filles de Verdun. — Bataille de Fleurus, le 26 juin 1794.— Loiserolles se dévoue à la mort pour son fils, le 25 juillet 1794, par Bertault. — Portraits de Condorcet, le général Hoche, Lavoisier, Mme Cécile Renaud, Guadet, Jourdan, Henriot.

76 pièces.

1229 — 1794. Attaque de la Maison commune de Paris. — Robespierre amené blessé dans l'antisalle du Comité de Salut public, par Duplessis-Bertaux. — Vues de Cologne. — Passage du Wahl par l'armée française, le 25 décembre 1794. — Entrée des Français en Hollande, par Duplessis-Bertaux, avant la lettre et eaux-fortes pures. — L'appel des condamnés. — Jeune Fille emportant la tête de son amant, 1794; très rare. — Médailles et vignettes diverses.

77 pièces.

1230 — Portraits de C. Bazire, par Chrétien, Barbaroux, Robespierre, Alex. Beauharnais, Ch. Bouche, député d'Aix, Victor de Broglie, Léon Buzot, député de l'Eure, le cardinal de Bernis, par Lemire et autres, Joseph Cange, J.-B. Carrier, Chamfort, Chaumette, Condorcet, Couthon, Danton, J.-F. Delacroix, par Miger, Camille Desmoulins, Arthur Dillon, général, dessiné par Baudet-Bauderval, Dugommier, Mme Elisabeth, par divers graveurs.

63 pièces.

1231 — Portraits de Fabre d'Églantine, Florian, Emm. Freteau, J.-B. Gobel, l'abbé Gouttes, Chr. Gerle, Ed. Gibbon, Hanriot, E. Guadet, le prince A. Kauniz, Josias, duc de Cobourg, La Rochejacquelein, de Lescure, Le Chapelier, par plusieurs graveurs, Lavoisier, Linguet, Luckner, Lamoignon-Malesherbes, par Hubert, avant et avec lettre, Mme Necker, Mlle Renaud, Robespierre, par divers graveurs Saint-Just, Tallien, Mme Tallien.

91 pièces.

1232 — 1795. Fête de la Liberté, célébrée à l'occasion de l'inauguration de l'Arbre de la Liberté à Amsterdam, le 4 mars 1795. — Fête de l'Alliance entre les Républiques française et batave, célébrée à Amsterdam, le 19 juin 1795, par Vinkèles, d'après Kuyper.

2 pièces, très belles épreuves avant la lettre.

1233 — 1795. Les mêmes estampes.

2 pièces, très belles épreuves.

1234 — L'Intérieur du Comité révolutionnaire, scène dernière. Se vend à Paris, chez le citoyen Boulet, grand in-fol.

Superbe épreuve en bistre. Très rare.

1235 — Audience publique du Directoire, dessiné d'après nature par Chataigner.

Très belle épreuve coloriée.

1236 — Départ de France de la princesse Marie-Thérèse-Charlotte, fille de Louis XVI, le 26 décembre 1795, par Mechel.

Très belle épreuve avant toutes lettres, en bistre. Avec la notice historique.

1237 — Arrivée de la princesse Marie-Thérèse-Charlotte, fille de Louis XVI, à Basle, le 26 décembre 1795, gravé à Londres par Francis Jukes.

Très belle épreuve en bistre. On y a joint la notice historique.

1238 — Aux malheureuses et innocentes Victimes immolées à Lyon, après le Siège de leur patrie ; monument élevé aux Brotteaux en 1795, et abattu en 1796, grand in-fol.

Très belle épreuve en bistre.

1239 — Costumes du Directoire, par Denon, d'après David.

13 pièces, dont quatre coloriées.

1240 — Costume des Représentants du Peuple français et Fonctionnaires publics ; au milieu, la Vue de l'intérieur de la Salle des Anciens. A Paris, chez Canu.

Très belle épreuve coloriée, grandes marges.

1241 — Costumes de généraux, magistrats et fonctionnaires de la République, par Alix, d'après Garneray.

39 pièces en couleur.

1242 — 1795. Point de Convention, par Tresca.

Très belle épreuve, toute marge.

1243 — Le même Sujet, publié à Londres : A Treaty of commerce.

Très belle épreuve en bistre.

1244 — L'heureuse Réunion. Allégorie par Schiavonetti, d'après Pellegrino, grand in-fol.

Très belle épreuve, toute marge.

1245 — Apothéose de Louis XVI et de Marie-Antoinette, par F. Bartolozzi, d'après W. Hamilton, grand in-fol.

2 très belles épreuves, dont une en bistre.

1246 — Pièce allégorique sur la mise en liberté de Madame Royale. — Allégorie hollandaise sur la Démocratie. — Allégorie sur la liberté des mers, par Godefroy. — Amélioration des mœurs, pièce satyrique, par Chodowiecki. — Président d'un Comité révolutionnaire s'amusant de son art en attendant la levée d'un scellé. — Le même après la levée du scellé. — Les formes acerbes, en noir et en bistre. — The state caterpillar, caricature anglaise. — Epître de l'apôtre Saint-Pierre au Peuple français.

12 pièces, dont plusieurs coloriées.

1247 — Portrait de Barrère de Vieuzac, député de Bigorre, par Sergent. — Barrère à la tribune, par Denon, avant la lettre.

2 pièces, belles épreuves.

1248 — Boissy d'Anglas, gravé au physionotrace par Quénedey. — Le même, par Levachez. — Autre, par Voyez.

3 pièces.

1249 — Letourneur, membre du Directoire exécutif, par P.-M. Alix, grand in-fol. — Le même, par J.-B. Compagnie.

2 pièces, très belles épreuves.

1250 — A l'Immortalité : médaillon avec les portraits de Louis XVI, Marie-Antoinette et le Dauphin, suspendu à une pyramide, par Aug. de Saint-Aubin, d'après Sauvage, in-4.

2 épreuves dont une superbe avant toutes lettres, la tablette blanche.

1251 — 1795. La même estampe. — Autre, par Ruotte, réduction in-8.

    2 pièces.

1252 — Louis XVI, Marie-Antoinette et le dauphin, médaillon en forme de camée.

    Très belle épreuve avant toutes lettres, grandes marges.

1253 — Marie-Thérèse-Charlotte, princesse royale de France, gravé à Vienne, par J. Léon, d'après Charles Caspar.

    Très belle épreuve.

1254 — Le même Portrait.

    Épreuve imprimée sur parchemin.

1255 — Marie-Thérèse-Charlotte de France, par Chr. de Mechel, in-fol.

    Très belle épreuve en couleur.

1256 — Marie-Thérèse-Charlotte, duchesse d'Angoulême, par Pichler, in-fol.

    Très belle épreuve avant toutes lettres, en couleur. Rare.

1257 — Madame Royale, fille de Louis XVI, par Klauber. — La même, par Alix, Hourdain et Mansfeld.

    4 pièces, très belles épreuves.

1258 — Portraits de Madame Royale, par Audinet, Bonneville, Sebastianus et autres. — Louis XVII, par divers.

    8 pièces.

1259 — Le général Pichegru, par Hodges.

    Superbe épreuve, avant toutes lettres.

1260 — Le même personnage en pied, par Coqueret. — Autre, publié à Londres, gravé par Cook.

    2 pièces, très belles épreuves.

1261 — Le comte de Toulouse-Lautrec, député à l'Assemblée nationale, en pied, d'après Audebert, in-fol.

    Epreuve en bistre. Très rare.

1262 — 1795. Conquête de la Hollande. — Départ des ex-députés Billaud, Collot et Barrère, pour la déportation, par Berthault. — Fouquier-Tinville jugé par le Tribunal révolutionnaire. — Journée du

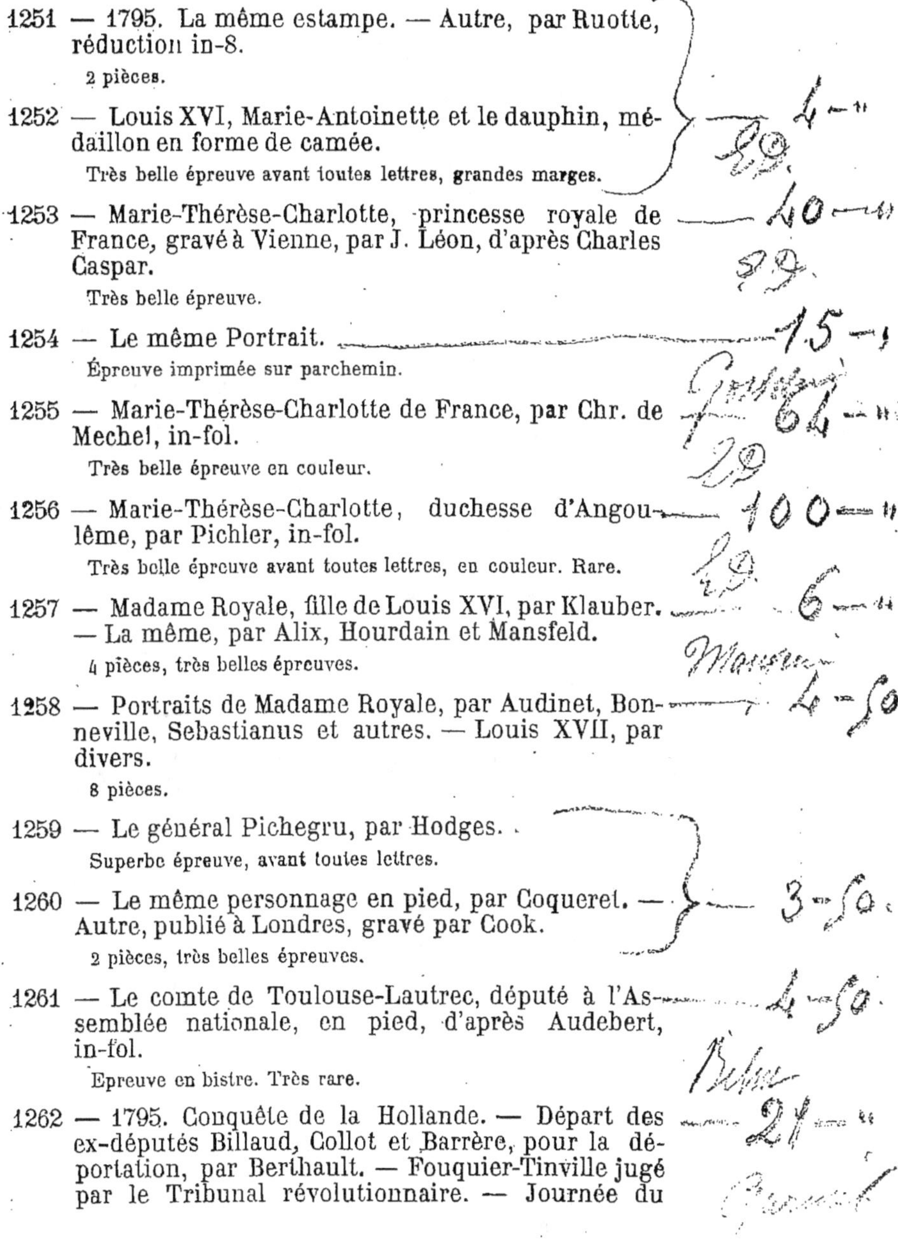

1er Prairial an III, assassinat du député Ferraud, par Helman, d'après Monnet, avant et avec la lettre. — Massacres dans le Fort Saint-Jean à Marseille. — Constitution de l'an III. Journée du 13 Vendémiaire an IV, à l'Eglise Saint-Roch, rue Saint-Honoré, par Helman, avant et avec lettre. — Audience du Directoire en costume, par Duplessis-Bertaux, eau-forte pure et avec lettre. — Echange des Députés prisonniers en Autriche. — Assignats.

78 pièces.

1263 — 1795. Portraits de Barrère, J.-J. Barthelemy, Barras, Boissy d'Anglas Fouquier-Tinville, Louis Leroy dit Dix-Août, Caillères-Lestang, Carnot, Collot d'Herbois, J.-M. Goujon, député, Henri Jessé, Mathurin Bruneau, faux Dauphin, Louis XVIII, le général Pichegru, Reveillère-Lepeaux, Jean Rewbel, Vadier, La Tour Châtillon-Zur-Lauben, Apothéose de Louis XVI.

51 pièces.

1264 — 1796. Arrivée et campement des Français dans la Place d'Armes de Livourne, le 27 juin 1796, par Poggioli. — Débarquement et entrée des Anglais dans Porto-Ferraio, le 10 juillet 1796, par Lapi, très grand in-fol.

2 pièces, très belles épreuves, grandes marges.

1265 — Action navale du capitaine Trollope, le 16 juillet 1796, par James Daniell, d'après Singleton, grand in-fol.

Très belle épreuve.

1266 — La Mort du général Marceau, par Sixdéniers, d'après Bouchot, grand in-fol.

Très belle épreuve avant la lettre.

1267 — Vue pittoresque du Théâtre de la Guerre sur le Haut-Rhin, au-dessus de Basle dans la nuit du 30 novembre au 1er décembre 1796, par Ch. de Mechel.

Très belle épreuve coloriée.

1268 — Spécimens de papier monnaie, petites pièces rondes. — Valeur des assignats et autres papiers monnaies, par J. Bénisy. — Feuilles d'assignats avec un mendiant au milieu. — Papiers-monnaies

de la République Française ; à Malines, chez J. Hu-
nin. — Feuille d'assignats et Mandat territorial. —
Eventail : Grammaire Française à l'usage des ren-
tiers, colorié. — Hélas ! rien dans les mains, rien
dans les poches ; le Temps présent, colorié. — La
Pauvre rentière ; idée du Tableau le plus touchant
du Salon de l'an IX.

> 12 pièces.

1269 — 1796. Départ des remplacés, ou tableau de Paris
et de la France en Floréal. — Arrivée des Remplaçants.

> 2 pièces, très belles épreuves.

1270 — La Folie du Jour, par Tresca.
> Très belle épreuve, marge.

1271 — Marche incroyable, par Bonnefoy, d'après Boilly.
> Très belle épreuve ; plus une copie en réduction.

1272 — La Danse incroyable. — Les Effroyables. —
Ah ! c'est mon valet La Fleur. — Quoi, à pied,
Citoyenne française, où est donc votre carrosse.

> 4 pièces, très belles épreuves.

1273 — Les Inconcevables.
> Très belle épreuve coloriée.

1274 — La Revanche donnée aux Sans-Culottes. Chez
Camus.

> Très belle épreuve. Rare.

1275 — Bonaparte à la Bataille d'Arcole, le 27 brumaire
an V, par Longhi, d'après Le Gros.
> Très belle épreuve sur Chine, marge.

1276 — Bonaparte, général en chef de l'armée d'Italie, à
cheval, par Darcis. — Moreau, général de l'armée
de Sambre-et-Meuse, en pied.

> 2 pièces, très belles épreuves.

1277 — Charette, général vendéen ; au-dessous une
charrette.

> Très belle épreuve avant toutes lettres.

1278 — F.-A. Charette de la Contrie, chef de l'armée
royale de la Vendée, in-8. — Le même personnage
coiffé d'un chapeau à plumes, in-4, avant toutes
lettres.

> 2 pièces, très belles épreuves.

1279 — 1796. Sir Sidney Smith, fait au Temple, par Hennequin, le 28 brumaire an V et gravé à l'eau-forte, par Maria Cosway.

Très belle épreuve. Rare.

1280 — Victor-Amédée III, roi de Sardaigne, par Aug. de Saint-Aubin, in-fol. — Le même personnage, par Cathelin.

2 pièces, belles épreuves.

1281 — 1796. Exécution de Charette à Nantes le 29 mars 1796, par Berthault. — Serment du colonel Rampon, par A. Massard. — Bataille de Mondovi, par Masquelier et Decamps. — Passage du Pô, le 8 mai 1796. — Entrée des français à Milan. — Vues de Milan. — Passage du Rhin à Khel. — Bataille de Castiglione. — Bataille de Roveredo. — Batailles par Duplessis-Bertaux avant la lettre et à l'eau-forte pure. — Batailles tirées des Galeries de Versailles.

100 pièces.

1282 — Bataille de St-George, près Mantoue. — Mort du général Marceau. — Fête de la fondation de la République. — Délivrance de la Corse, le 29 vendémiaire an V. — Passage de l'armée française aux ordres du général Moreau, par la Vallée dite d'Enfer, en octobre 1796. — Bataille d'Arcole. — Batailles par Duplessis-Bertaux avant la lettre et eaux-fortes pures. — Pièces tirées des Fastes du peuple français. — Exploit des français contre les paysannes allemandes, colorié. — Arrivée des Remplaçants, pièce anonyme. — Portraits de Charette, Alex. Berthier, Marceau, Augereau, J. Blauw, par Tardieu, Catherine II, Pierre III, Stanislas-Auguste, roi de Pologne, William Chambers, par Houston, le Prince de Montbarey, Rampon, V. Moreau, Victor-Amédée, roi de Sardaigne.

84 pièces.

1283 — 1797. Evacuation de la Tête du pont d'Huningue par les Troupes françaises les 2, 3 et 4 février 1797, — Entrée du général Bonaparte dans la ville de Bâle le 24 novembre 1797, par Chr. de Mechel.

2 pièces, très belles épreuves coloriées.

1284 — Lafayette prisonnier à Olmutz, mis en liberté le 27 août 1797, par Smith, d'après Morland.

Très belle épreuve, toute marge.

1285 — 1797. Journée du 18 fructidor, an V ; Non.,! nous ne sortirons pas d'ici, pièce anonyme.

    Très belle épreuve en bistre. Rare.

1286 — Bonaparte, médaillon avec allégorie : La Paix conclue entre la République française et l'Empire le 17 octobre 1797. — Préliminaires de la paix avec l'Empereur. — Entrevue de Bonaparte avec l'archiduc Charles, à Léoben, par Benoist, d'après Quéverdo, en couleur.

    3 pièces, très belles épreuves.

1287 — Allégorie relative à Bonaparte, dédiée au Directoire, par V.-M. Picot. — La Liberté de l'Italie, dédié aux Hommes libres, par Monsaldy, d'après Hennequin.

    2 pièces, très belles épreuves.

1288 — Le Triomphe des Armées françaises, par Monsaldi, avec la Carte des pays conquis dans le Nord.

    Très belle épreuve.

1289 — Plénipotentiaires du Congrès de Rastadt, par C. Guérin.

    16 pièces en bistre.

1290 — Mariage républicain. — Le Divorce, par Le Grand.

    2 pièces, très belles épreuves en couleur. Rares.

1291 — Le Serment conjugal, par Maradan, d'après Sonave. — Le Culte naturel, par Mallet.

    2 pièces, très belles épreuves.

1292 — Première réquisition des Deux genres, pièce contre les réfractaires. A Paris chez Huet fils.

    Belle épreuve. Très rare.

1293 — Vente des Déserts du Scioto, par des Anglo-Américains. A Paris chez Depeuille.

    Très belle épreuve. Rare.

1294 — What you will, par Levilly.

    Très belle épreuve, grandes marges.

1295 — Faites la paix, par Levilly.

    Très belle épreuve, grandes marges.

1296 — 1797. Les Payables, par Darcis.

Superbe épreuve, grandes marges.

1297 — Le Bœuf à la mode, par Ruotte d'après Swagers.

Très belle épreuve, grandes marges.

1298 — Le Janus français, par Petit.

Très belle épreuve, grandes marges.

1299 — Le grand ordre du jour ou la Résurrection des cloches. — Rendez-nous nos cloches, assemblée dite de Clichy. — La Royauté sous cloche.

5 pièces, dont une coloriée.

1300 — Caricatures, La Paix papale. — Le Traité de paix avec Rome : Baisez-ça Papa et faites patte de velours.

2 pièces, très belles épreuves.

1301 — Le Banquet anglais ; le cabinet de Saint-James traiteur ; à Paris, chez Loysel. — Le *Mea culpa* du pape, en bistre.

2 pièces, très belles épreuves.

1302 — Café politique ; lecture du journal. — Lequel faut-il donner? départ de Letourneur. — L'ami de la justice et de l'humanité. — L'abbé Domino donnant ses leçons au Café Turc. — Micali, agent secret des ministres italiens à Paris. — Liberté, Égalité.

6 pièces, très belles épreuves.

1303 — Le Cric de la France. — La chiquenaude du Peuple. — Entre deux chaises, le c.. par terre, pièce satirique sur Barras. — Plaies de l'Egypte ou État de la France depuis 1789 jusqu'à l'établissement de la Constitution actuelle. — Les Arts patentés par le décret du 9 fructidor an V.

8 pièces dont une coloriée.

1304 — Chef de famille expliquant au peuple les principes de la religion naturelle. — Le Jacobin royaliste. — L'Ecot, caricature sur Bonaparte et le roi d'Angleterre. — Honny soit qui s'y reconnaîtra. — La Bizarrerie, pièce satirique sur Pierre III. empereur de Russie. — Hoche dans son tombeau : Prends mon poste, viens, sauve la patrie?... — Manifeste pour l'auguste maison Austro-lorraine sur la signature des préliminaires de paix.

7 pièces en noir et coloriées.

1305 — 1797. Portrait de Barras, en pied, par Aléx.
Tardieu.

Très belle épreuve, lettres grises, toute marge.

1306 — Le général Hoche, mort à Wetzlar le 19 septembre 1797, par Josi. — Le même, en pied, par
Coqueret.

2 pièces, très belles épreuves.

1307 — Paul Ier, empereur de toutes les Russies, par
S. Klauber.

Très belle épreuve, grandes marges.

1308 — Le feld-maréchal Wurmser, par Young, d'après
Brand.

Très belle épreuve en couleur, grandes marges.

1309 — 1797. Bataille de Rivoli. — Bataille de la Favo-
rite. — Bataille et passage du Tagliamento. — Entrée des Français à Venise en floréal an V. — Vües
de Venise. — Vues de Trieste et de Léoben, coloriées. — Journée célèbre du 18 fructidor. — Cérémonie funèbre en l'honneur du général Hoche,
par Lépine, d'après Girardet. — Fête de Virgile
à Mantoue. — Vues de Bâle. — Fête donnée à
Bonaparte au palais national du Directoire après
le traité de Campo-Formio. — Médaille à la gloire
des Représentants fidèles dont le civisme a sauvé la
liberté le 18 fructidor an V. — L'Ambassadeur de
la Porte Ottomane. — Chef de famille expliquant
au peuple les principes de la religion naturelle. —
Représentation du radeau de Saint-Malo imaginé
pour faire une descente en Angleterre. — Caricature sur Barras et autres. — Plan géométral de Paris, par Delamarche, en 1797.

140 pièces.

1310 — Portraits de Babeuf, Paul Barras, Barthélemy,
Bonaparte, par divers; Bernadotte, Bernsdorf, ministre de Danemarck, par Clemens avant la lettre;
Du Bayet, Duhesme, Élisabeth-Christine, reine de
Prusse, Dumas, Duphot, Esseid-Ali-Effendi, ambassadeur de Turquie, N.-François de Neufchâteau,
Frédéric-Eugène de Wurstemberg, Frédéric-Guillaume, roi de Prusse, par Moreau le jeune, J. Adam,
Tardieu; Lazare Hoche, Merlin, de Douai, le général Liégard, Louvet, Sedaine, C. Salicetti, commis-
saire de la République près l'armée d'Italie, de Tal-
leyrand-Périgord, Treilhard, Am. Willot.

67 pièces.

1311 — 1798. Prise de l'île de Malte, par Bonaparte, le 12 juin 1798, d'après Naudet. — Bonaparte avant la bataille des Pyramides, par Vallot, d'après Gros.

2 pièces, très belles épreuves.

1312 — Combat naval des Anglais contre les Français dans la baie d'Aboukir, en août 1798, par W. Ellis, d'après Anderson.

Suite de 4 pièces, très belles épreuves.

1313 — Le duc de Nivernais, gravé à l'aquatinte, par Mac Ardell, in-fol.

Très belle épreuve avant toutes lettres.

1314 — Le même personnage, par Hubert, d'après Vigée·

Très belle épreuve, grandes marges.

1315 — Jeu allégorique de la Raison ou Facétie philosophique. — Les Émigrés à Rome à la lecture de la proclamation du général Berthier, le 16 février 1798. — M. R..., l'âne comme il n'y en a point. — Les Jeux des quatre coins, par Villeneuve. — Ça ne va pas bien pour nous: membre du Parlement anglais lisant les nouvelles de la République française. — Caricatures politiques : l'Exclusif, l'Indépendant, l'Acheté, le Systématique, l'Enrichi.

11 pièces dont six coloriées.

1316 — Notre-Dame de Lorette envoyée à Paris par le général Bonaparte, le 14 février 1798. — Vues de Soleure, de Fribourg, de Berne, de Genève et de Lucerne. — Cortège officiel lors de la réunion de Mulhouse à la France. — Départ de l'armée d'Orient pour l'Egypte. — Conquête de l'Egypte par les Français en messidor an VII. — Bataille des Pyramides. — Entrée des Français à Turin, le 20 frimaire an VII. — Proclamation de la République romaine. — Capitulation de la ville de Malte. — Entrée des Français dans le Piémont, par Duplessis-Bertaux, avant la lettre et à l'eau-forte pure. — Fastes de la nation française.

91 pièces.

1317 — 1799. Bataille de Stockack, le 25 mars 1799. — Bataille de Vérone, le 5 avril. — Surprise de Mannheim, le 18 septembre. — Bataille de Zurich, le 26 septembre, par Rugendas.

4 pièces, très belles épreuves coloriées.

1318 — 1799. Portrait de Bonaparte, par F. Bartolozzi
d'après Appiani.
Très belle épreuve en bistre, grandes marges.

1319 — Bonaparte, par Aug. Desnoyers, avant la lettre,
par Fiésinger, Hodges et Schiavonetti.
4 pièces, très belles épreuves.

1320 — Mᵐᵉ Bonaparte, par Chataignier, en couleur. —
Mᵐᵉ Bonaparte ; à Paris, chez Basset. — Rose-José-
phine Bonaparte, née de La Pagerie ; à Milan, chez
Fréd. Agnelli.
3 pièces, très belles épreuves.

1321 — Charles-Théodore, comte palatin du Rhin. —
Elisabeth-Augusta, sa femme, par J.-G. Wille. —
Charles-Théodore, comte palatin, par Romanet,
d'après Pompeo Battoni.
3 pièces, très belles épreuves.

1322 — P.-L. Dubus de Préville, comédien français, par
Romanet.
Très belle épreuve, grandes marges.

1323 — Le général Joubert, en pied, par Marchand,
avant et avec la lettre. — Kilmaine, par Coqueret.
3 pièces, très belles épreuves.

1324 — Dom. de La Rochefoucauld, archevêque de
Rouen, par Mellini, d'après Drouais.
Très belle épreuve.

1325 — Madame Marie-Louise-Thérèse de France (L'Eau),
par R. Gaillard, d'après Nattier.
Très belle épreuve, grandes marges.

1326 — Portraits de George Washington, par B.-L.
Prévost, L. Portman, avant la lettre, Macret et Blanchard.
5 pièces, très belles épreuves.

1327 — Le marchand d'habits. — Pêcheur des filets de
Saint-Cloud. — Sept cent cinquante m'écrasent. —
Grand événement survenu à un grand généra
(Scherer). — Caricature sur l'abbé Sieyès. — Mack
courant au camp français ; à Paris, chez Depeuille.
— Cavalcade de centaures, caricature anglaise. —
Allégorie : le Premier siècle de la gloire de la Prusse.
8 pièces, dont trois coloriées.

1328 — 1798-1799. Portraits de Adrien Duport, député de Paris, Pierre Ochs, J.-B. Treilhard, Bonaparte, le comte d'Aranda, Cambacérès, Bonnier, Championnet, Joubert, Brune, J.-A. Debry, Roger Ducos, le général Hédouville, Dom. de la Rochefoucauld, archevêque de Rouen, par Dupin, Le Brun, 3e consul, Marmontel, Etienne de Montgolfier, aéronaute, par Le Beau, Pie VI et le général Cervoni, par Ribault, avant la lettre. Reynier, Roberjot, Scherer, Sieyès, président de l'Assemblée nationale, par divers, Washington, Mme Marie-Louise-Thérèse de France, d'après Nattier, le duc d'Yorck.

85 pièces.

1329 — 1799. Prise de Naples, le 23 janvier 1799, par Rob. De Launay avant et avec la lettre. — Bataille du Monthabor, le 16 avril. — Assassinat des Plénipotentiaires français à Rastadt, par Helman, d'après Monnet, avant la lettre. — Bataille d'Aboukir, par Bovinet, David et autres. — Entrée des Français dans Naples. — Journée des 28, 29 et 30 prairial an VII. — Combat et victoire d'Aboukir. — Mort du général Joubert à la bataille de Novi. — Evacuation de la Hollande par les Anglo-Russes.— Journée du 18 brumaire, par Duplessis-Bertaux, la plupart avant la lettre et à l'eau-forte pure. — Jeu allégorique de la Raison. — Caricature sur le général Scherer. — Le marchand d'habits.

114 pièces.

1330 — 1800. Passage du grand St-Bernard, le 14 mai 1800. — Passage du Tessin et prise de Turbigo, le 31 mai. — Bataille de Casteggio-Montebello, le 9 juin. — Bataille de Marengo, le 14 juin, par Muller et Helland, très grand in-fol.

4 pièces, très belles épreuves.

1331 — Les mêmes estampes.

4 pièces, très belles épreuves avant toutes lettres, grandes marges.

1332 — Passage du grand St-Bernard, par Alix, Aubertin et Le Beau. — Le général Bonaparte traversant les Alpes, par A. Francais, d'après Paul Delaroche. — Bataille d'Héliopolis, par Lefèvre.

6 pièces, dont une coloriée.

1333 — 1800. Vue de l'Hospice du mont St-Bernard, au passage de l'armée française. — Vue du village de Saint-Remy sur la descente du mont St-Bernard, dans la vallée d'Aoust, par Moreau, d'après Muller, grand in-fol.

> 2 très belles épreuves en couleur.

1334 — Bataille de Marengo, le 14 juin 1800, par Coiny, d'après Lejeune, très grand in-fol.

> Très belle épreuve avant la lettre.

1335 — Bataille de Marengo, par Wexelberg, grand in-fol. — Bonaparte à la bataille de Marengo apprenant la mort du général Desaix, par F. David. — Bataille de Marengo, par Dequevauviller, d'après Swebach. — Bataille de Marengo, par Ponce, avant et avec la lettre. — Portraits de Bonaparte : au-dessous, la bataille de Marengo, par Duplessis-Bertaux.

> 10 pièces, très belles épreuves, dont une coloriée.

1336 — Mort du général Kléber, assassiné au Caire le 25 prairial an VIII. A Paris, chez Basset.

> Très belle épreuve.

1337 — Les douze Vendéens qui ont chassé les Anglais de Noirmoutiers présentés aux consuls le 16 fructidor an VIII. A Paris, chez Basset.

> Très belle épreuve. Rare.

1338 — Bataille de Hohenlinden, commandée par le général Moreau, le 12 frimaire an IX. — Combat de Neubourg. — Portrait du général Moreau, au-dessous : la bataille à Hohenlinden, par Duplessis-Bertaux.

> 5 pièces, dont trois coloriées.

1339 — Attentat contre le Premier Consul, rue Nicaise, le 3 nivose an IX.

> Très belle épreuve coloriée. Rare.

1340 — La machine infernale, par Bonnefoy. — Rue Nicaise. — Explosion de la machine infernale.

> 3 pièces dont une coloriée, plus une copie.

1341 — Marche du général Moreau sur Vienne, du 15 au 25 décembre 1800 ; vue des Villes sur son passage, par Ziegler.

> 19 pièces coloriées.

1342 — 1800. Costumes français; à Paris, chez Chéreau.

50 pièces, très belles épreuves coloriées. Rares.

1343 — La Quadruple alliance; à Paris, chez Loysel. — Le même sujet;, chez Bonneville. — Vénalité des Orateurs anglais, caricature sur Pitt. — Grande Revue de Windsor, par Ackerman.

4 pièces, dont trois coloriées.

1344 — Le Jongleur Pitt soutenant avec une loterie l'équilibre de l'Angleterre et les subsides de la Coalition. — Vénalité des Orateurs anglais. — La Quadruple alliance.

3 pièces, très belles épreuves coloriées.

1345 — Portrait de Mme Adélaïde de France (l'Air), par Beauvarlet, d'après Nattier.

Très belle épreuve.

1346 — Bonaparte, Premier Consul, par Moret, d'après Appiani.

Très belle épreuve en couleur.

1347 — Bonaparte à cheval, la Renommée plane au-dessus de lui, par Copia.

Superbe épreuve à l'eau-forte pure, grandes marges.

1348 — Le même Portrait.

Superbe épreuve avant toutes lettres, grandes marges.

1349 — Bonaparte à la Malmaison, par Lingée et Godefroy, d'après Isabey.

Très belle épreuve, marge.

1350 — Adieu Mal Maison. Réduction du portrait de Bonaparte en pied, d'après Isabey, par Lingée et Cooper.

Très belle épreuve. Rare.

1351 — Bonaparte, Premier Consul, médaille par Lefèvre. — Bonaparte, de profil, avant la lettre, publié à Londres. — Autre par Bonneville.

3 pièces, très belles épreuves.

1352 — Le général Desaix, en pied, par Monsaldy, d'après Dutertre. — Le même, par Fiesinger, Bonneville, Portman et autre. — Actions glorieuses et Faits d'armes du général Desaix; à Paris, chez Charon.

6 pièces, très belles épreuves.

1353 — 1800. André Hadyk, général autrichien, tué à la
Bataille de Marengo, par Pichler. — Le général Kray,
par Rahl.

2 pièces, très belles épreuves.

1354 — Kléber, général de l'Armée de Sambre-et-Meuse,
en pied, par Alix, d'après Boilly.

Très belle épreuve, marge.

1355 — Kléber, général en chef de l'Armée d'Égypte,
par Le Vachez, in-8.

Belle épreuve en couleur, sans marge.

1356 — Portraits de Kléber, par Choffard, d'après
J. Guérin, très rare. — Le même, par Villeneuve,
médaillon sur le Bouclier national. — Le même,
par Monsaldy, Fiesinger, Bonneville, Charon, et
autres.

9 pièces.

1357 — Portrait de Marie-Anne, archiduchesse d'Autriche, abbesse de Prague, par J. Kreutzinger, in-8.

3 pièces, dont une coloriée. — Plus une gravure faite par cette
princesse en 1772.

1358 — Alexandre Souvarow, général russe, par H. Goed,
d'après Kalichew.

Superbe épreuve. Rare.

1359 — Le même personnage, gravé à Vienne, par Neidl.

Très belle épreuve, marge.

1360 — 1800. Bataille d'Héliopolis, par Lefèvre jeune. —
Passage du Mont Saint-Bernard. — Bataille de
Montebello, le 9 juin 1800, par De Launay et Le
Beau — Bataille de Hohenlinden. — Vues diverses
du Mont Saint-Bernard. — Batailles, tirées des Galeries de Versailles. — Actions d'éclat, vignettes,
par Couché fils.

80 pièces.

1361 — Portraits de Bonaparte, Berthier, N. Baudin,
Desaix, Duroc, Fouché, sénateur, A. Fourcroy, par
Alix, Kléber, La Tour d'Auvergne, Masséna, J.-B.
Menou, L.-Guill. Otto, Marc-René de Montalembert,
par Saint-Aubin, Pie VII, Sidney Smith, lord
Saint-Helens, Sainte-Suzanne, Alex. Souvarow,
Mme Adélaïde de France.

56 pièces.

1362 — 1801. Fête du 14 juillet an IX (1801) ; vue du Temple élevé dans le grand carré des Champs-Elysées, dans lequel le concert fut exécuté. A Paris, chez Basset.

Belle épreuve coloriée.

1363 — Le général Bonaparte, Premier Consul, signe le concordat entre la France et le Saint-Siège, le 15 juillet 1801, avant toutes lettres, in-fol. — Rétablissement de la Religion catholique, deux pièces avec portraits de Bonaparte et de Pie VII, avec texte au-dessous. — Le Concordat. Entrée du Premier Consul dans la cathédrale de Paris, le 18 germinal an X, jour de Pâques ; à Paris, chez Bonneville, coloriée.

4 pièces.

1364 — A la gloire immortelle de Bonaparte, par J.-B. Louvion. — Il a tenu parole : allégorie sur Bonaparte ; à Paris, chez Dépeuille.

2 pièces très belles épreuves, la première est avant l'adresse et avec l'explication.

1365 — Les mêmes Estampes.

2 pièces, belles épreuves.

1366 — Paix générale, an X ; allégorie avec portrait de Bonaparte, par Lecœur.

Très belle épreuve en bistre.

1367 — La liberté des mers, — Allégorie sur le traité de paix de l'an X ; à Paris, chez Tiger. — Fantasmagorie de Robertson. — Deuxième conciliabule des Vénérables Pères Communicants, le 29 juin 1801. — Inauguration de la statue de Virgile, par L. Rados. — Médaille allégorique dédiée au Consulat, avec légende au-dessous.

6 pièces.

1368 — Caricature de George III et le Gouvernement anglais. — Autre sur le même roi commandant son Armée-cruche. — George aux abois. — Enfin, nous le tenons. — Situation de l'Angleterre. — L'Ambition dévorant l'Angleterre. — Le passé, le présent et l'avenir de l'Angleterre. — Le commencement de la fin. — L'Ami du peuple.

9 pièces coloriées.

1369 — 1801. Portrait de Bonaparte, par Alix.

Superbe épreuve en couleur, avant toutes lettres, le nom du graveur à la pointe.

1370 — Bonaparte, pacificateur de l'Europe, par Demachy et Villeneuve, d'après Valin.

Superbe épreuve en couleur. Très rare.

1371 — Bonaparte Ier, consul de la République française, par P.-P. Choffard, an IX (P. et B. 27).

2 très belles épreuves dont une à l'eau-forte pure et l'autre avant la lettre, grandes marges. Très rares.

1372 — Portraits de Bonaparte, par Godefroy, d'après Chaudet, avant la lettre. — Le même personnage, par A. Tardieu, d'après Isabey. — Autre, médaillon au-dessus d'un aigle tenant une branche d'olivier. — Allégorie : La Renommée annonce le retour du héros dont la victoire nous ramène la paix, par J.-B. Massard.

4 pièces, très belles épreuves.

1373 — Portraits de Frédéric-Guillaume, roi de Prusse. — Frédéric VI, roi de Danemarck et de Norwège. — Marie-Sophie-Frederique, reine de Danemarck.

8 pièces, très belles épreuves dont quatre en couleur.

1374 — Sir Ralph Abercrombie, général anglais, par S.-W. Reynolds, d'après Hoppner.

Très belle épreuve en couleur.

1375 — George III, roi d'Angleterre, par Tomkins.

Très belle épreuve.

1376 — Portrait de Lavater, par Pfeiffer, in-fol.

Très belle épreuve, grandes marges.

1377 — Paul Petrowitz, grand-duc de Russie, par Pasch, Mansfeld et Bonneville.

3 pièces, très belles épreuves.

1378 — Vue de la Cour du Louvre pendant l'Exposition des produits de l'Industrie française, par Baltard. — A la gloire immortelle de Bonaparte, par J.-B. Louvion. — Caricature sur le roi George III, d'Angleterre. — Echantillons de papier de paille présentés à l'Institut le 16 floréal an IX, par Séguin de Sèves, inventeur et fabricant, avec portrait de Bonaparte, par J.-B. Massard. — Portraits de Frédéric VI, roi de Danemark, Dolomieu, par Saint-Aubin, le comte de Haugwiz, Maurice, comte de Lacy, le comte de Livourne, l'amiral Nelson, Lavater.

36 pièces.

1379 — 1802. Création de la Légion d'honneur le 19 mai 1802, dessiné et gravé par Tourcaty.

2 pièces, dont une coloriée.

1380 — Réception de l'empereur Alexandre de Russie, par Frédéric-Guillaume et la reine Louise de Prusse, le 10 juin 1802 ; gravure anglaise anonyme.

Très belle épreuve. Rare.

1381 — Les Honneurs du triomphe de Bonaparte, par David, d'après Monnet, avant la lettre. — La Paix conduit Bonaparte à l'Immortalité, par Chapuy. — Le Soutien de la France ; à Paris, chez Chataignier. — Bonaparte ramenant la Paix en France, par Mosquetti. — La Paix, l'Abondance et la Liberté des mers. — Hommage rendu à Bonaparte, par Blancard. — A la Gloire immortelle de Bonaparte ; à Paris, chez Chéreau.

8 pièces, dont quatre coloriées.

1382 — Tableau général de la Révolution française, terminé par celui de la Paix, par Ch. Normand. — La Paix générale, allégorie allemande, par Berger. — The Political See-Saw, caricatures anglaises sur la Paix générale.

8 pièces, dont cinq coloriées.

1383 — George se dépite et signe enfin la Paix générale, le 27 mars 1802, pièce satyrique, anonyme.

Très belle épreuve.

1384 — The Pitt fall. — Pitt, piteux, dépité ; à Paris, chez Martinet.

2 pièces coloriées.

1385 — Allégories sur le rétablissement du Culte catholique en France.

7 pièces dont cinq coloriées.

1386 — Portrait de Bonaparte, Premier Consul de la République française, par Levachez, d'après Boilly ; au-dessous : la Revue de Quintidi, par Duplessis-Bertaux.

Superbe épreuve en couleur, grandes marges.

1387 — 1802. Le même portrait.

Très belle épreuve en couleur.

1388 — Cambacérès, second Consul de la République française, par Levachez, d'après Devouge; au-dessous, une tablette sur laquelle est reproduite la scène où Barthélemy, président du Sénat conservateur, présente au Premier Consul l'acte constitutif qui fixe le Consulat à vie, par Duplessis-Bertaux.

Très belle épreuve en couleur.

1389 — Les trois Consuls, Bonaparte, Cambacérès et Le Brun, par Alix, d'après Vangorp; au-dessous, sur une tablette : la Fixation du Consulat à vie, par Duplessis-Bertaux.

Très belle épreuve en couleur.

1390 — Fréderic Henri-Louis, prince de Prusse, frère du Roy, par G.-F. Schmitt, d'après Am. Vanloo.

Très belle épreuve, grandes marges.

1391 — Le même personnage, par Bause. — Tombeau de Fréderic Henri-Louis de Prusse, dans les jardins de Rheinsberg, par D. Berger, en bistre.

2 pièces, très belles épreuves.

1392 — 1803. Adolphe-Frédéric, duc de Cambridge, par Skelton.— Le même personnage, par Godby, lettres grises.

2 pièces, très belles épreuves.

1393 — Mlle Clairon, de la Comédie-Française, par J.-B. Michel, d'après Pougin de St-Aubin. — La même, par Littret, d'après Schenau.

2 pièces, très belles épreuves.

1394 — La Paix ramène l'Abondance. — La Bienvenue; le début de Mlle Chameroy en Paradis.— La Brouille, en 1803. — Caricatures sur Bonaparte et le général Jourdan.

12 pièces, dont neuf coloriées.

1395 — Caricatures : La grande Aiguiserie royale de poignards anglais. — Lanterne magique républicaine montrée au roi Georges et à M. Pitt.— French invasion. — La paix d'Amiens. — Fatale imprudence.

5 pièces coloriées.

1396 — 1803. Caricatures sur le roi George d'Angleterre.

11 pièces coloriées.

1397 — Caricatures anglaises.

12 pièces, dont dix coloriées.

1398 — 1802-1803. Vues de Lyon et d'Amiens. — Trait de prévoyance du chef de bataillon Salmon, de la 24e demi-brigade, par Hennequin. — Portraits de Andréossy, Bonaparte, le cardinal de Belloy, le comte Dalberg, par J.-G. Müller; Gleim, Herder, Klopstock, La Harpe, J. Massieu, Melzi d'Evil, duc de Lodi, Francesco Melzi, vice-président de la République italienne; Louis-Eug. Poirier, de Dunkerque, Humbert, le général Leclerc, Toussaint-Louverture, L. de Rigault, marquis de Vaudreuil, Victor Emmanuel, roi de Sardaigne, par Anderloni, J. Volpato.

73 pièces.

1399 — 1804. Arrestation de George Cadoudal, le 9 mars 1804. — Portraits des personnages du procès de la machine infernale. — Colin court. — Caricatures anglaises.

42 pièces dont six coloriées.

1400 — Portrait du duc d'Enghien, par Ant. Cardon, in-fol. — Le même, par Nodrac, d'après Augustin, in-4.

2 pièces; très belles épreuves.

Napoléon Ier. — 1804-1814.

1401 — 1804. Fête du sacre et couronnement de Leurs Majestés impériales, le 3 décembre 1804, par Le Cœur.

7 pièces, très belles épreuves en couleur.

1402 — Fêtes du sacre et couronnement de Sa Majesté impériale Napoléon le Grand, qui ont eu lieu à Paris, le 11 frimaire an XIII.

60 pièces, très belles épreuves, dont plusieurs avant la lettre.

1403. — L'Empereur prêtant le serment constitutionnel, dans l'église Notre-Dame, le 2 décembre 1804, par Lecœur. — Cortège de sa Majesté l'Empereur Napoléon Ier à l'ouverture du Corps législatif, le 27 décembre 1804, par Le Beau. — Allégorie sur la

Légion d'honneur, par F. David, avant la lettre. — Napoléon Ier distribuant des croix de distinction aux membres de la Légion d'honneur.— L'Empereur fait prêter serment aux membres de la Légion d'honneur, à l'hôtel des Invalides, le 15 juillet 1804.

5 pièces, dont une coloriée.

1404 — 1804. Napoléon-le-Grand en manteau royal, par Aug. Boucher-Desnoyers, d'après F. Gérard.

Superbe épreuve, avec le petit aigle.

1405 — Napoléon Ier, Empereur des Français et roi d'Italie, par Morret, d'après Garneray.

2 très belles épreuves en couleur, dont une sans lettres.

1406 — Napoléon.Ier, empereur, par Levachez. — Autre par J.-B. Morret.

2 pièces, belles épreuves, en couleur.

1407 — Victor-François, duc de Broglie, maréchal de France, à cheval, par Bugey, d'après M. Loir, in-fol.

Très belle épreuve.

1408 — Pie VII, souverain pontife, par Alix, d'ap. Wicar.

Très belle épreuve en couleur.

1409 — Portraits de généraux en pied : Augereau par Alix. — Bernadotte par le même. — Jourdan, par Coqueret et Lachaussée.— Schérer, par Coqueret, d'après Hilaire Le Dru.

4 pièces, très belles épreuves.

1410 — 1804. Sacre de Napoléon, d'après David. — Pyramide élévée à l'auguste empereur des Français dans la plaine de Zeyst, par Baltard. — Costumes par Jacquemin. — Portraits de Napoléon Ier par divers, George Cadoudal, le duc d'Enghien, Caulaincourt, le marquis de Ferrière-Marsay, Immanuel Kant, par Bause, Necker, le Vicomte de Noailles, Pichegru.

56 pièces.

1411 — Portraits de généraux et maréchaux : Augereau, Bernadotte, Alexandre Berthier, Bessières, Brune, Davoust, Kellermann, Jourdan, Lannes, Lefèvre, Masséna, Moncey, Mortier, le prince Murat, par Pradier, Ruotte et autres, Ney, Pérignon, Sérurier, Soult.

75 pièces, dont plusieurs avant la lettre et en couleur.

1412 — 1805. Entrée de Napoléon dans la ville de Munich, le 8 octobre 1805, par G. Malbeste d'après Taunay, grand in-fol.

Très belle épreuve.

1413 — Bataille d'Elchingen, le 14 octobre 1805. — Prise d'Ulm, le 17 octobre, par Levachez et autre.— Combat de Dirnstein, le 11 novembre, par Rugendas. — Bataille d'Austerlitz, le 2 décembre 1805, par Levachez, Rugendas et autres.

9 pièces, dont sept coloriées.

1414 — The death of Lord Nelson, le 21 octobre 1805, par J. Heath, d'après B. West.— La mort de mylord Nelson, par Henschel.

2 pièces, très belles épreuves.

1415 —. Entrevue des Empereurs de France et d'Allemagne à Saruschitz, le 5 décembre 1805.

Très belle épreuve avant toutes lettres.

1416 — Portrait de Laurent Le Cöintre, représentant du peuple, par Masquelier, in-8.

Très belle épreuve. Rare.

1417 — Jean-Baptiste Greuze, peintre du Roy, d'après lui-même, par J.-J. Flipart.

2 très belles épreuves, dont une du 1er état à l'eau-forte pure, avant l'encadrement.

1418 — Frédéric Auguste, duc de Brunswich, par Townley, d'après Cuningham.

Très belle épreuve.

1419 — Sir Horatio Nelson en pied, par W. Barnard, d'après Abbott.

Très belle épreuve, marge.

1420 — 1805. Pie VII bénissant les enfants, par de Boissieu. — Solennité du Camp de Boulogne pour la distribution des croix de la Légion d'honneur.— Vues de Munich. — Capitulation d'Ulm. — Vues d'Allemagne coloriées.— Entrée de la grande Armée dans la ville de Vienne. — Bataille d'Austerlitz, par Duplessis-Bertaux, Bovinet, Lerouge et autres. — Entrevue de Napoléon avec l'Empereur Joseph II après la bataille d'Austerlitz. — Paix de Presbourg. — Portraits de Napoléon par Richomme, Longhi, Ruotte et autres.

97 pièces.

1421 — 1806.. Napoléon passant devant la colonne de
Rosbach, le 18 octobre 1806, ordonne que ce mo-
nument soit abattu sur le champ et transporté à
Paris.

Très beau dessin à la plume lavé de sépia, attribué à Swebach.

1422 — Entrée de Napoléon I⁰ʳ dans Berlin, ville capitale de l'Electorat de Brandebourg, le 27 octobre
1806, par Lebeau. — Napoléon visitant le tombeau
du grand Frédéric, avant la lettre. — Vue de Berlin, coloriée.

3 pièces, belles épreuves.

1423 — Combat de Saalfedt ; mort du prince Louis de
Prusse, le 10 octobre 1806. — Bataille de Iéna, le
14 octobre, par Wolff, Rugendas, Levachez et autres. — Grand Trait de générosité de l'Empereur
des Français après la bataille de Weymar. — Combat de Wignéensdorf. — Bombardement de Span-
dau. — Bataille de Lubeck, le 6 novembre, par Rugendas et autre. — Entrée des Français dans
Varsovie, le 28 novembre 1806.

13 pièces, dont onze coloriées.

1424 — La Reine de Prusse après la Bataille de Iéna,
par Prot, d'après Tischbein.

Belle épreuve en couleur. Rare.

1425 — Almanach impérial pour l'an 1806, par Pierron,
d'après de Sève.

Belle épreuve.

1426 — Calendrier pour l'an 1806, deuxième de l'Empire
français, avec sujets gravés sur bois par Dubuc, à
Rouen.

Belle épreuve. Rare.

1427 — Colonne d'Austerlitz et de Weimar. — Armes
et Sceaux de l'Empire français. — La Vieillesse ou
la décadence de l'Empire d'Allemagne. — La Métamorphose des fameux Aigles romain et russe. —
Trait de prudence de lord Morpeth. — L'Angleterre
démontée. — Georges édenté ; blocus continental.
— Prompte arrivée des denrées coloniales. — Le
Soleil d'Austerlitz, avec la colonne Vendôme.

9 pièces, dont huit coloriées.

1428 — 1806. La princesse Augusta-Amélia de Bavière, vice-reine d'Italie, in-fol.

Très belle épreuve en couleur.

1429 — Eugène de Beauharnais, vice-roi d'Italie. — La princesse Amélie de Bavière, vice-reine d'Italie, par Caronni.

2 pièces, très belles épreuves avant la lettre.

1430 — Eugène Napoléon, vice-roi d'Italie, par Ruotte.

2 très belles épreuves, dont une avant toutes lettres, et l'autre en couleur.

1431 — Charles James Fox, par John Jones, d'après Joshua Reynolds.

Superbe épreuve.

1432 — Le même personnage, par Cornorotto, d'après Sloane.

Très belle épreuve.

1433 — Mme Grassini dans le rôle de Zaïre, par S.-W. Reynolds, d'après Mme Le Brun.

Très belle épreuve, marge.

1434 — Louis-Napoléon, roi de Hollande à cheval, par L. Carduin, d'après Willemin.

Très belle épreuve. Rare.

1435 — Maximilien, prince palatin, duc de Deux-Ponts, par Goepffert. — Charles-Frédéric, margrave régnant de Bade, par Klauber.

2 pièces, très belles épreuves, dont une en bistre.

1436 — William Pitt, par J. Murphy, d'après Miller.

Superbe épreuve.

1437 — Le même personnage, par Shervin, d'après Gainsborough.

Très belle épreuve, lettres grises, marge.

1438 — William Pitt, en buste, sans nom d'artiste, in-fol.

Superbe épreuve en couleur. Très rare.

1439 — La princesse Constance de Salm, par B. Roger, d'après Girodet. — Une Soirée chez la princesse Constance de Salm, en 1806.

2 pièces, très belles épreuves.

1440 — 1805-1806. Portraits de Louis Klein, comte de
l'Empire, le marquis de Lansdown, l'amiral Nelson,
Pie VII, pape, Alex. Saverien, l'Impératrice Marie
de Russie, Schiller, Ch.-Louis-Frédéric, grand-duc
de Bade, Maximilien Joseph, roi de Bavière, Eugène de Beauharnais, le prince et la princesse Borghèse, Collin d'Harleville, le marquis de Crillon,
Junot, Lassalle, Louis-Napoléon, Guillaume V,
prince d'Orange, William Pitt, Frédéric-Auguste,
roi de Saxe, par divers graveurs; Jos. de Vallongue,
général de brigade.

72 pièces, dont plusieurs en couleur.

1441 — 1806. La Bataille d'Iéna par Wolff, d'après Carle
Vernet, lettres grises.—Napoléon accorde à la princesse de Hatzfeld la grâce de son mari. — Sujets
tirés des Galeries historiques de Versailles.

41 pièces.

1442 — 1807. Grand Sanhédrin des Israélites de l'Empire Français et du Royaume d'Italie, convoqué
par ordre de Napoléon-le-Grand, le 9 février 1807,
par Demartrait, grand in-fol.

Très belle épreuve, lettres grises, grandes marges.

1443 — Bataille d'Eylau en Prusse, le 9 février 1807,
par Wolff, d'après Carle Vernet, avant et avec la
lettre. — La même Bataille, par Rugendas et
autres.

5 pièces, dont trois coloriées.

1444 — Siège et reddition de Dantzig, le 24 mai 1807,
par Rugendas et autres. — Bataille de Friedland,
le 14 juin, par Rugendas, Le Beau et autre. —
Entrevue de Napoléon Ier et de l'Empereur Alexandre,
sur le Niémen le 23 juin, par Lameau et Misbach.
— Combats de Pulstuck et de Golymin le 26
décembre.

8 pièces, dont six coloriées.

1445 — Bataille d'Eylau, par Wolff, d'après Carle Vernet,
lettres grises. — Entrevue des deux Empereurs,
par Couché. — La garde impériale manœuvre en
présence des deux Empereurs à Tilsitt. — Napoléon reçoit la reine de Prusse à Tilsitt. — Mariage
du prince Jérôme-Bonaparte avec la princesse de

Wurtemberg. — Vue d'une grande parade par l'Empereur dans la cour du Palais des Tuileries, par Lerouge.

41 pièces.

1446 — 1807. Comptez sur mes serments (Portrait de Augustin de Saint-Aubin), gravé par lui-même.

Très belle épreuve, grandes marges.

1447 — Alexandre Ier, empereur de Russie, en pied, par P.-L. Debucourt.

Très belle épreuve en couleur, grandes marges.

1448 — Napoléon Ier en pied, par Debucourt.

Très belle épreuve en couleur, grandes marges.

1449 — Le même portrait.

Très belle épreuve en couleur, marges.

1450 — Portraits de Pascal Paoli, général des Corses, par Henriquez, De Marcenay, Bonneville et autres.

5 pièces, dont deux avant toutes lettres.

1451 — 1808. Christian VII, roi de Danemark, par Rich. Houston, d'après Angélica Kauffmann.

Superbe épreuve.

1452 — Christian VII, roi de Danemark, par Savart. — Le même personnage, par P. Duret.

2 pièces, très belles épreuves.

1453 — Portraits de Charles IV, roi d'Espagne et de la Reine, médaillons, avec allégorie, par Salv. Carmona. — Les mêmes personnages, par M. Gonzalès. — Charles IV, par F. Selma. — Charles IV et sa famille, médaillon rond avant toutes lettres.

4 pièces, très belles épreuves.

1454 — Bataille et prise de Burgos, le 10 novembre 1808. — Bataille de Tudèla, le 23 novembre, par Rugendas et autre. — Bataille de Somo-Sierra, le 30 novembre. — Napoléon et le général Morla. — Siège et capitulation de la ville de Roses et du château de la Trinité, le 6 décembre. — Lecture de la Nouvelle de l'Entrée des Français dans Madrid, par le premier ministre d'Angleterre au roi Georges et à son Conseil.

8 pièces coloriées.

1455 — 1807-1808. Portraits de Marie-Thérèse, archi-
duchesse d'Autriche, par J. Adam, colorié, Jérôme-
Napoléon, roi de Westphalie, par Ruotte et autres ;
de Chasseloup-Laubat, d'Hautpoul, Ecouchard-Le-
brun, le comte Portalis, Henri-Benoist Stuart, par
Wille ; Cabanis, Ferdinand VII, roi d'Espagne, le
Prince de la Paix, Hubert Robert, peintre, par
Miger.

42 pièces.

1456 — 1809. Siège de Sarragosse, 25 janvier 1809. —
Reprise de Landshüt, le 20 avril. — Bataille
d'Eckmühl, le 22 avril. — Prise de Ratisbonne, le
23 avril, par Rugendas et autres.

9 pièces coloriées.

1457 — Combat près d'Ebersberg, le 3 mai 1809, dessiné
et gravé par Rugendas.

Très belle épreuve en couleur.

1458 — Bataille d'Essling, le 22 mai 1809 ; mort du maréchal Lannes, par Wolff, avant et avec la lettre. —
Le même sujet. A Paris, chez la veuve Chéreau,
colorié.

3 pièces.

1459 — Bataille d'Aspern, le 22 mai 1809, par A. Pu-
cherna. — Bataille de Wagram, le 6 juillet, par
Le Beau et Rugendas. — Bataille de Znaim, le
11 juillet, par Rugendas.

6 pièces, dont cinq coloriées.

1460 — Esquisse représentant la réunion des Souverains
accompagnant Sa Majesté l'Empereur et Roi au bal
donné par la Ville de Paris, le 4 décembre 1809,
par Godefroy. — Le même sujet, *dessin* à la mine
de plomb plus petit.

2 pièces.

1461 — Charles, Archiduc d'Autriche, commandant en
chef des Armées autrichiennes, par P. Dawe,
d'après Kirchoff.

Superbe épreuve en couleur. Rare.

1462 — Charles, Archiduc d'Autriche, à cheval, avec
son Etat-Major, par Durmer, d'après Kininger.

Très belle épreuve.

1463 — 1809. Charles-Louis, Archiduc d'Autriche, par
Ant. Cardon, en couleur. — Le même personnage,
par Velyn, en couleur. — Autre, par Audouin. —
Le même personnage enfant, par Schmitner.

4 pièces:

1464 — Le Prince Joachim Murat, grand-duc de Berg,
et la Princesse Marie-Caroline, sœur de l'Empereur,
— Le Prince Joseph-Napoléon, roi d'Espagne et des
Indes, et l'Impératrice Marie-Julie, par Choubard,
d'après Lafond.

2 pièces, très belles épreuves toute marge.

1465 — Thomas Paine, par W. Sharp, d'après Romney.

Très belle épreuve.

1466 — Le Feld-Maréchal de Schwarzenberg, par Pichler,
d'après Füger.

Superbe épreuve avant toutes lettres, en bistre.

1467 — 1808-1809. Bataille de Tudéla. — Capitulation
de Madrid. — Siège de la Ville de Roses. — Vues
de Barcelone. — Bataille de Ratisbonne. — Bataille
d'Essling. — Bataille de Wagram. — Caricature
sur le roi Georges d'Angleterre. — Portrait du
général Macdonald. — Batailles diverses tirées des
galeries de Versailles.

72 pièces.

1468 — 1809. Réunion des Souverains accompagnant
l'Empereur au Bal donné par la Ville de Paris, le
4 décembre 1809. — Vue de l'Arc de Triomphe du
Carrousel. — Bataille d'Inspruck. — Entrée des
Troupes Bavaroises à Inspruck. — Combats sur le
Tyrol, Evacuation de Flessingue, etc.; coloriées. —
Portraits de Albouy-Dazaincourt, Briois-Beaumetz,
Aug. Colbert, Dalayrac, Lannes, Jos. Haydn, Mac-
donald, Marmont, duc de Raguse, par Forster et
autres, Oudinot, duc de Reggio, Thomas Paine,
Schwarzenberg, par Mansfeld.

54 pièces.

1469 — 1810. Fêtes à l'occasion du Mariage de Napoléon Ier
avec Marie-Louise, archiduchesse d'Autriche, le
2 avril 1810.

18 pièces, dont plusieurs avant la lettre et quatre coloriées.

1470 — 1810. Napoléon le Grand, Empereur des Français, roi d'Italie. — Marie-Louise, Impératrice de France, reine d'Italie, par Levachez, in-8.

    2 pièces, épreuves superbes, en couleur, grandes marges.

1471 — Marie-Louise d'Autriche, Impératrice des Français, par Morret, d'après Vexberg.

    Très belle épreuve en couleur, grandes marges.

1472 — Portraits de Marie-Louise, Impératrice, par Aug. Desnoyers, Benoist, Bollinger, Duthé, Mécou, Ribault, Ruotte et autres.

    11 pièces, très belles épreuves, dont cinq avant la lettre.

1473 — La Chevalière d'Eon de Beaumont en capitaine de Dragons, par Le Beau. — La même, en femme, in-8.

    2 pièces, très belles épreuves.

1474 — Mlle la Chevalière d'Eon de Beaumont, par Th. Chambars, d'après R. Cosway, en bistre. — La même, de profil, par Wm Daniell, in-4.

    2 pièces, très belles épreuves. Rares.

1475 — 1811. L'Espoir de la Postérité, par Adr. Godefroy, d'après Roëhn.

    Très belle épreuve, toute marge.

1476 — Charles-Frédéric, margrave de Bade, par J.-G. Wille.

    2 épreuves, dont une très belle.

1477 — La Reine Hortense, par C.-S. Pradier, d'après Gérard. — La même, par Laugier, d'après Girodet.

    2 pièces, très belles épreuves.

1478 — Le Roi de Rome, par B. Roger, d'après Prudhon, avant et avec la lettre. — Le Roi de Rome dans son berceau, par Benoist jeune, d'après Goubaud.

    3 pièces, belles épreuves.

1479 — 1810-1811. Mariage de Napoléon et de Marie-Louise. Naissance du Roi de Rome. — Bataille de Lérida. — Combat de Badajoz. — Assaut de la Forteresse de Tarragone. — Portrait de L.-Aug. D'Affry, dessin par Baudet-Bauderval, Marie-Louise, Alex. Hope,

par Walker, P. Bisson, L.-A. de Bougainville, M.-J.
Chenier, A. Dubois, la Reine Hortense, Le Clerc de
Juigné, archevêque de Paris, Schmutzer, Suchet.

61 pièces, dont plusieurs coloriées.

1480 — 1812. Voiture de S. M. le Roi de Rome, donnée
par la Ville de Paris, le 1er janvier 1812, par
Charon.

Belle épreuve. Rare.

1481 — Siège et prise de Valence en Espagne, le 9 janvier 1812. — Combat de Smolensk, le 18 août. —
Vue de Smolensk. — Bataille de la Moskowa, le
7 septembre, par Kœnig et Wolff. — Entrée de Napoléon à Moscou, le 14 septembre 1812.

6 pièces, dont quatre coloriées.

1482 — Vues de Moscou et du Kremlin, publiées à Londres. — Incendie de Moscou, le 15 septembre 1812,
par Rugendas et autres.

9 pièces coloriées.

1483 — Retraite de l'Armée française de Moscou, en novembre 1812. — Passage de la Bérésina, par Rugendas, Mansfeld et autres.

6 pièces coloriées.

1484 — Le prince Alexandre Kourakin, par Klauber. —
Le comte Rostopsin, gouverneur de Moscou; au-
dessous : La Vue du Kremlin; à Paris, chez Bance.

2 pièces, belles épreuves.

1485 — Napoléon, par P. Augrand, in-8, en couleur. —
Le même, de face et de profil, gravé par Maile,
d'après un dessin de Girodet. — Napoléon, par
Ach. Lefèvre, d'après Steuben, avant la lettre.

3 pièces.

1486 — Mail Coach. — Stage Coach. — Allégorie sur
Napoléon : L'Olive de la paix en vain lui fut offerte.
— Ça ira : Retraite de Russie, caricature allemande.
— Madame Renommée sur son retour.

5 pièces coloriées.

1487 — 1812. Siège et prise de Valence par l'Armée
française, coloriée. — Vues de Valence. — Bataille
de Smolensk. — Bataille de la Moskowa. — Entrée
des Français dans la ville de Moscou. — Retraite de

l'Armée française de Moscou, par Mansfeld, coloriée.
— Retraite de l'Armée française en passant la Bérésina, par Klein, coloriée. — Bataille de Eckau,
Passage du Niemen, Combat d'Ostrowno, Po-
lotzk, etc., coloriées. — Portraits de Abatucci, Ba-
raguay-d'Hilliers, Deroy Duseck, Dorsenne, Gudin,
Gouvion-St-Cyr, le prince Kourakin, La Riboisière,
de Montbrun, Villaret-Joyeuse.

93 pièces, dont quelques-unes en couleur.

1488 — 1813. Bataille de Bautzen, le 19 mai 1813. —
Victoire de l'Armée prussienne, près de la Katz-
bach, le 26 août, par A. Bartch. — Vandamme est
fait prisonnier dans la Journée de Culm, le 16 septembre 1813, par Rugendas. — Passage des troupes
autrichiennes sur le Pont de la Drau, le 19 septembre, par Rahl.

5 pièces coloriées.

1489 — Inauguration du nouveau Port de Cherbourg,
en présence de l'Impératrice Marie-Louise, le
27 août 1813, par Piringer, d'après Isabey.

Très belle épreuve.

1490 — Bataille de Leipsick, le 19 octobre 1813, par
Rahl, Rugendas et autres.

8 pièces coloriées.

1491 — Grande entrée des Souverains alliés dans Leipsic, le 19 octobre 1813. — Vues diverses de Leipsic,
publiées à Londres.

7 pièces coloriées.

1492 — Mort de Poniatowski en traversant l'Elster, le
19 octobre 1813. — Bombardement de Wurtzbourg,
le 24 octobre, par L. Beyer. — Bataille de Hanau,
le 30 octobre, par Gauermann et Rugendas. — Vue
de Hanau.

8 pièces coloriées.

1493 — Le général Duroc, en pied, par Coqueret.

Très belle épreuve.

1494 — Le général Yermoloff, par Wright, d'après Dawe.

Très belle épreuve, toute marge.

1495 — 1813. Bataille de Lutzen, par Le Beau. — Batailles de Bautzen et de Wurtchen. — Bataille de Dresde. — Inauguration du Port de Cherbourg, par Piringer. — Le général Vandamme fait prisonnier à la bataille de Culm. — Passage des troupes autrichiennes sur le pont de la Drau. — Bataille de Leipsig. — Vues d'Allemagne, coloriées. — Batailles diverses, publiées à Nuremberg, coloriées. — Tableau de la Marine anglaise. — Allégories sur la Liberté des mers.

67 pièces.

1496 — Portraits de Bartolozzi, par Bouilliard, Bessières, Carteaux, Jacques Delille, par Young, Vangelisty et autres, Brongniart, architecte, Cailhava, par Gaucher, Duroc, Grétry, Junot, Lagrange, par Ach. Martinet, Moreau, Parmentier, Poniatowski, Vial, Vandamme, Wieland, par divers graveurs.

68 pièces.

1497 — 1814. Les Adieux de Fontainebleau, le 20 avril 1814, d'après Horace Vernet.

3 pièces, dont une avant la lettre.

1498 — Bataille d'Arcis, le 21 mars 1814, par Rugendas. — Entrée des Alliés à Paris, le 31 mars 1814. — Arrivée de Napoléon à l'Ile d'Elbe. — Vue de Hambourg. — Batailles de la Campagne de France, Départ de Napoléon pour l'Ile d'Elbe, Evacuation de Hambourg par les Français, le duc d'Angoulême à Bordeaux, Retour du Pape à Rome, publiés à Nuremberg.

18 pièces coloriées.

1499 — Entrée des Souverains alliés dans Paris, le 31 mars 1814. — Cérémonie du *Te Deum* par les Armées alliées sur la place Louis XV, à Paris, le 10 avril 1814.

2 gravures anglaises en couleur.

1500 — Alexandre Ier, empereur de Russie, par Garnier, d'après Gérard. — Le même ; à Paris, chez Guérin, en couleur.

2 pièces, très belles épreuves.

1501 — 1814. Frédéric-Guillaume III, roi de Prusse, par
Forster, d'après Gérard. — Le Comte d'Osten-Sac-
ken, gouverneur de Paris en 1814, par H. Dawe.

    2 pièces, très belles épreuves lettres grises.

Louis XVIII. — 1814-1824.

1502 — 1814. La Paix répare les maux de la Guerre, par
Cazenave, d'après Mallet.

    Très belle épreuve en couleur.

1503 — Façade de l'orchestre élevé dans le jardin des
Tuileries pour le concert donné le 25 août 1814. —
Liste des 144 dames désignées pour recevoir
S. A. R. Mme la duchesse d'Angoulême à l'Hôtel
de Ville lors des fêtes données au roi par la Ville
de Paris, le 29 août 1814. — Vue de La Hague. —
Vue d'Amsterdam. — Retour des souverains alliés
et leur rentrée à Berlin et à Vienne.

    9 pièces, dont huit coloriées.

1504 — Louis XVIII, roi de France, par Ch. Turner,
d'après Huet-Villiers.

    2 très belles épreuves, dont une avant toutes lettres.

1505 — Louis XVIII, roi de France, par Alix.

    Très belle épreuve avant toutes lettres en couleur, marges.

1506 — Louis-Antoine d'Artois, duc d'Angoulême. —
La duchesse d'Angoulême, par Ch. Turner, d'après
Huet-Villiers.

    2 pièces gravées à l'aquatinte, très belles épreuves. Le portrait
de la duchesse d'Angoulême est avant toutes lettres.

1507 — Portrait de Bernardin de Saint-Pierre, par J.-F.
Ribault, d'après Lafitte, in-4.

    3 épreuves superbes, dont une avant la lettre et une autre
avant toutes lettres et avant la sphère, grandes marges.

1508 — Louis-Fr.-Jos. de Bourbon, dernier prince de
Conti, étant jeune, par Schmidt, d'après Delorme,
in-fol.

    Très belle épreuve. Très rare.

1509 — Le docteur Guillotin, par B.-L. Prévost, d'après
Moreau le jeune.

    Très belle épreuve, toute marge.

1510 — 1814. Le prince de Ligne, par Pichler, d'après Leclercq. — Le même personnage, par J. Clarot, d'après Grassy.

2 pièces, très belles épreuves.

1511 — Caricatures sur Napoléon Ier.

18 pièces coloriées.

1512 — Caricatures sur Louis XVIII.

17 pièces coloriées.

1513 — Bataille de Brienne. — Vues de Nancy et de Laon. — Bataille de Paris. — Vue de l'île d'Elbe. — Allégories sur la Constitution de 1814, d'après Monnet. — Batailles tirées des galeries de Versailles. — Caricatures. — Portraits de Napoléon et de Louis XVIII.

57 pièces.

1514 — Portraits du comte d'Artois, par Audouin; le général Belliard, Dubois-Crancé, par Miger; E. Damas, Guillotin, Joséphine de Beauharnais, par divers; le prince de Ligne, par Cardon et Bartch; Louis XVIII, par Morghen, avant et avec la lettre; Marcelini, avant la lettre; Parny, Moreau le jeune, Cl.-Amb. Régnier.

44 pièces.

1515 — 1815. Vue du char funèbre de la translation à Saint-Denis des corps de Louis XVI et de Marie-Antoinette, le 21 janvier 1815; à Paris, chez Basset. — Service funèbre en l'honneur de Louis XVI et de Marie-Antoinette.

2 pièces, dont une coloriée.

1516 — Entrée de l'armée autrichienne à Naples, le 22 mai 1815, par Rugendas. — Mort du duc Frédéric-Guillaume de Brunswick aux Quatre-Bras, le 16 juin, par le même. — Fuite de Napoléon dans la bataille de la Belle-Alliance, par Rugendas. — Bataille de Waterloo, le 18 juin 1815, par divers. — Waterloo; épisode du chemin creux d'Ohain, eauforte par Desbrosses. — La garde meurt et ne se rend pas, par H. Bellangé.

12 pièces, dont dix coloriées.

1517 — 1815. Bataille de Waterloo, le 18 juin 1815. —
Vues diverses de Waterloo et du champ de bataille,
gravées à Londres. — Le Cabaret de la Belle-Alliance.
    5 pièces en couleur, très belles épreuves.

1518 — Le général Berthier, en pied, par Coqueret et
Lachaussée. — Le même, en buste, par Ruotte. —
Alexandre, prince de Neufchâtel, en pied, par Hubert-Lefèvre.
    3 pièces, très belles épreuves.

1519 — Le feld-maréchal Blücher, par Schiavonetti,
in-fol.
    Très belle épreuve, lettres grises, avec la tablette blanche,
grandes marges.

1520 — Le Roi de Rome, par Desnoyers et autres.
    3 pièces, très belles épreuves avant la lettre.

1521 — Caricatures sur Cambacérès et Talleyrand.
    8 pièces, dont sept coloriées.

1522 — Caricatures sur Napoléon.
    20 pièces coloriées et une en noir.

1523 — Caricatures sur Louis XVIII.
    17 pièces coloriées.

1524 — Caricatures diverses.
    31 pièces, presque toutes coloriées.

1525 — Fuite de Bonaparte de l'île d'Elbe le 1er mars
1815. — Louis XVIII quitte le Palais des Tuileries
le 19 mars 1815. — Batailles de la Belle-Alliance et
Waterloo. — Allégories : La garde meurt et ne se
rend pas. — La poire était mûre. — Le Congrès de
Vienne. — Batailles depuis le retour en France de
Napoléon jusqu'au désastre de Waterloo, publiées
à Nuremberg, coloriées.
    52 pièces.

1526 — Portraits de Alex. Berthier, Boufflers, le maréchal Brune, Cambronne, Grouchy, Grossin de Bouville, Duplessis-Bertaux, Labedoyère, Le Courbe,
Legrand, Napoléon, Marie-Louise, Murat, le maréchal Ney, Mlle Raucourt, avant et avec la lettre, le
duc de Reichstadt, le duc de Wellington, par Bromley, lettres grises, portraits des Alliés, Alliance des
Souverains, allégorie par Chaponnier.
    62 pièces.

1527 — 1817. Le comte de Choiseul-Gouffier, par Dien, d'après Boilly.

2 très belles épreuves, dont une avant toutes lettres et avant la bordure.

1528 — Mme de Staël-Holstein, par Laugier, d'après Gérard. — La même, gravée par P.-L. Bouvier. — Autre, par Quénédey (attribué).

3 pièces, très belles épreuves.

1529 — Caricatures sur les calicots.

49 pièces, la plupart coloriées.

1530 — 1816-1817. Entrée de Mme la duchesse de Berry à Marseille, le 30 mai 1816, par Jazet. — La Parisienne de 1816, coloriée. — Personnages de l'affaire Fualdès. — Portraits de Augereau, le duc et la duchesse de Berry, Ducis, le duc de Feltre, lord Hood, Férino, le général Monnier, par Gaucher et Coqueret, Miranda, le comte de Las Cases, Loison, Montholon, Mouton-Duvernet, Napoléon à Sainte-Hélène, par Reynolds, Paisiello, L.-M. Turreau, Kosciusko, Bertrand de Molleville, Masséna, Poncet, Delpech, Méhul, Monsigny, Mme de Staël, Suard.

82 pièces, dont quelques-unes coloriées.

1531 — 1818. Le comte Michel Woronzow, par S.-W. Reynolds, d'après T. Laurence.

Très belle épreuve, marge.

1532 — 1819. Portrait de Blücher, d'après le buste de Bosio.

Très belle épreuve en bistre.

1533 — Vue de l'île Sainte-Hélène, par Norton, grand in-fol. — Caricatures anglaises sur Napoléon à Sainte-Hélène.

6 pièces coloriées.

1534 — 1818-1819. Vues du château et du parc de Lichtenstein, coloriées. — Caricature sur le départ des Cosaques. — Portraits de Appiani, Clarke, duc de Feltre, le comte de Compans, Gaspard Monge, Warren Hastings, par Nutter, portraits des rédacteurs de la *Minerve* en 1819, Berckeim, Blücher, Colaud, Sophie Gail, Aug. Von Kotzebue, le prince

Maurice de Lichtenstein, par Weiss, G. de Mont-
morency-Laval, l'abbé Morellet, Regnauld de Saint-
Jean d'Angely, Ch. Schwarzenberg, Serrurier.

61 pièces.

1535 — 1820. Le duc de Berry, par J. Godefroy, avant
la lettre. — Mort du duc de Berry, par Ab. Girardet,
avant la lettre. — Le même sujet, lithographié.

3 pièces, très belles épreuves.

1536 — Georges III, roi d'Angleterre, par W. Woollett
d'après Ramsay.

Très belle épreuve, marge.

1537 — 1820. Assassinat du duc de Berry, le 13 février
1820, par Vigneron. — Une grande rue à Londres, par
Eug. Lami et Henri Monnier, colorié. — L'attaque
du corps de Riego sur celui du général O'Donnell,
par Rugendas. — Prestation de serment de la garnison de Madrid, par le même. — Caricatures. —
Portraits du duc de Berry, Frédérique-Dorothée,
reine de Suède; P. Cambon, Fouché, George III,
Kellermann, Lefebvre, Louvel, Montyon, L.-H. de
Nicolaï, Palmezeaux, Volney.

49 pièces.

1538 — 1821. Convoi de Napoléon dessiné à Sainte-
Hélène en 1821, par Norton, grand in-fol.

Très belle épreuve.

1539 — Couronnement de Georges IV, roi d'Angleterre,
à l'abbaye de Westminster, le 19 juillet 1821. — Procession à Londres à l'occasion du couronnement
de Georges IV. — Entrée de Georges IV à Dublin. —
Débarquement de Georges IV à Kinstourn, par
Turner et autres.

4 pièces, très belles épreuves, dont trois en couleur.

1540 — Portrait du général Beurnonville en pied, par
Coqueret.

2 épreuves, dont une très belle.

1541 — Antoine Canova, à mi-corps, par Benedetti. —
Le même en médaillon, par Raphaël Morghen.

2 pièces, belles épreuves.

1542 — 1821. Georges IV, roi d'Angleterre, par Thomson.
— Le même, par Bertrand, en couleur.

2 pièces, belles épreuves.

1543 — Valentin Haüy, instituteur des enfants aveugles,
in-4 sans noms d'artistes.

Très belle épreuve en couleur.

1544 — Napoléon, par Achille Lefèvre, d'après Steuben.

Très belle épreuve d'artiste sur Chine, toute marge.

1545 — Napoléon Bonaparte en pied, par Levachez,
d'après Robert Lefèvre, en couleur. — Le même,
vu de face et de dos, par Duplessis Bertaux.

3 pièces.

1546 — Masque de Napoléon, de face, par Calamatta. —
Autre, de profil, par le même.

2 pièces, très belles épreuves.

1547 — Le comte de St-Priest, médaillon avec un sabre
au-dessus ; à Paris, chez Villeneuve, en couleur
sur fond rouge. — Le même personnage par
Mlle Duménil.

2 pièces. Rares.

1548 — 1821. Mort de Napoléon, le 5 mai 1821. — Tombeau de Napoléon à Ste-Hélène. — Feuille de
portraits des généraux de l'Empire. — Echelle de
la vie de Napoléon, pièce satyrique allemande. —
Portraits de la duchesse de Berry et de ses deux
enfants ; Beurnonville, le duc de Coigny, Dumon-
ceau, Fontanes, le Baron de Fressinet, Georges IV,
roi d'Angleterre, Camille Jordan, par Muller,
Mlle Meyer, d'après Prudhon, Napoléon par divers
avant et avec la lettre, la duchesse de Penthièvre,
Nic. Quinette, député de l'Aisne, Rapp.

73 pièces.

1549 — 1822. La Duchesse de Berry avec ses deux
enfants, par Ad. Caron, d'après Gérard.

2 très belles épreuves avant la lettre, dont une sur Chine.

1550 — Le Duc de Richelieu, par F. Lignon, d'après
Laurence.

Très belle épreuve avant la lettre sur Chine.

1551 — 1822. Vues de Vérone. — Diplôme de la Société Linnéenne. — Caricatures. — Portraits du général Berton, Berthollet, Canova, Robert Stewart, Ant. Gruyer, Lefebvre-Desnouettes, Michallon, les Quatre sergents de la Rochelle, R. Sicard, Van Spaendonck, Denis de Villières.

> 36 pièces.

1552 — 1823. Entrée à Paris de Monseigneur le Duc d'Angoulême, le 2 décembre 1823, par Esbrard.

> Très belle épreuve. Rare.

1553 — 1823. Mercier refuse d'arrêter le député Manuel. — Affaire de Mataro. — Prise du Trocadéro, le 31 août 1823. — La servante congédiée d'après Mme Haudebourt Lescot. — Le déménagement des Moines de Madrid à l'approche des Français, colorié. — Portraits du duc d'Angoulême, le marquis de Beauharnais, Carnot, Davoust, Garat, Manuel, de Kleist, de Montalivet, Pie VII, J. Swebach, Steibelt.

> 53 pièces.

1554 — 1824. Lafayette revenant d'Amérique, par Moreau, d'après Dubouloz, grand in-fol.

> 2 très belles épreuves, dont une avant la lettre.

1555 — Portraits de Louis XVIII, par Audouin, Forsell, Gudin, Jazet, Potrelle et Ruotte.

> 7 pièces, très belles épreuves.

1556 — 1824. Portraits du Cardinal de Bausset, Aignan, Eugène de Beauharnais, par Ruotte, Esbrard et autres, Lord Byron, le comte Dejean, Ferdinand Joseph, archiduc d'Autriche, Girodet-Trioson, Géricault, Lacretelle aîné, le prince Le Brun, Levaillant, voyageur, Louis XVIII par divers, Marie-Louise, infante d'Espagne, par Morghen, le Comte Witte, par Dawe, le Comte et la Comtesse de Wrangel.

> 52 pièces.

Charles X. — 1824-1830.

1557 — 1824. Entrée à Paris de S. M. Charles X, le 27 septembre 1824, par Decrouan. — Charles X, roi de France, par Tassaërt.

> 2 pièces, très belles épreuves.

1558 — 1825. Alexandre Ier, empereur de Russie en
pied, par Rados. — Le même personnage par
Henry Meyer, lettres grises. — Le même, par Alex.
Tardieu, avant et avec la dédicace.

4 pièces, très belles épreuves.

1559 — Louis David, peintre en pied, par Jazet, d'après
Odevaëre, avant la lettre.— Le même par Potrelle.

2 pièces, très belles épreuves.

1560 — Ferdinand IV, roi des Deux-Siciles, par Pichler.
— Le même, par Mansfeld.

2 pièces, très belles épreuves.

1561 — 1825. Sacre de Charles X, à Reims, le 29 mai 1825.
— Revue de la Garde nationale au Champ de Mars.
— Caricatures. — Portraits d'Alexandre Ier, empe-
reur de Russie. Auguste, duc de Saxe-Gotha,
Mlle Bigottini, la princesse Borghèse, David, peintre,
V. Denon, par divers; le général Foy, Gaveaux, le
général Habert, Ferdinand IV, Lacépède, le major
général Potemkin, par Dawe; Tchernicheff, le prince
Eugène de Wurtemberg.

66 pièces.

1562 — 1826. Portrait de Jefferson, par Dequevauviller,
d'après le baron Desnoyers.

2 très belles épreuves, dont une avant toutes lettres.

1563 — 1826. Portraits de Ch. Alquier, dessin par Baudet-Bauderval, le comte Bennigsen, par Wright;
Boissy d'Anglas, Flaxman, Hussein-Pacha, Lemon-
tey, Jefferson, de Marchangy, le général Meynadier,
le duc Mathieu de Montmorency, Ommegauck, peintre; de Sommariva, Suchet, Talma, par divers;
Mme Talma, J.-B. Thibault.

41 pièces.

1564 — 1827. Portrait de Mme Devéria. — Berthe Devéria,
âgée de 7 mois.

2 pièces lithographiées par Ach. Devéria, épreuves sur papier
de Chine, toutes marges. Extrêmement rares.

1565 — Bataille de Navarin, le 20 octobre 1827, coloriée.
— Trait sublime de courage de l'enseigne Bisson,
colorié. — Portraits de Hyp. Brisson, Yves Tré-
mentin, Georges Canning, Enfantin; peintre et gra-

veur; le comte St. de Girardin, Grenier, Ladvocat,
le comte de Lanjuinais, le marquis de Laplace, le
duc de La Rochefoucauld-Liancourt, le baron Lepic,
Alex. Volta, P.-L. Prieur, Du Houx de Vioménil.

54 pièces.

1566 — 1828-1829. Batailles des Russes contre les Turcs,
coloriées. — Allégories et caricatures. — Portraits
de Fr.-Ant. Bourcier, le général Dessolle, le général
Dulong de Rosnay, d'après Ingres ; le docteur Gall,
Goya, de Lauriston, Montrichard, Raymond de Sèze,
le duc de Weymar, de Cardonnel, le comte Daru,
Ch. Dambray, Emma Durant, Gossec, le prince
de Hohenlohe, maréchal de France ; J.-J. Karpff,
Alex. de Lameth, par divers ; Léon XII, pape ; Louis,
grand-duc de Hesse, Mlle Mante, Mme Montessu,
Picard, Regnault, peintre.

91 pièces.

1567 — 1830. Entrée de l'armée française à Alger, le
le 5 juillet 1830. — Combat de la rue St-Antoine,
le 28 juillet 1830, par Charlet et Jaime. — Le pont
d'Arcole. — Prise du Palais-Royal, le 29 juillet, par
les mêmes. — Le Peuple à la caserne des gendarmes.
— Louis-Philippe, proclamé lieutenant général du
royaume, le 31 juillet. — Le duc d'Orléans à l'Hôtel
de Ville. — La Chambre des Députés présente au
duc d'Orléans, l'acte qui l'appelle au trône et la
Charte de 1830.

31 pièces.

Louis-Philippe Ier. — 1830-1848.

1568 — 1830. Le Roi prête serment de maintenir la
Charte de 1830. — Première Revue de la Garde nationale au Champ-de-Mars, le 29 août 1830. — Apothéose des victimes de la Révolution de 1830. —
La Marseillaise. — La Parisienne. — Caricatures
sur Charles X et autres. — Portraits de Louis-Philippe, par divers.

41 pièces.

1569 — Portraits de Barbanègre, Louis, grand-duc de
Bade, par Lignon, avant et avec la lettre, le général
Beaumont, le comte de Boigne, Bolivar, Bourmont,

Benjamin Constant, le marquis d'Ecquevilly, le lieutenant général de Foissac-La Tour, François Ier, roi des Deux-Siciles, Mme de Genlis, Georges IV, roi d'Angleterre, Gouvion St-Cyr, Lally-Tolendal, de Lanneau, fondateur de l'institution de Ste-Barbe, le comte de La Valette, Lobau, Méling, Casimir Périer, le comte de Ségur, Vandamme.

72 pièces.

1570 — 1831. Portraits du grand-duc Constantin de Russie, le comte Zabalkansky, par Wright; Kreutzer, l'abbé Grégoire, le comte de Langeron, Lepoittevin, de Lourdoueix, Périn, péintre; D. Juan Lopez Pinto, le comte de Rechteren, von Stein, Guinard, Trélat et Cavaignac, par Jeanron.

33 pièces.

1571 — 1832. Mariage du roi des Belges avec la princesse Louise d'Orléans. — Siège d'Anvers. — Le vieil évêché de Paris démoli en 1832. — La duchesse de Berry à la prison de Blaye. — Caricatures. — Portraits de Mme Albert, le général Belliard, Nicolas Bergasse, Jacques Cathelineau, Pelletier de Chambure, Chaptal, Chauvelin, Georges Cuvier, Daumesnil, Ditmer, par Devéria, Léontine Fay, N. Gatteaux, graveur, Goëthe par divers, Henri Herz, par Devéria, Ch. de Lameth, Levasseur, Martignac, la marquise de Montcalm, Casimir Perier, le duc de Reichstadt, par divers graveurs, J.-B. Say, Walter Scott, par Walker et autres.

95 pièces.

1572 — 1833-1834. Portraits de Andrieux, Lœtitia Bonaparte, Mlle Bourgoin, Dacier, Garat, Gourdon, Hérold, Jourdan, par Coqueret et autres, de Pougens, Boieldieu, Fauvelet de Bourienne, dessin par Baudet-Bauderval, le duc de Cadore, le général Lafayette, le baron de la Rochefoucauld, don Pedro, empereur du Brésil, Aloys Senefelder.

71 pièces.

1573 — 1835. François Ier, empereur d'Autriche, en pied, par Schindelmayer, grand in-fol.

Belle épreuve en couleur. Rare.

1574 — 1835. Le Jardin turc, le 28 juillet 1835, par A. Loyer. — Funérailles des victimes de l'attentat du 28 juillet 1835. — Portraits de Baptiste aîné, le comte Dubois du Bais, par Chrétien, Mlle Duchesnois, Fieschi et ses complices, François Ier, empereur d'Autriche, Clémence Lortet, Mallarmé, Miaulis, Mortier, Mlle Plessy, Léopold Robert, Roederer, comte de l'Empire, Toullier.

    59 pièces.

1575 — 1836. Charles X, par F. Garnier, d'après Gérard.

    2 très belles épreuves dont une avant toutes lettres non terminée.

1576 — Jean, prince de Liechteinstein, par Pichler.

    Très belle épreuve.

1577 — 1837. Inauguration du Musée historique de Versailles, le 11 juin 1837; décorations intérieures.

    70 pièces, très belles épreuves sur papier de Chine.

1578 — 1836-1837. Erection de l'Obélisque de Louqsor, le 25 octobre 1836, par Bonhommé et Jung. — Combats en Algérie, tirés des Galeries de Versailles. — Portraits de Armand Carrel, Charles X, par divers, de Cheverus, archevêque de Bordeaux, le comte Lemarois, dessin de Baudet-Bauderval, Raynouard, Siéyès, Carle Vernet, J.-L. Alibert, le baron Gérard, la reine Hortense, Laferrière, Lafont, le baron Louis, Monrose, Poncelet, de Pradt, la reine Victoria.

    74 pièces.

1579 — 1838. Reconnaissance et Prise du fort de St-Jean-d'Ulloa, le 27 novembre 1838, par Jazet, grand in-fol.

    2 pièces, très belles épreuves.

1580 — 1838-1839. Prise du fort de St-Jean-d'Ulloa. — Combat de la Vera-Cruz. — Vues d'Afrique. — Portraits de Broussais, le duc de Choiseul, le duc de Fitz-James, le prince de Joinville, J.-P. Langlois, Merlin de Douai, Mongelas, le comte de Montlosier, la duchesse d'Orléans, le comte de Paris, Ch. Percier, Talleyrand, par Chapuy, Bocourt et autres, Ch. Wrède, G. Engelmann, le chevalier de la Bourdonnaye, par Quenédey, le général Lallemand, Nourrit, F. Paer, Mgr de Quélen, le marquis de Sémonville, le colonel Verdier, la princesse Marie d'Orléans.

94 pièces.

1581 — 1840. Le marquis de Pastoret, par Henriquel-Dupont, d'après Paul Delaroche.

2 très belles épreuves, dont une avant la lettre, sur Chine.

1582 — Inauguration de la Colonne de Juillet, le 28 juillet 1840, par Trimolet et Daubigny.—Retour des Cendres et Funérailles de Napoléon, le 15 décembre 1840. — Le Carnaval en 1840. — Un Été à Paris, par Eug. Lami. — Portraits de Beker, Lucien Bonaparte, Louis-Napoléon Bonaparte, croquis par Charlet, rare; de Bonald, Daunou, Duprez, Frédéric-Guillaume III, par Forster et autres, Macdonald, le général Maison, Mercier, de Pastoret, le vicomte Rogniat, Sanson.

87 pièces.

1583 — 1842. Le duc d'Orléans, prince royal, par Calamatta, d'après Ingres. — Le même, par Henriquel-Dupont.

2 pièces, très belles épreuves.

1584 — 1841-1842. Baptême du prince de Galles, dans la chapelle du château de Windsor, le 19 novembre 1841, coloriée. — Chute mortelle du duc d'Orléans, le 13 juillet 1842. — Maison où est mort le duc d'Orléans, à Neuilly. — Cérémonies funèbres en l'honneur du duc d'Orléans. — Portraits de Barrère, Chauveau-Lagarde, le duc de Doudeauville, M. Claparède, de Frayssinous, François, duc de La Rochefoucauld, le duc de Bellune, le général Quiroga, G. de Villèle, Mlle Amigo, par Devéria, Bertin, peintre, Cambronne, Chérubini, Clauzel, Alexandre Duval, A. De Laborde, Mme Le Brun, Mme Eckerlin, par Devéria, Mionnet, le duc d'Orléans, Pelet de la Lozère, le général Pozzo di Borgo, par Garnier, avant la lettre, le comte Siméon, Sismondi, de Talhouet.

77 pièces.

1585 — 1843. Prise de la Smala d'Abd-el-Kader, le 16 mai 1843, par Burdet, d'après H. Vernet, grand in-folio.

Très belle épreuve avant la lettre, avec le trait explicatif.

1586 — 1844. Bataille d'Isly, le 14 août 1844, par Paul Girardet, d'après Horace Vernet, grand in-fol.

Très belle épreuve avant la lettre; sur Chine.

1587 — Sir Francis Burdett, par William Sharp, d'après Northcote.

Très belle épreuve sur Chine, lettres grises.

1588 — 1843-1844. Visite du roi Louis-Philippe à la reine d'Angleterre. — Présentation au roi des enfants de la reine. — Retour du roi à la station de Gosport. — Programme de spectacle du château d'Eu, sur satin. — Portraits du comte de Bombelles, d'après Ingres, Campenon, Casimir Delavigne, Guillaume, roi des Pays-Bas, par Taurel et autres, Peyre, architecte, Ricard, le duc d'Angoulême, Bernadotte, par divers, Bertrand, H. Berton, Joseph Napoléon, roi de Naples, le général Drouet, Gazan, Lafitte, Charles Nodier, le comte Pajol.

85 pièces.

1589 — 1845. Le duc de Dreux Brézé, pair de France, par H.-C. Müller, d'après P. Guérin.

2 très belles épreuves une avant la lettre et l'autre à l'eau-forte pure.

1590 — 1847. Portrait de Marie-Louise, en pied, par J. Godefroy.

Très belle épreuve avant la lettre.

1591 — Charles-Louis, Archiduc d'Autriche, en pied par Schiavonetti, d'après Kellerhoven. — Le même, à mi-corps, par G. Rosaspina.

2 pièces, très belles épreuves.

1592 — Charles-Louis, Archiduc d'Autriche, par Pichler d'après Kreutzinger. — Le même personnage, par J. Clerk, avant la lettre.

2 pièces, très belles épreuves.

1593 — Caricatures politiques, par Decamps.

10 pièces, très belles épreuves

1594. — 1845-1847. Portraits de L. Boilly, peintre, le général de Caux, Charlet, de Dreux-Brézé, M. Emeriau, le baron Portal, Royer Collard, Constance de Salm, Alex. Soumet, Louis Bonaparte, Duperré, Dupin, avocat, Jouy, le duc de Montmorency, Mme Adélaïde d'Orléans, le duc d'Aumale, Alex. Brongniart, par Henriquel-Dupont, Th. Burette, le général Drouot, Benjamin Delessert, Grouchy, Mlle Mars, par divers, Martin de Gray, Daniel O'Connell, Oudinot, Parizet, le prince de Polignac, le comte Roy.

87 pièces.

Deuxième République. — 1848-1852.

1595 — 1848. Episodes de la Révolution de 1848. — Fêtes et cérémonies de la République Française, en 1848, par J. Gaildrau et Fichot, coloriées. — Journée du 15 mai 1848, par Bonhommé. — Les Journées de juin, affaire Bréa. — Allégories et caricatures. — Portraits de L. Adam, Et. Arago, Lola Montès, Louis-Napoléon Bonaparte, Louis, roi de Bavière, François-Joseph, empereur d'Autriche, Caussidière, le général Cavaignac, Chateaubriand par divers, Kossuth, Lamartine, par Devéria et autres, J. Vatout.

79 pièces.

1596 — 1849. Mme Récamier, par Ant. Cardon, d'après Rich. Cosway.

Très belle épreuve en couleur, grande marge.

1597 — Mme Récamier, assise sur un canapé, par Jules Jacquet, d'après David. — La même, par Aubry le Comte, avant la lettre.

2 pièces, très belles épreuves sur Chine.

1598 — 1849-1850. Portraits du maréchal Bugeaud, le baron Chassé, Mme Dorval, Garibaldi, de Genoude, le comte de Lasteyrie, le baron Méchin, Ant. Moyne, Gabr. Molitor, le duc de Nemours, la duchesse de Nemours, Mme Récamier, J.-T. Richomme, graveur, Fr. Bastiat, H. de Balzac, Boyer, président de la République d'Haïti, la comtesse du Cayla, Lejeune, Louis-Philippe, le comte Mollien, de Souza-Holstein.

74 pièces.

1599 — 1851. Portraits de Mme la duchesse d'Angoulême,
par Audouin, Girard, Lignon et Ruotte, Famille
royale de France, à Paris chez Jean, en couleur,
Fénimore Cooper, Dupaty, Sébastiani, par divers,
le maréchal Soult, Spontini, le comte de Beaumont,
Delcambre de Champvert, Alf. et Tony Johannot,
la comtesse de la Riboisière.
34 pièces.

Napoléon III. — 1852-1870.

1600 — 1852. Le duc de Wellington, in-fol.
Beau dessin à la sépia, non signé.

1601 — Le duc de Wellington, par Mécou, d'après
Isabey.
2 très belles épreuves, dont une en couleur.

1602 — 1853. L'Impératrice Eugénie, avec une man-
tille.
Très beau dessin à l'encre de Chine, par Pauquet. Signé.

1603 — Portraits de l'Impératrice Eugénie, par Gavarni,
Pauquet, Riffaut et Weber.
8 pièces, très belles épreuves.

1604 — 1852-1854. Portraits de Napoléon III, par Metzmacher et Pauquet. Léopold, grand-duc de Bade,
Ant. Litta, le baron Walkenaer, Wellington, Arago,
par Sixdeniers, Fontaine, architecte, Pradier,
Abbas-Pacha, vice-roi d'Egypte, Ancelot, Baour
Lormian, Duval le Camus, le baron d'Haussez, La-
mennais, Silvio Pellico, Rubini, Mlle Sontag, le
comte de Villèle.
62 pièces.

1605 — 1857. Portrait de Béranger, assis dans un
paysage, par Gustave Lévy, d'après Sandoz, in-fol.
Très belle épreuve avant la lettre, sur Chine.

1606 — Alfred de Musset, par Pollet, d'après Landelle.
2 très belles épreuves sur Chine, dont une avant la lettre.

1607 — 1855-1857. Portraits de Jacques Arago, Fréd. Bérat, le baron Dubreton, le général M. Gérard, Mme de Girardin, don Pedro V, Dona Maria, reine de Portugal, le comte Molé, Alexandre Ier, empereur de Russie, par divers, Camille Roqueplan, par Devéria, Rude, Ad. Adam, le vicomte d'Arlincourt, le Prince impérial, par Pauquet, David d'Angers, par Devéria et autres, Paul Delaroche, Ducornet, peintre, le comte de Kergorlay, le maréchal Paskevitch, de Salvandy, Steuben, Béranger, Cavaignac, le baron Desnoyers, Monseigneur Sibour, Archevêque de Paris, Simart, Eug. Süe.

68 pièces.

1608 — 1858. Portrait de Rachel, par Henriquel-Dupont, d'après H. Lehmann.

2 très belles épreuves sur Chine, dont une toute marge.

1609 — 1860. M. le comte de Cazes, Pair de France, par P. Toschi, d'après Gérard.

2 très belles épreuves dont une avant toutes lettres, avec des essais de burin dans les marges.

1610 — 1858-1860. Portraits de Aubry le Comte, lithographe, Chomel, La Blache, Rachel, le P. de Ravignan, le comte d'Argout, Ch. Chevalier, Cunin Gridaine, Le Roi et la Reine de Naples, A. de Humbold, de Metternich, A. de Tocqueville, Jérôme-Napoléon, Jules Coignet, le duc de Cazes, Decamps, peintre, Duméril, le comte Reille.

44 pièces.

1611 — 1861. Le prince André Gortchakoff, par Henry Dawe.

2 très belles épreuves dont une avec la lettre grise, toute marge.

1612 — 1862. Le duc Pasquier en pied, par Ach. Martinet, d'après Horace Vernet.

Très belle épreuve avant la lettre, sur Chine.

1613 — 1861-1863. Portraits de lord Aberdeen, par Samuel Cousins et Skelton, Abd-ul-Medjid, le prince Albert d'Angleterre, le comte Cavour, le prince Adam Czartoriski, Frédéric-Guillaume, kronprintz de Prusse, par Lignon, avant et avec la lettre, le P. Lacordaire, E. Scribe, Henry Murger, Biot, Halevy,

le baron Pasquier, Ch. Philipon, Frédéric VII, roi
de Danemarck, Eugène Delacroix, Jefferson-Davis,
Horace Vernet, Alfred de Vigny, par Devéria et
autres.

60 pièces.

1614 — 1865. Léopold, prince de Saxe-Cobourg, en pied,
par Henry Meyer, d'après Alfr. Chalon. — Le même
personnage en buste, par Lewis, d'après T. Laurence.

2 pièces, très belles épreuves, lettres grises, grandes marges.

1615 — 1864-1866. Portraits de Enfantin, chef de la religion Saint-Simonienne, Jasmin, Meyerbeer, le maréchal Pélissier, Bixio, le marquis de Clermont-
Tonnerre, Richard Cobden, Eug. Devéria, Dupin
aîné, par divers, La Moricière, Léopold Ier, roi des
Belges, Abraham Lincoln, le duc de Morny, lord
Palmerston, Victor Adam, de Barante, Marie-Amélie,
reine de France, Méry, E. Serres.

42 pièces.

1616 — 1867. Défilé des populations Lorraines devant
l'Impératrice à Nancy, par J. Jacquémart, d'après
Meissonier.

Très belle épreuve.

1617 — Portrait de M. Ingres, d'après lui-même, par
Calamatta.

Très belle épreuve; toute marge.

1618 — 1870. Alexandre Dumas assis sur un canapé,
par Ach. Devéria. — Alexandre Dumas fils, eau-
forte par Mongin, d'après Meissonier, avant la lettre.

2 pièces, très belles épreuves.

1619 — 1867-1870. Portraits de Victor Cousin, par divers.
Mlle Georges Weimer, Ingres, Maximilien, empereur
du Mexique, H. de La Rochejacquelein, Th. Rousseau, Berrier, Isabelle II, reine d'Espagne, Rossini,
par Thévenin et autres, Hector Berlioz, Dantan jeune,
Juliette et Judith Grisi, par Devéria, Lamartine, par
divers, le comte de Rambuteau, Sainte-Beuve. —
Bataille de Reisschoffen, le 6 août 1870. — Bataille
de Sedan le 1er septembre, coloriées.

54 pièces.

Troisième République. — 1870-1885.

1620 — 1870-1871. Défense de Saint-Quentin, Bataille de Châteaudun, Bombardement de Strasbourg, Batailles de Gravelotte et de Pont-Noyelles, coloriées. — Caricatures sur les Prussiens. — Vues de Strasbourg. — Batailles de Bapaume, Villersexel, le Bourget, Champigny, Bagneux, Buzenval, coloriées. — Episodes de la Commune, coloriées. — Carte du siège de Paris. — Portraits du duc de Broglie, le général Trochu, Alex. Dumas, Léopold II, grand-duc de Toscane, Mérimée, Villemain, par divers, l'abbé Deguerry, Guillaume Ier, roi de Prusse, Em. Deschamps, Sanson.

72 pièces.

1621 — 1876. Portrait de George Sand, par Calamatta, in-fol.

Très belle épreuve sur Chine, toute marge.

1622 — George Sand, en habit d'homme in-8. — La même, par Desmadryl.

2 pièces, très belles épreuves avant la lettre sur Chine, toute marge.

1623 — 1872-1876. Portraits de Arnal, Th. Gautier, Lachambaudie, Ligier, le maréchal de Mac-Mahon, par Metzmacher, avant la lettre, Odilon-Barrot, Philarète Chasles, J. Liebig, Guizot, Ch. Romey, Jules Janin, par divers, Mme Ancelot, Barye, Mlle Déjazet, Corot, Félicien David, Diaz, Ferdinand Ier, empereur d'Autriche, Frédéric Lemaître, Alph. Esquiros, Tamburini, par Devéria, et autre.

50 pièces.

1624 — 1878. Portrait de M. Thiers, par Pannier, in-fol.

Très belle épreuve d'artiste avant toutes lettres et avant les changements.

1625 — 1885. Victor Hugo, par A. Devéria, in-fol. sur Chine. — Le même, par Maurin.

2 pièces, très belles épreuves, toute marge.

1626 — 1877-1885. Portraits du général Changarnier, d'après H. Vernet, G. Courbet, A.. Thiers, par Belliard Hopwood, Goutière, Massard, Pannier et autres ; Claude Bernard, Pie IX, Léon XIII, papes, Victor Emmanuel, roi d'Italie, F.-V. Raspail, Jules Grévy, président de la République, Préault, sculpteur, S. de Sacy, Jules Favre, Mme d'Agout, Alexandre II, empereur de Russie, Léon Gambetta, Jules Sandeau, Émile de Girardin, le comte de Chambord, Vignères, Fanny Essler, Régnier, par Devéria, Victor Hugo, par Maurin, Léon Noël et autres.

> 57 pièces.

ESTAMPES NON CLASSÉES

1627 — Le Serment du Jeu de Paume, par Jazet, d'après David, très grand in-fol.

> Très belle épreuve avant la lettre, toute marge ; déchirée sur un côté.

1628 — Bonaparte visitant les pestiférés de Jaffa, par Laugier, d'après Gros. — La Bataille d'Eylau, par Vallot, très grand in-fol.

> 2 pièces avant la lettre, sur Chine; toute marge.

1629 — Revue du général Bonaparte, Ier Consul, par Pauquet et Mécou, d'après Isabey et Carle Vernet, très grand in-fol.

> Très belle épreuve, toute marge.

1630 — L'Enlèvement des Sabines, par Raph.-Urb. Massard, d'après David. — Léonidas aux Thermopyles, par Laugier.

> 2 pièces, très belles épreuves avant la lettre, sur Chine, toute marge.

1631 — Devises pour le Carrousel de Louis XIV, en 1662.

> 55 pièces, tirage moderne.

1632 — Costume parisien de l'an VII à 1832.

> 254 pièces coloriées.

1633 — Vues de France, par Lespinasse.

> 129 pièces à l'eau-forte pure.

1634 — Vues de France et étrangères, tirées du Moyen-Age monumental et archéologique.

> 183 pièces.

1635 — Boîtes de montres du XVIe siècle et cartouches.
18 pièces.

1636 — Portraits de la suite de Montcornet.
150 pièces.

1637 — Portraits tirés de l'*Histoire des Peintres*, de Decamps, entêtes de pages, gravés par Fiquet.
10 pièces tirées hors texte.

1638 — Portraits tirés du même ouvrage.
29 pièces tirées hors texte. — Plus onze avec le texte au verso.

1639 — Collection de portraits des Députés à l'Assemblée nationale de 1789, par Déjabin.
557 pièces, très belles épreuves.

1640 — Portraits de la même collection.
142 pièces.

1641 — Députés de 1789, gravés par Le Vachez.
129 pièces.

1642 — Portraits tirés de l'*Histoire de l'Expédition d'Egypte*, par Dutertre.
157 pièces sur Chine.

1643 — Portraits gravés par Chrétien et Quénedey.
51 pièces.

1644 — Portraits lithographiés par Ach. Devéria.
14 pièces, dont plusieurs rares.

1645 — Portraits, Ornements et Camées.
13 dessins à la mine de plomb et à l'encre de Chine.

1646 — Portraits anciens.
80 pièces.

1647 — Portraits modernes gravés.
120 pièces.

1648 — Portraits lithographiés.
Environ 300 pièces.

1649 — Portraits et gravures diverses.
Un fort lot.

VIGNETTES

CHOFFARD (P.-P.)

1650 — Son Portrait, servant de cul-de-lampe pour le
conte du *Rossignol*, édition des Contes de La
Fontaine, des Fermiers généraux (P. et B. 23).
Épreuve du 1er état terminé, le nom en lettres blanches, le
fond formé d'une seule taille. Très rare.

1651 — Le même portrait.
Très belle épreuve du 2e état tirée hors texte, grandes marges.
Rare.

1652 — Ex-libris Hell (98).
Très belle épreuve, toute marge.

1653 — Ex-libris Rilliet (99).
Très belle épreuve.

1654 — Ex-libris Souchay (100).
Très belle épreuve du 1er état, avant la lettre.

1655 — Pièce commémorative d'un mariage (119).
Épreuve du 1er état à l'eau-forte pure. Rarissime, peut-être
unique.

1656 — La même estampe.
Superbe épreuve du 1er état, toute marge.

1657 — La même estampe.
Très belle épreuve du 1er état.

1658 — Carte de J. de Bétancourt (120).
Belle épreuve.

1659 — Adresse de Choffard (132).
Très belle épreuve.

1660 — Adresse du graveur Aubert (135).
Très belle épreuve.

1661 — Adresse de l'orfèvre Vallayer (137).
Très belle épreuve.

CHOFFARD (P.-P.)

1662 — Entête de lettre pour la Préfecture de Loir-et-Cher (205).

Très belle épreuve.

1663 — Un Aigle tenant des palmes dans le bec, le croissant et une épée dans ses serres (617).

2 épreuves, dont une à l'eau-forte pure et l'autre du 1ᵉʳ état, tirée hors texte, toute marge.

1664 — Suite de quatre Entêtes de pages pour *les Saisons*, édition de 1769.

Épreuves tirées hors texte.

1665 — Suite de quatre Entêtes pour *les Saisons*, édition de 1775.

Épreuves tirées hors texte, grandes marges.— Plus l'*Automne*, à l'eau-forte pure.

1666 — Frontispices, in-8.

3 pièces avant toutes lettres. Rares.

1667 — Livre d'Écussons et Cartels, dessinés par P.-P. Choffard.

Suite de six pièces, belles épreuves.

1668 — Deuxième Cahier de cartouches, dessinés par P.-P. Choffard.

Suite de six p èces, belles épreuves.

1669 — Torquato Tasso, en tête de page, in-fol. — Autre portrait de même grandeur, dans un médaillon soutenu par deux Amours, le portrait est terminé et les Amours sont ébauchés à l'eau-forte pure.

2 pièces.

1670 — Petites Batailles, en Hollande.

14 pièces tirées hors texte et une à l'eau-forte pure.

1671 — Entêtes et Culs-de-lampe, tirés de différents ouvrages.

23 pièces tirées hors texte, dont plusieurs à toute marge.

1672 — Entêtes, Culs-de-lampe et Vignettes diverses.

39 pièces.

COCHIN (C.-N.).

1673 — Vignettes tirées de l'*Histoire de France* du président Hénault.

53 pièces tirées hors texte.

COCHIN et GRAVELOT

1674 — Vignettes tirées de l'*Iconologie* et de l'*Almanach Iconologique*, in-18.

54 pièces à l'eau-forte pure.

1675 — Vignettes, tirées des mêmes ouvrages.

185 pièces avant la lettre.

1676 — Vignettes pour les mêmes ouvrages.

308 pièces avec la lettre.

EISEN (Ch.)

1677 — Frontispice du tome second pour *Tarsis et Zélie*, par Née. — Fleurons pour *Adonis*, par Ponce.

5 pièces, dont deux à l'eau-forte pure.

1678 — Suite de quatre entêtes pour les *Quatre Parties du Jour*, par Baquoy,

Épreuves tirées hors texte. — Plus deux doubles.

1679 — Suite de quatre Culs-de-lampe, gravés par De Longueil, pour le *Tableau de la Volupté*, in-8.

Épreuves tirées hors texte.

1680 — Six Entêtes et un Cul-de-lampe pour les *Aventures de Télémaque*, par Gaucher, édition de 1781.

9 pièces tirées hors texte; dont deux doubles à l'eau-forte pure.

1681 — Entêtes et Culs-de-lampe pour les *Chefs-d'œuvres dramatiques*, de Marmontel.

20 pièces tirées hors texte, la plupart à grandes marges.

1682 — Entêtes et Culs-de-lampe pour le même ouvrage.

30 pièces tirées hors texte.

1683 — Entêtes et Culs-de-lampe pour les *OEuvres* de d'Arnaud.

20 pièces tirées hors texte, dont deux à l'eau-forte pure.

EISEN (Ch.)

1684 — Doubles pour le même ouvrage.

44 pièces tirées hors texte, dont treize à l'eau-forte pure.

1685 — Entêtes de pages pour la *Henriade*, in-8.

10 pièces tirées hors texte.

1686 — Vignettes tirées des *Contes de La Fontaine*, édition des Fermiers Généraux.

50 pièces.

1687 — Vignettes tirées de différents ouvrages.

44 pièces, la plupart avant la lettre.

1688 — Entêtes et Culs-de-lampe.

50 pièces tirées hors texte.

GAUCHER (C.-S.)

1689 — Son Portrait (P. et B. 22).

2 épreuves, dont une du 1er état avant les mots *Tome I.*

1690 — Bossuet, d'après Rigaud (27).

2 épreuves, dont une du 1er état avant la lettre.

1691 — Buffon, in-8 (30).

2 épreuves, dont une du 1er état avant l'inscription sur la tablette.

1692 — Le même personnage (31).

2 épreuves, dont une du 1er état avant la lettre, la tablette blanche, marge.

1693 — Cailhava (J.-F.), d'après Pujos (32).

Épreuve du 1er état à l'eau-forte pure. Très rare.

1694 — Le même portrait.

Très belle épreuve.

1695 — La comtesse de Carcado (34).

Très belle épreuve du 2e état avant les changements.

1696 — Catherine II, impératrice de Russie (36).

2 épreuves, dont une du 1er état avant l'inscription sous le cadre.

GAUCHER (C.-S.)

1697 — Chapelle, d'après Le Brun (39).
Épreuve avant la lettre, la tablette blanche.

1698 — A la mémoire de Cochin (41).
Très belle épreuve.

1699 — Le grand Condé, d'après Le Juste (42).
Superbe épreuve, toute marge.

1700 — Le grand Corneille, d'après Lebrun, d'après Gravelot (43).
Épreuve avant le nom sur la tablette. Extrêmement rare.

1701 — Le même Portrait.
Très belle épreuve, grandes marges.

1702 — Demoustier, d'après Ducreux (45).
Très rare épreuve du 1er état avant la lettre, la tablette blanche. — Plus une épreuve du 2e état.

1703 — Mme la comtesse Du Barry, d'après Drouais (50).
Épreuve avant la lettre. — Rarissime, peut-être unique.

1704 — Le même Portrait.
Superbe épreuve du 1er état, grandes marges.

1705 — Ch.-M. Du Paty, président à mortier au Parlement de Bordeaux, d'après Notté, in-4 (52).
2 très belles épreuves, dont une du 1er état avant la lettre, la tablette blanche.

1706 — Fénelon, d'après Vivien, ovale (59).
Épreuve du 1er état tirée hors texte, toute marge.

1707 — Fénelon, d'après Vivien, in-12 (60).
Épreuve avant la lettre.

1708 — Le même Portrait.
Épreuve avant la lettre sur papier azuré.

1709 — P.-L. Gérard, d'après Jauffret (67).
Épreuve avant la lettre.

1710 — G.-M. Guérin, d'après Cochin (72).
Très belle épreuve, marge.

GAUCHER (C.-S.)

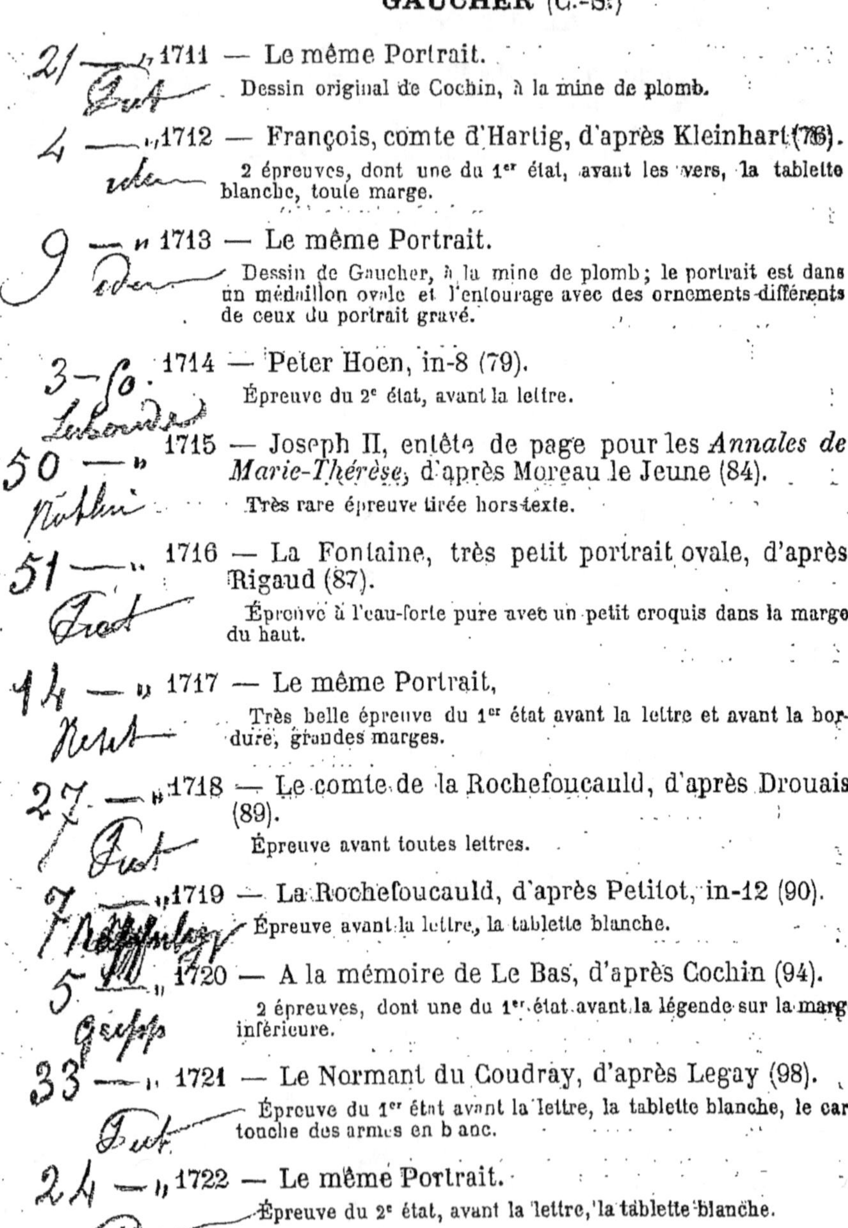

1711 — Le même Portrait.

Dessin original de Cochin, à la mine de plomb.

1712 — François, comte d'Hartig, d'après Kleinhart (76).

2 épreuves, dont une du 1ᵉʳ état, avant les vers, la tablette blanche, toute marge.

1713 — Le même Portrait.

Dessin de Gaucher, à la mine de plomb; le portrait est dans un médaillon ovale et l'entourage avec des ornements différents de ceux du portrait gravé.

1714 — Peter Hoen, in-8 (79).

Épreuve du 2ᵉ état, avant la lettre.

1715 — Joseph II, entête de page pour les *Annales de Marie-Thérèse*, d'après Moreau le Jeune (84).

Très rare épreuve tirée hors texte.

1716 — La Fontaine, très petit portrait ovale, d'après Rigaud (87).

Épreuve à l'eau-forte pure avec un petit croquis dans la marge du haut.

1717 — Le même Portrait,

Très belle épreuve du 1ᵉʳ état avant la lettre et avant la bordure, grandes marges.

1718 — Le comte de la Rochefoucauld, d'après Drouais (89).

Épreuve avant toutes lettres.

1719 — La Rochefoucauld, d'après Petitot, in-12 (90).

Épreuve avant la lettre, la tablette blanche.

1720 — A la mémoire de Le Bas, d'après Cochin (94).

2 épreuves, dont une du 1ᵉʳ état avant la légende sur la marge inférieure.

1721 — Le Normant du Coudray, d'après Legay (98).

Épreuve du 1ᵉʳ état avant la lettre, la tablette blanche, le cartouche des armes en blanc.

1722 — Le même Portrait.

Épreuve du 2ᵉ état, avant la lettre, la tablette blanche.

GAUCHER (C.-S.)

1723 — Louis XV cédant le trône à Louis XVI, d'après Marillier, vignette pour les *OEuvres* de Dorat (100).
  2 épreuves, dont une du 1er état à l'eau-forte pure.

1724 — Chr.-G. de Lamoignon-Malesherbes (107).
  Épreuve du 1er état avant toutes lettres, la tablette blanche, grandes marges. — Plus une épreuve avec la lettre.

1725 — Marie-Antoinette, entête de page pour les *Annales du règne de Marie-Thérèse* (110).
  Très rare épreuve à l'eau-forte pure, grandes marges.

1726 — Le même Portrait.
  Épreuve avant le texte au verso. Très rare. — Plus une épreuve avec le texte.

1727 — Marie-Leckzinska, entête de la dédicace du *Nouvel Abrégé chronologique de l'Histoire de France* du président Hénault (112).
  Très belle épreuve d'artiste, tirée hors texte. Rare.

1728 — Le général Miranda, d'après Le Barbier (116).
  Épreuve à l'eau-forte pure. — Plus une épreuve terminée.

1729 — Le Baron de Carondelet et de Noyelles. — La Baronne de Noyelles, d'après de Pasche (124-125).
  2 pièces, très belles épreuves.

1730 — Pie VI, pape, d'après Jauffret (129).
  Épreuve d'un état *non décrit*, avant toutes lettres, la tablette blanche.

1731 — J. Racine, d'après Santerre (137).
  Épreuve du 2e état avant la lettre, grandes marges.

1732 — Mme Louise de France, agenouillée sur un prie-Dieu (138).
  Très belle épreuve. Très rare.

1733 — Mme Roland, d'après Nicollet (141).
  Très belle épreuve, marge.

1734 — Portrait d'homme, très petit médaillon rond, *non décrit*.
  Très belle épreuve.

GAUCHER (C.-S.)

1735 — Composition contre le peintre J.-B. Greuze, l'occasion de son tableau *la Belle-Mère*; avec une dédicace satirique à Mme Greuze.

Dessin à la plume, in-8^r.

1736 — Médaille de la Société philotechnique. — Portrait d'homme, près de lui un âne.

2 dessins à la mine de plomb.

1737 — Portraits divers.

47 pièces, très belles épreuves.

1738 — Vignettes tirées de différents ouvrages.

24 pièces avant la lettre et à l'eau-forte pure.

1739 — Vignettes diverses.

54 pièces.

GRAVELOT (H.)

1740 — Louis XIII, Louis XIV, Henri III, têtes de pages pour le *Catalogue des Chevaliers du Saint-Esprit*, gravés par Choffard et Laurent Cars.

4 pièces : les portraits de Louis XIII et de Louis XIV sont à l'eau-forte pure; tirés sur la même feuille, avant la planche coupée; l'autre épreuve du portrait de Louis XIII et celle de Henri III sont avant la lettre tirés hors texte.

1741 — Suite de quatre figures, par de Longueil, Leveau et Simonet, pour la *Partie de chasse de Henri IV*, in-4.

Épreuves avant la lettre.— Plus la troisième à l'eau-forte pure.

1742 — Figures doubles de la suite précédente, 4 pièces. Vignettes de Borel avant et avec la lettre et portraits pour la tragédie de *Charles IX*, par M. J. de Chénier, 15 pièces.

Ensemble, 19 pièces.

1743 — Figures allégoriques du règne de Louis XV, in-8.

11 pièces avant toutes lettres tirées hors texte, dont trois à l'eau-forte pure, grandes marges.

1744 — Doubles de la suite précédente.

19 pièces tirées hors texte, grandes marges.

1745 — Vignettes tirées de l'*Iconologie*, in-18.

32 pièces, plusieurs avant la lettre.

GRAVELOT (H.)

1746 — Vignettes pour les *Contes moraux* de Marmontel.

27 pièces, belles épreuves, toute marge.

MARILLIER

1747 — Frontispice pour *Mes Nouveaux torts*, de Dorat,
par de Ghendt.

Épreuve avant la lettre.

1748 — Entêtes et Fleurons pour les *OEuvres* de Dorat.

25 pièces tirées hors texte dont trois à l'eau-forte pure.

MOREAU le jeune.

1749 — Suite de quatre Figures pour les *OEuvres* d'Hamilton (Emm. B. 796-799).

Très rares épreuves du 1er état à l'eau-forte pure.

1750 — Les mêmes Vignettes.

Épreuves du 2e état avant la lettre.

1751 — Entêtes de pages pour les *Historiettes ou Nouvelles en vers* d'Imbert (846, 848, 849).

3 pièces à l'eau-forte pure, grandes marges.

1752 — Figures par les *Amours de Psyché et de Cupidon*, in-18 (924-931).

Suite de 8 pièces avant la lettre, grandes marges (deux pièces
sont remargées).

1753 — Vignette frontispice pour les *Quatre Ages de
la Femme*, in-18 (1565).

2 épreuves dont une à l'eau-forte pure et l'autre avant la lettre.

1754 — Vignettes diverses.

27 pièces, dont plusieurs avant la lettre et à l'eau-forte pure.

MOREAU et autres.

1755 — Vignettes pour les *Chansons* de Laborde.

7 pièces du 1er état à l'eau-forte pure. Très rares.

1756 — Vignettes pour le même ouvrage.

5 pièces avant la lettre.

1757 — Vignettes, tirées du même ouvrage.

27 pièces, très belles épreuves.

DIVERS

1758 — Un encadrement avec fronton, contenant un médaillon soutenu par deux Amours, avec rinceaux de fleurs; en bas des armoiries, grand in-8.

Épreuve à l'eau-forte pure, grandes marges.

1759 — Frontispices.

18 pièces, dont deux avant la lettre.

1760 — Vignettes, Entêtes et Culs-de-lampe du XVIII⁰ siècle.

48 pièces à l'eau-forte pure.

1761 — Vignettes tirées de différents ouvrages.

49 pièces en grande partie avant la lettre.

1762 — Entêtes de pages.

62 pièces tirées hors texte.

1763 — Culs-de-lampe.

43 pièces tirées hors texte.

1764 — Vignettes diverses du XVIII⁰ siècle.

Environ 500 pièces. Plusieurs lots.

LIVRES

1765 — Relation de la Feste de Versailles, du 18 juillet 1668; à Paris, de l'Imprimerie royale, 1679, in-fol.

1 vol. rel. veau, tr. rouge, fig. de Le Pautre. Aux Armes.

1766 — Médailles sur les principaux événements du règne entier de Louis-le-Grand, avec des explications historiques; à Paris, de l'Imprimerie royale, 1723, in-fol.

1 vol. rel. maroq. plein. tr. dorée, fig. Aux Armes.

1767 — Devises des Rois, Princes et Généraux d'armées, qui ont assisté ou servi Louis-le-Juste combattant, par Henri Estienne, sieur des Fossés, in-fol.

1 vol. demi-rel., fig. de Jean Valdor.

1768 — Les Hommes illustres qui ont paru en France
pendant ce siècle, avec leurs portraits au naturel,
par M Perrault, de l'Académie française; à Paris,
chez Antoine Dezallier, 1696, in-fol.
>   2 vol. rel. veau, tr. dorées. — Les portraits sont en épreuves
>   du premier tirage.

1769 — Recueil choisi des plus belles Vues de Palais,
Châteaux et Maisons royales, dessinées d'après nature et gravées par J. Rigaud, in-fol.
>   1 vol. oblong, demi-rel. v., contenant 78 planches, anciennes
>   épreuves.

1770 — Jardin de Monceau, près de Paris, appartenant
à Mgr le duc de Chartres; à Paris, chez Delafosse,
1779, grand in-fol.
>   1 vol. cart. non rogn., fig. de Carmontelle.

1771 — Œuvres de d'Arnaud; à Paris, chez Laporte,
1795, in-8.
>   12 vol. rel. v., fig. d'Eisen.

1772 — Œuvres de M. de Crébillon, de l'Académie
française; à Paris, de l'Imprimerie royale, 1750,
in-4.
>   2 vol. demi-rel. v.

1773 — Lettres en vers et Œuvres mêlées, par M.....
(Dorat); Paris, Sébastien Jorry, 1767, in-12.
>   19 vol. rel. v., tr. marbr., fig. (incomplet).

1774 — Étrennes françaises pour l'année jubilaire du
règne de Louis le Bien-Aimé, par l'abbé de Petity;
à Paris, 1766, in-4.
>   1 vol. br., fig.

1775 — Salomon Gessners Schrifften; Zurich, 1777, in-4.
>   2 vol. br., fig.

1776 — Lucrèce : De la Nature des choses, traduit par
La Grange; Paris, de l'Imprimerie de Didot le
jeune, l'an II, in-fol.
>   3 vol demi-rel. v. non rogn., fig. de Mounet avant la lettre et
>   eaux-fortes pures.

1777 — Cérémonial de l'Empire français, par L. J. P.;
à Paris, 1805, in-8.
>   1 vol. in-8, demi-rel. v., fig. coloriées.

1778 — Dictionnaire biographique et historique des
Hommes marquants de la fin du xviiie siècle, rédigé
par une Société de Gens de lettres; à Londres,
1800, in-8. — Revue chronologique de l'Histoire
de France, de 1787 à 1818; Paris, Firmin Didot,
1820, in-8.
>   4 vol. dont 3 rel. v. et 1 demi-rel.

1779 — Dictionnaire complet des Langues française et allemande, par l'abbé Mozin, 3ᵉ édition; Stuttgard, 1842, 4 vol. in-4. — Dictionnaire des Arts et Manufactures, par divers; Paris, L. Mathias, 1845, 2 vol. in-4.

Ensemble, 6 vol. demi-rel. chag.

1780 — Le Moyen Age et la Renaissance, par M. Paul Lacroix; Paris, 1848, in-4.

5 vol. demi-rel. chag., tête dorée, non rog., fig.

1781 — Le Château d'Eu illustré, depuis son origine jusqu'au voyage de Sa Majesté Victoria, reine d'Angleterre, par Joseph Skelton, avec un texte rédigé par J. Vatout; Paris, Goupil et Vibert, 1844, grand in-fol.

1 vol. d.-rel. chag. tête dor., n. rog.

1782 — Fête donnée par le Cercle artistique et littéraire sous le patronage du Roi, le 26 septembre 1848; Bruxelles, 1849, grand in-fol.

1 vol. d.-rel. chag. planches lithographiées.

1783 — Galerie des Plénipotentiaires au Congrès de Paris; Paris, Bourdin, 1856, in-fol.

1 vol. d.-rel. chag. portraits lithographiques.

1784 — Le Peintre graveur, par Adam Bartch; Vienne, J.-V. Degen, 1803.

21 tomes en 11 vol. in-12, d.-rel. chag.

1785 — Le Peintre graveur français, par Robert Duménil; Paris, 1835, 8 vol. — Le Peintre graveur français, continué par M. G. Duplessis, 1865, 3 vol.

Ens. 11 vol. in-8, d.-rel. chag., en partie tr. dor. n. rog.

1786 — Le Peintre graveur français, continué par Prosper de Baudicour; Paris, 1859, in-8.

2 tomes en 1 vol. d.-rel. maroq., n. rog.

1787 — Le Peintre graveur, par J.-D. Passavant; Leipsic, Rudolphe Weigel, 1860, in-8.

6 tomes en 3 vol. d.-rel. v.

1788 — Neves allgemeines Kunstler-Lexicon von Dʳ G.-K. Nagler; München, 1835, in-8.

22 vol. d.-rel. v., d. et c.

1789 — Catalogue de l'OEuvre de Ch.-Nic. Cochin fils, par Charles-Antoine Jombert; Paris, Prault, 1770, in-12.

1 vol. rel. v., tr. dor., fig.

1790 — Notice historique sur l'Art de la gravure en France, par P.-P. (Choffard), dessinateur et graveur; Paris, an XII-1804, in-12.
1 vol. cart.

1791 — Abrégé de la Vie des plus fameux Peintres, avec leurs portraits gravés en taille douce, par M. (Dargenville); Paris, de Bure, 1762, in-8.
4 vol. d.-rel. v., fig.

1792 — Dictionnaire des Graveurs anciens et modernes, par F. Basan, graveur, seconde édition; à Paris, 1789, in-8.
2 tomes en 1 vol. d.-rel. v., fig.

1793 — Manuel des curieux et des amateurs de l'Art, par M. Huber et C.-H. Rost; à Zurich, 1797, in-12.
9 vol. d.-rel. v., d. et c.

1794 — A catalogue of engraved british portraits from Egbert the Great to the présent time; by Henry Bromley; London, 1793, in-4.
1 vol. d.-rel. v., d. et c.

1795 — Catalogue raisonné de toutes les Estampes qui forment l'œuvre de Rembrandt, par le chev. de Claussin; Paris, Firmin Didot, 1824, in-8.
1 vol. avec le Supplément, d.-rel. v.

1796 — Manuel de l'amateur d'Estampes, par Ch. Le Blanc, in-8.
9 parties, dont 8 rel. en 2 vol. d.-maroq.

1797 — Recherches sur la Vie et les Ouvrages de Jacques Callot, par Ed. Meaume; Paris, veuve Jules Renouard, 1860, in-8.
2 vol. d.-rel. v.

1798 — Catalogue raisonné de toutes les Estampes qui forment les OEuvres gravés de Ficquet, Savart et de Grateloup, par L.-E. Faucheux; Paris, veuve Jules Renouard, 1864, in-8.
1 vol. d.-rel. v. Rare.

1799 — Catalogue de l'OEuvre de Abraham Bosse, par Georges Duplessis; Paris, 1859, in-8.
1 vol. d.-maroq., d. et c., tête dor., n. rog.

1800 — Sébastien Leclerc et son OEuvre, par Édouard Meaume; Paris, Baur, 1877, in-8.
1 vol br.

1801 — L'OEuvre de Moreau le jeune, par Henri Draibel; Paris, Rouquette, 1874. — Charles-Etienne Gaucher, graveur, par le baron Roger Portalis et Henri Draibel; Paris, Morgand, 1879, in-8.

2 vol. br.

1802 — Catalogue raisonné de toutes les Estampes qui forment l'OEuvre gravé d'Adrien Van Ostade, par par L.-E. Faucheux; Paris, veuve J. Renouard, 1862. — Catalogue de l'OEuvre de Jean-Georges Ville, par M.-Ch. Le Blanc, Leipsic, Rudolphe Weigel, 1847, in-8.

2 vol. d.-rel. v.

1803 — Catalogue des Estampes gravées par Claude Gellée, dit le Lorrain, par MM. Ed. Meaume et G. Duplessis; Paris, 1870. — Iconographie de Marie-Antoinette, par le baron De Vinck; Bruxelles, 1878. — Palissot et les Philosophes, par E. Meaume; Nancy, 1864, in-8.

3 vol. br.

1804 — Catalogue raisonné de l'OEuvre de Claude Mellan d'Abbeville, par M. Anatole de Montaiglon; Abbeville, 1856. — Catalogue de l'OEuvre gravé de Jean Daullé d'Abbeville, par Em. Delignières; Abbeville, 1872. — Catalogue raisonné de l'OEuvre gravé de J.-C. Le Vasseur, d'Abbeville, par le même; Abbeville, 1855. — Biographie et Catalogue de l'OEuvre du graveur Miger, par Em. Bellier de la Chavignerie; Paris, 1856. — Catalogue des Estampes anciennes qui composent le magasin de Hermann Weber, 1re partie, portraits d'Ant. Van Dyck, in-8.

5 vol. d.-rel.

1805 — Les Gravures françaises du xviiie siècle : Nicolas Lavreince. — P.-A. Baudouin. — J.-B.-S. Chardin. — Nicolas Lancret. — Augustin de Saint-Aubin; Paris, Damascène Morgand, in-4.

5 fascicules, dont 4 en d.-rel. chag., n. rog., et l'autre br.

1806 — Charlet, sa Vie, ses Lettres, suivi d'une description de son OEuvre lithographique, par M. de La Combe; Paris, Paulin et Lechevallier, 1856, in-8.

1 vol. d.-rel. v.

1807 — Catalogue raisonné de l'OEuvre d'Antoine Watteau, par Edmond de Goncourt; Paris, Rapilly, 1875, in-8.
 1 vol. d.-rel. chag.

1808 — Die Monogrammisten und Kunstler aller Schulen, von Dr G.-K. Nagler; Munchen, Georg Franz, 1858, in-8.
 4 vol. d.-rel. maroq.

1809 — Jobst Amman, von C. Becker; Leipsig, Rudolph Weigel, 1854, in-8 carré.
 1 vol d.-rel. maroq., tr. jaspée.

1810 — Wenzel Hollar, von Gustav Parthey; Berlin, 1853. in-8.— Cornel Visscher, von Johann Wussin; Leipsic, 1865, in-8.
 2 vol d.-rel. maroq.

1811 — De Nederlandsche geschiedenis in platen door F. Muller; Amsterdam, 1863 70. — Die Monogrammisten Kunstler aller Schulen, von Dr G.-K. Nagler; Munchen, 1879, in-8.
 2 vol. cart. toile, n. rog.

1812 — Trésor de Numismatique et de Glyptique, Médailles, Monnaies et Pierres gravées. par les procédés de M. Achille Colas; Paris, 1840, in-fol.
 1 vol. cart., planches.

1813 — Liste alphabétique de Portraits gravés, faisant le complément de celle du P. Lelong, par Soliman Lieutaud; Paris, 1846. in-4. — Liste des Portraits des Députés à l'Assemblée nationale de 1789, par le même; Paris, 1854. in-8.
 2 vol. dont un br. et l'autre cart.

1814 — Mémoires inédits sur la Vie et les Ouvrages des membres de l'Académie royale de peinture et de sculpture, par L. Dussieux et autres; Paris, J.-B. Dumoulin, 1854, in-8.
 2 vol. d.-rel. chag.

1815 — Inventaire de la Collection d'estampes relatives à l'Histoire de France, légué en 1863, à la Bibliothèque nationale, par M. Michel Hennin, rédigé par M. Georges Duplessis : Paris, Menu, 1877, grand in-8.
 3 vol. d.-rel., chag. n. rog.

1816 — Histoire de la Gravure en France, par Georges Duplessis; Paris, Rapilly, 1861, in-8.

> 1 vol. d.-rel. chag., pl, toile.

1817 — Les Graveurs de Portraits en France, par Ambroise Firmin-Didot; Paris, 1875-77, in-8.

> 2 vol. cart. toile.

1818 — Histoire de l'Art pendant la Révolution, par Jules Renouvier; Paris, veuve Jules Renouard, 1863, in-8.

> 2 vol. d.-rel. chag. dos et coins. tr. dorée.

1819 — Imagerie de la faïence, Assiettes à emblèmes patriotiques de la période révolutionnaire, in-fol.

> 1 vol. cart., contenant 122 planches coloriées.

1820 — Recueil ou Alphabet de lettres initiales historiques, par J. Midolle; Gand, chez Jacqmain, in-fol.

> 1 vol. d.-rel. planches chromo-lithogr.

1821 — Cabinet de M. Paignon-Dijonval; état détaillé et raisonné des dessins et estampes dont il est composé, rédigé par M. Bénard, peintre et graveur; Paris, 1810, in-4.

> 1 vol. d.-rel. v.

1822 — Catalogue des dessins et estampes composant la Collection de M. Ambroise Firmin-Didot; Paris, 1877, in-8.

> 1 vol. d.-rel. (Prix manuscrits).

1823 — Catalogues d'Estampes : A. Gouverneur, 1876 (Prix manuscrits). — Catalogue Roth, 1878, Estampes du xviiiᵉ siècle.— Collection Muhlbacher, 1881, in-8.

> 3 vol. br.

1824 — Catalogues d'Estampes : Béhague, 1877. — Guichardot, 1875.— Vente Clément, 1873. — Catalogue De Vèze, 1855. — Catalogues Laterrade, 1858, in-8 et in-12.

> 5 vol. d.-rel.

1825 — Un fort Lot d'ouvrages divers et brochures.

1826 — Un X à portefeuille, en acajou.

1827 — Les Portefeuilles de la Collection.

A. Maulde et Cie, imprimeurs de la Compagnie des Commissaires-Priseurs, rue de Rivoli, 144.
400—87672

IMPRIMERIE MAULDE-et RENOU

—

A. MAULDE & Cie

IMPRIMEURS DE LA COMPAGNIE DES COMMISSAIRES-PRISEURS

Rue de Rivoli, 144